JOURNAL

DU

BLOCUS ET DU BOMBARDEMENT DE VERDUN.

JOURNAL

DU

BLOCUS ET DU BOMBARDEMENT

DE VERDUN

PENDANT LA GUERRE DE 1870

PAR

M. L'ABBÉ GABRIEL

AUMÔNIER DU COLLÉGE DE VERDUN.

> Ne plaise à Dieu, à ses Saints, à ses Anges
> Que doulce France perde par nous l'honneur !
> En avant !
> *(Chanson de Roland).*

VERDUN
IMPRIMERIE LALLEMANT, RUE SAINT-PAUL, 6.
1872.

JOURNAL

DU

BLOCUS ET DU BOMBARDEMENT

DE VERDUN

PENDANT LA GUERRE DE 1870.

I.

Mois de Juillet et d'Août.

En 1866, le gouvernement français, aussi bien que la majeure partie des journaux de l'opposition, avait tout d'abord applaudi aux triomphes de la Prusse, et vu, sans nul souci, cette puissance étendre sa domination sur presque toute l'Allemagne, sous prétexte d'en constituer l'unité. Du reste, nos hommes d'Etat avaient été gagnés à la cause des vainqueurs de l'Autriche par des promesses qui furent bientôt reniées, tandis qu'ils donnaient à la France, pour raison de leur complicité ou au moins de leur inaction, la nécessité où nous étions de respecter chez nos voisins l'obscur et dangereux principe *des nationalités*.

Mais le comte de Bismark et son roi rêvaient d'autres lauriers que ceux de Sadowa. Ils connaissaient mieux que nous la faiblesse de notre gouvernement qu'ils avaient leurré, et ne doutaient pas que bientôt il ne cherchât à se venger. Aussi, pendant quatre années, se préparèrent-ils, sans bruit mais sans relâche, à une guerre avec la France, accumulant dans leurs forteresses d'immenses munitions, et faisant de l'Allemagne entière une nation de soldats. D'un autre côté l'opinion publique en France, regardant une guerre avec la Prusse comme inévitable et même nécessaire, s'en alarmait peu. Nous comptions que Napoléon III et ses ministres, qui certes la savait imminente, s'y préparaient, eux aussi, d'une manière digne de la France, digne du pays de l'Europe qui peut donner, pour le maintien de son honneur et de son intégrité territoriale, le plus d'or et le plus de sang.

L'affaire de la candidature Hohenzollern au trône d'Espagne fut le prétexte de la rupture entre les deux pays. L'habile ministre de Guillaume amena Napoléon III à déclarer à la Prusse une guerre que le gouvernement prussien désirait et voulait.

Hélas ! l'impérial aventurier qui régnait sur la France, ignorait le premier mot de la grande guerre, et il voulut avoir le commandement suprême de nos armées ! Ajoutons que celui de ses favoris militaires, qui mieux que personne devait connaître les forces de la France, puisqu'il était ministre de la guerre, le trompait sans doute sur l'état de notre armée. Nous comptions pouvoir mettre en ligne, dès les premiers jours de la lutte, au moins 600 mille hommes, et ce fut avec 280 mille soldats, échelonnés sur une frontière de 30 à 35 lieues, que l'inhabile Empereur aborda un ennemi quatre fois plus nombreux.

Cependant la nation toute entière, à part quelques esprits qui connaissaient la situation, ou que leur haine de l'empire rendait clairvoyants, salua la guerre d'un immense cri d'enthousiasme. Pouvait-on croire que sous un Napoléon notre force militaire fut tombée si bas ?

Verdun au début de la guerre.

La ville de Verdun partagea l'illusion générale. Dans nos murs, comme à Paris, comme partout, on chanta la *Marseillaise* et on cria : « *à Berlin!* » (1) Le 17 juillet, le maire (2) fit afficher et lire dans les rues la proclamation suivante :

« La Patrie est en danger.

» L'ennemi est à nos portes, et la France appelle
» tous ses enfants pour la défendre.

» Levons-nous tous à sa voix : armons-nous pour
» repousser les hordes étrangères qui menacent d'en-
» vahir notre territoire.

» Le maire de Verdun croit répondre aux sentiments
» patriotiques de la population en ouvrant à la Mairie
» un registre destiné à recevoir des engagements pour

(1) Manifestations, des 16 et 17 juillet, au soir.
(2) M. Ch. Benoit, aujourd'hui député à l'Assemblée nationale.

» un corps de *francs-tireurs*, pendant la durée de
» la guerre.

» Les engagements seront reçus à partir d'aujour-
» d'hui. »

Engagements volontaires.
Cent trente citoyens répondirent à l'énergique appel du premier magistrat de la cité, et s'enrolèrent dans l'intention de former une compagnie de *francs-tireurs*, destinés à harceler l'ennemi, si jamais il pénétrait dans le pays.

Disons tout de suite que ce généreux élan ne fut ni encouragé ni soutenu par le gouvernement impérial.

Ces francs-tireurs posaient comme condition de leur enrôlement, qu'ils ne seraient point considérés comme faisant partie de la garde mobile et qu'ils éliraient leurs officiers. Ils demandaient aussi qu'on les armât du fusil Chassepot, fusil qui, par sa précision et sa longue portée, convenait uniquement au noble et dangereux rôle qu'ils voulaient remplir autour de nos remparts.

Le Sous-Préfet de Verdun (1) transmit leur demande au Ministre de l'intérieur qui se refusa net. (2) Ce refus amena la dissolution momentanée de cette compagnie des *francs-tireurs*, que nous verrons bientôt reparaître aux jours du péril.

Cependant la grande armée française qu'on appelait *l'armée du Rhin*, mais qui ne le fut pas longtemps, se portait avec rapidité vers la frontière. Verdun qui en était éloigné, et n'avait point de chemin de fer y aboutissant, ne donna l'hospitalité à aucun de ces

(1) M. de Beaupin-Beauvallon.
(2) Voir la lettre du Ministre : **Pièces justificatives**, n° 1.

beaux régiments que l'on acclamait à Bar, à Nancy, à Metz, à Thionville. Nous ne vîmes passer ni brillants états-majors, ni fantassins, ni turcos, ni zouaves. Les pavés de nos rues ne tremblèrent pas sous le poids des lourds canons, ni sous le galop des chevaux de la cavalerie. Au lieu de tous ce fracas qui a sa beauté et qui enthousiasme les plus froids, nous eûmes celui de l'arrivée des réserves du département de la Meuse. (1)

    C'était peut-être une faute du gouvernement d'avoir retardé, jusqu'à ce jour, l'appel des anciens soldats renvoyés dans leurs foyers depuis trois ou quatre ans. Il aurait fallu le faire avant que de déclarer la guerre à la Prusse. Les 180 mille hommes, ou à peu près, dont se composait la réserve dans toute la France, auraient eu le temps de rejoindre leurs régiments respectifs dans les diverses garnisons, y auraient repris en quelques jours les habitudes militaires, et en auraient complété l'effectif, beaucoup trop affaibli, avant le départ pour la frontière. Mais il n'en fut pas ainsi : les hommes de la réserve furent dirigés sur les dépôts des régiments dont les bataillons de guerre étaient déjà en marche, de sorte que la plupart ne purent rejoindre. Encore cet appel tardif avait-il autour de nous, l'air même d'une surprise.

    A voir, en effet, le désordre qui semblait régner dans la mise en mouvement de tous ces hommes; à voir la lenteur de leur organisation pour un prompt départ, on aurait dit que rien n'était ni prévu, ni préparé de la part de l'intendance militaire. Pendant

Les soldats de la réserve à Verdun.

(1) Les 20 et 21 juillet.

deux ou trois jours, un millier de réserves battit le pavé de nos rues. Plusieurs cherchèrent dans l'ivresse un indigne passe-temps, ou peut-être l'oubli de la famille qu'ils quittaient. Plusieurs aussi, sans billet de logement, sans feuille de route, sans la maigre solde nécessaire pour rejoindre, durent passer la nuit couchés sur les trottoirs ou sur la terre de la place de la Sous-Préfecture, centre de leur réunion.

Un article du *Siècle* attribuait, fort à tort, ce regrettable incident au manque de patriotisme des habitants de Verdun. (1) On l'ignorait complètement en ville. Celui qui écrit ces lignes le peut affirmer, car il accompagnait « *la personne émue de cette » situation* » qui, vers dix heures du soir, chercha à procurer à ces militaires un abri, « *où ils ont au » moins évité de coucher à la belle étoile.* »

La preuve de la sympathie de notre population à leur égard se trouve dans les adieux qui leur furent faits. Trois trains spéciaux les emmenèrent vers Châlons, et chaque fois une foule nombreuse les accompagna à la gare, où s'était rendue la musique de la ville, la *Verdunoise*, laquelle ne cessa de jouer pendant qu'ils montaient en wagons.

<small>Départ du 57ᵉ.</small> Le jour même où les hommes de la réserve prenaient la route de Châlons, les soldats du 57ᵉ de ligne s'acheminaient vers Metz. Le 20 juillet, à 1 heure de l'après-midi, sous un soleil brûlant, les trois bataillons de guerre de ce régiment quittaient notre ville où ils tenaient garnison depuis deux mois à

---

(1) Voir un nº du *Siècle* vers le 25 juillet, où est insérée la lettre peu patriotique qui lui fut adressée de Verdun à ce sujet.

peine, pour aller rejoindre l'armée du Rhin. (1) Ils retrouvèrent à l'armée du Rhin le 63ᵉ (2) qu'ils avaient remplacé dans nos murs. Nous avons su depuis que dans les batailles autour de Metz ces deux braves régiments s'étaient vaillamment conduits.

1ʳᵉ réquisition dans l'arrondissement de Verdun.

Le lendemain, un intendant de l'armée du Rhin arrivait à Verdun requérant dans notre arrondissement quatre cents voitures à deux chevaux, afin de former un service auxiliaire du train destiné à rejoindre l'armée française vers Metz. On acceptait comme conducteurs les jeunes gens faisant partie de la garde mobile, et on promettait 10 fr. par jour pour chaque cheval.

Grâce à l'activité déployée dans les bureaux de la Sous-Préfecture, chaque commune de l'arrondissement connut, vingt-quatre heures après, le nombre de chevaux et de voitures qu'elle avait à fournir.

Cette réquisition, qui fut la première de la guerre, et que les lourdes réquisitions prussiennes ont fait depuis longtemps oublier, jeta un certain émoi dans nos campagnes, car on leur enlevait 800 chevaux à la veille des moissons. Cependant elle fut fournie sans difficulté : le jour suivant, les 400 voitures se trouvèrent à Verdun, d'où on les dirigeait immédiatement sur Metz, chargées d'environ trois mille sacs d'avoine, et escortées d'un piquet de cavalerie.

(1) Le 57ᵉ était de la division Cissey à Borny et à Gravelotte. Son colonel, M. Giraud, y fut nommé général.

M. Verjus, un enfant de Verdun, a remplacé M. Giraud comme colonel au 57ᵉ.

(2) Le 63ᵉ se battit à Borny. Son colonel, M. Zentz, fut aussi nommé général quelques jours après.

5ᵉ chasseurs. — Ces cavaliers appartenaient au 5ᵉ régiment de chasseurs de France, (1) dont quatre escadrons nous avaient quittés au mois de mai précédent pour le camp de Châlons, d'où ils étaient partis pour la frontière. Le 5ᵉ chasseurs rencontra, pour la première fois, les Prussiens à Sarrebrück où il exécuta quelques charges brillantes. Son 5ᵉ escadron de guerre, rapidement formé par les soins du major, (2) quitta Verdun le 28 juillet pour aller rejoindre le régiment.

Arrivée de la mobile à Verdun. — Quatre jours après, nous recevions les jeunes gens de la garde mobile de la Meuse. (3)

L'idée de la formation de cette garde était due, tout le monde le sait, au maréchal Niel, ministre de la guerre. Dans l'Est, le Nord et l'Ouest de la France, on en avait, depuis deux années, commencé l'organisation au moins sur le papier. Mais la mort du maréchal Niel avait interrompu ce travail ; et comme rarement un successeur adopte les vues de son devancier, si bonnes soient-elles, le maréchal Leboeuf n'y donna point suite. La guerre éclatant, on songea de nouveau à la mobile ; c'était trop tard. Si depuis trois ou quatre ans la garde mobile avait été organisée et exercée, nous aurions eu, en ligne, au mois de juillet 1870, 600 mille hommes de plus, tous dans la vigueur de l'âge et autrement propres au rude métier des armes que la landewer prussienne.

Malheureusement cette première levée, de laquelle une partie fut jetée à la hâte dans nos places fortes

(1) Colonel de Séréville.
(2) M. Félix de Ménonville.
(3) Le 1ᵉʳ et le 2 août.

de l'Est et l'autre enrôlée plus tard dans les armées actives, ne comptait que des jeunes gens, fort braves de leur personne sans doute, mais ne sachant pas tenir un fusil, et commandés par des officiers dont la plupart n'avaient jamais servi.

La garde mobile de la Meuse formait trois bataillons d'infanterie et trois batteries d'artillerie. Le 1er bataillon, à huit compagnies, comprenait les jeunes gens de l'arrondissement de Bar ; le 2e, aussi à huit compagnies, ceux de l'arrondissement de Commercy ; et le 3e, une partie de ceux des arrondissements de Verdun et de Montmédy. Des trois batteries d'artillerie, deux, la 1re et la 2e, étaient formées des jeunes gens des cantons de Verdun et de Charny ; et la 3e, de jeunes gens de l'arrondissement de Montmédy. La petite place forte de Montmédy, qui, elle aussi, résista vaillamment aux bombes et aux obus prussiens n'eut, avec quelques centaines de soldats de la ligne, d'autre garnison que le 3e bataillon et la 3e batterie de la Meuse.

Les deux premiers bataillons et les deux premières batteries, formant un effectif de deux mille deux cents hommes, furent désignés pour tenir garnison à Verdun. Le 1er bataillon fut caserné au quartier de cavalerie St-Nicolas ; le 2e à la caserne St-Paul, et toute l'artillerie à la Citadelle.

Dans le cours de cette fatale guerre, on a souvent reproché à la partie administrative de l'armée sa négligence ou son incapacité ! Nous ne savons si c'est à cette incapacité ou à cette négligence, ou bien à la multiplicité du travail qu'il faut attribuer ce qui s'est passé à Verdun lors de l'arrivée des mobiles. Toujours est-il que leur organisation, et ce que j'appellerai leur transformation en soldats se firent avec une lenteur que la gravité des circonstances ne permettait pas. Pendant les dix premiers jours, ils ne reçurent ni vêtements militaires, ni armes, ni même tout à fait la nourriture réglementaire : on les laissa dans l'oisiveté la plus complète, sans leur faire faire le moindre exercice, quand il n'aurait pas fallu perdre une minute pour commencer leur instruction militaire. Cette instruction militaire même, lorsqu'on leur eut donné des armes, ne fut pas poussée avec assez d'activité. (1)

Vers cette époque, et à quelques jours d'intervalle, passèrent à Verdun, se dirigeant sur Metz, d'abord un magnifique équipage de pont de bateaux chargé sur près de soixante voitures, puis une compagnie du train d'artillerie forte de deux cents hommes, qui alla établir son parc, composé d'une quarantaine de caissons, sur l'esplanade de la Roche. Malheureusement, ces bateaux ne nous ont servi à franchir aucun fleuve en pays allemand, et, de même que les caissons, ils sont tombés aux mains de l'ennemi.

Cependant Verdun, comme le reste de la France, attendait, avec une fiévreuse impatience, des nouvelles de cette armée que nous savions réunie à la frontière et de laquelle nous espérions d'une heure à l'autre, un bulletin de victoire.

Le 3 août ce bulletin nous arrive, annonçant la

(1) Voir tous les noms des officiers de la mobile : *Pièces justificatives* n° 2.

prise de Sarrebrück. La prise de Sarrebrück n'était qu'un enfantillage, mais le bulletin avait des airs triomphants : nous nous en réjouimes et quelques drapeaux pavoisèrent nos rues; hélas! ce fut la seule fois de toute cette guerre. Depuis lors nous n'avons eu besoin que de crêpes!

Nos revers commencèrent coup sur coup, à Wissembourg, à Reischoffen, à Forbach (1), où nos soldats furent écrasés, après une lutte héroïque, sous les masses d'un ennemi trois fois plus nombreux. Impossible de rendre la douloureuse émotion qui étreignit tous les cœurs à Verdun, quand, dans la journée du dimanche, 7 août, trois dépêches, successivement affichées, nous annoncèrent ce triple revers. On procédait alors aux élections municipales; une foule de citoyens sillonnaient les rues; un seul cri partit de toutes les poitrines : des armes! des armes!

Mauvaises nouvelles.

Les Prussiens avaient envahi notre territoire, et l'armée française reculait, se concentrant sur Metz et sur Nancy! Nous savons que les glorieux vaincus de Reischoffen se rallièrent au camp de Châlons sous les ordres de Mac-Mahon, tandis que le reste de l'armée se replia devant Metz, aux ordres du maréchal Bazaine.

A dater de ces jours néfastes, deux sortes de partis se dessinèrent, dans la population verdunoise, relativement aux chances futures de la guerre.

Les uns, et le nombre en augmenta chaque jour, virent dans les trois malheureuses affaires, par les

Deux partis à Verdun : Ceux qui désespèrent et ceux qui espèrent toujours.

(1) Wissembourg le 5 août, Reischoffen et Forbach le 6.

quelles débutait la campagne, les premiers anneaux d'une chaîne de revers : c'était fini, nous étions perdu! La France envahie allait être bientôt forcée de subir la loi et les dures conditions d'un insolent vainqueur! Malheureusement ceux-là étaient dans le vrai, et la fin, comme tout le cours de la guerre, n'a cessé de leur donner raison.

Les autres, et c'était, il faut l'avouer, le petit nombre, les autres gardaient une inébranlable confiance dans le succès final de nos armes. Nous ne pouvions croire que des soldats qui se battaient comme des lions, et qui, pendant douze heures, un contre trois, disputaient la victoire, nous ne pouvions croire, dis-je, que de tels soldats, luttant un jour ou l'autre à nombre à peu près égal, n'infligeassent point à la Prusse une terrible défaite.

Illusion généreuse de nos cœurs, et que certes nous ne regrettons pas d'avoir conservée jusqu'au dernier moment, tu nous montrais la France, la vieille France, comme aux jours de Jeanne-d'Arc, de Louis XIV, de 93 et de 1800, se relevant d'une défaite par dix victoires, mais tu nous cachais l'effrayante vérité! La vérité, c'est que la France, comme organisation militaire, était en retard d'un demi-siècle sur la Prusse : c'est que le courage individuel, l'élan irrésistible, la furie française ne suffisaient plus pour gagner des batailles sur les Prussiens : c'est qu'il fallait des milliers de canons qui fauchent les régiments à 6 kilomètres, et nous en avions moitié moins que l'ennemi! La vérité, c'est qu'au lieu de douze cent mille soldats exercés dont nous aurions eu besoin pour faire face à l'invasion, nous possédions à peine une armée régulière de quatre cent mille hommes, derrière laquelle il n'y avait plus que des masses, vaillantes sans doute, mais ni organisées, ni exercées, mal armées, mal vêtues, mal chaussées, et par conséquent incapables de tenir longtemps la campagne.

L'une des premières conséquences de nos malheureuses journées du 5 et du 6 août fut l'organisation immédiate des gardes nationales dans toute la France. A Verdun, tous les hommes valides demandèrent un fusil : les rôles furent promptement dressés et un grand nombre de volontaires, que leur âge dispensait du service, s'y firent inscrire. Nous eûmes, en trois ou quatre jours quatorze cents citoyens sous les armes. Onze cents formaient un bataillon d'infanterie, à cinq compagnies, devant faire le coup de feu sur les remparts : le reste faisait une compagnies d'artilleurs, destiné à servir les pièces aux divers bastions de la place. La compagnie des sapeurs-pompiers, cent trente hommes, ne subit aucune modification. A peine organisés, tous, artilleurs et fantassins, se mirent, avec un zèle remarquable, à faire l'exercice et à étudier le maniement du canon et du fusil, sous la direction de leurs officiers choisis par un comité et nommés par le général, sur la proposition du maire. (1) *Formation de la garde nationale.*

Une autre conséquence de nos premiers revers fut la mise en *état de siège* d'un grand nombre de *Mise en état de siége de la ville.*

(1) Voir les noms des officiers de la garde nationale : *Pièces justificatives* n° 5.

départements voisins du théâtre de la guerre, ou susceptibles de le devenir bientôt.

On distingue, en style militaire, l'*état de guerre* et l'*état de siége*. Une place est mise en *état de guerre* quand l'ennemi est encore à quatre ou cinq jours de marche. Toutes les autorités civiles et judiciaires doivent alors se concerter avec l'autorité militaire pour toutes les mesures à prendre relativement à la sûreté générale : cependant chacune d'elles reste libre dans sa sphère d'action.

L'*état de siége* est prononcé lorsque l'ennemi ne se trouve plus qu'à deux ou trois journées de marche. L'autorité militaire, dans ce cas, devient omnipotente, et toutes les autres administrations ne fonctionnent plus que comme déléguées par elle. Elle peut établir des tribunaux militaires desquels ressortissent tous les crimes et délits contre la sûreté de l'Etat, contre la constitution, l'ordre et la paix publique : elle peut ordonner la remise de toutes les armes, et des perquisitions au domicile de tous les particuliers : elle peut interdire toute publication et toute réunion qu'elle juge dangereuse ou susceptible d'exciter ou d'entretenir le trouble et le désordre.

Verdun était en *état de guerre* depuis la fin du mois de juillet ; il fut déclaré en *état de siége* par décret du 10 août.

Le lendemain la Place faisait publier la note suivante :

« Un coup de canon à 4 heures du matin pour
» le réveil.

» Deux coups de canon pour annoncer l'approche

» de l'ennemi. Invitation de prévenir les habitants,
» ville et campagne, qu'après ces deux coups de
» canon les portes de la ville seront fermées.

» A huit heures du soir, un coup de canon pour
» la retraite : annoncer en même temps que les
» portes seront fermées une heure après. »

L'ennemi, en effet, n'était plus guère qu'à deux
journées de marche de notre ville. Il s'avançait vers
Metz et l'on prévoyait déjà, au quartier impérial, le
moment où notre armée serait forcée de battre en
retraite sur Verdun, pour s'appuyer à la ligne de
la Meuse et aux montagnes boisées de l'Argonne.

Le 14 août l'Empereur l'annonçait positivement à
l'Impératrice, (1) et le jour même, dans le lointain,
nous entendions quelque chose comme les sourds
roulements du tonnerre : c'était le canon de Borny !
Le 15, en effet, nous reçûmes par des voyageurs *15 août.*
la nouvelle que l'armée française avait traversé la
Moselle sous le feu de l'ennemi et campait autour
de Metz, sur la rive gauche de cette rivière. Un
éclair de joie passa dans nos cœurs, et un élan de
reconnaissance vers la glorieuse Vierge, patronne
de la France, dont l'Eglise célébrait la fête ce jour là.

Ce jour là était aussi la fête de l'Empire. Partout
cette fête fut triste ou plutôt nulle, et elle devait
l'être. Ce n'était pas le cas de chanter des *Te Deum*,
ni de faire des illuminations. De terribles illuminations

---

(1) *L'Empereur à l'Impératrice,*
     Metz, 14 août, 4 h. 55 m. du matin.
« Nous allons passer sur la rive gauche de la Moselle. Verdun sera
" notre point d'appui. »
Voir le Siècle *du 20 juin* 1871.

avaient commencé à la frontière et allaient se continuer dans la moitié de la France : c'était l'incendie de nos villes, de nos villages et de nos forteresses, allumé par le feu des batailles, par les bombes ou par les vengeances de l'ennemi!

<small>Passage de Napoléon III à Verdun.</small>

Le mardi 16, on répand en ville le bruit que l'Empereur va passer. Le chef de gare a reçu par dépêche l'ordre de préparer immédiatement un train « avec salon, » pour lui et sa suite, et un estafette vient d'être envoyé, par le général commandant la place, vers Etain, où se trouve Sa Majesté fugitive, (1) afin de lui assurer que de Verdun à cette ville la route est libre. (2)

Tout à coup vers 2 heures de l'après-midi, un nuage de poussière s'élève à l'horizon sur les hauteurs desquelles descend la route de Metz et d'Etain, et roule rapidement vers nos faubourgs. Bientôt on entend le bruit de nombreuses voitures et le galop rapide des cavaliers. La foule se presse aux abords de la porte Chaussée, dans les rues Saint-Pierre et Chevert, jusqu'à la porte de France.

Nous voyons défiler deux superbes régiments de chasseurs d'Afrique, le 1er et le 3e, qui, trois jours auparavant avaient, à Pont-à-Mousson, fait sentir la

---

(1) D'Etain, le Prince impérial télégraphie à l'Impératrice :
« Je viens d'arriver à Etain, avec deux régiments en avant de l'armée, afin d'être plus tôt à Verdun ; nous allons bien, l'armée est réunie et pleine d'ardeur : nous t'embrassons tendrement. »

Louis NAPOLÉON.

Papiers et correspondance de la famille impériale.

(2) Voir la manière fantaisiste dont le *Figaro* raconte le message de cet estafette : *Pièces justificatives* n° 4.

pointe de leurs sabres aux Prussiens. Les hommes sont blancs de poussière, les chevaux sont couverts d'écume. Dans la rue St-Pierre, une voix crie à une tête de colonne : « Quoi, on recule ! — Ah ! répond » un officier supérieur avec un accent plein de tris- » tesse, ah ! Monsieur, c'est quelquefois une dure » nécessité. » Brave commandant, Dieu veuille que les balles ou la capitulation vous aient épargné !

Vingt voitures ou fourgons de la cour suivaient ensuite, escortés d'un escadron des guides et de quelques cent-gardes. Dans l'une de ces voitures découvertes se trouvaient l'Empereur et son fils. D'autres voitures renfermaient des généraux et des écuyers. Les fourgons contenaient les bagages. Un tel attirail n'était pas de circonstance, même pour l'Empereur, et devenait un embarras pour l'armée. Quelques cris de « Vive l'Empereur, » saluent Napoléon III, qui répond en soulevant son képi. Les chasseurs font la haie jusqu'à la porte de France et le cortége impérial se dirige vers la gare.

On profite de la halte des soldats pour leur offrir quelques rafraîchissements. Ils en avaient besoin, car ils venaient de faire, d'une seule traite, une étape de 50 kilomètres. Un bataillon de grenadiers de la garde, formant l'escorte en extrême réserve, arrive deux heures après. Les fatigues de cette longue route, sous un soleil ardent, n'avaient point affaibli la fière allure de ces vaillants hommes.

A la gare, Napoléon III reçut les autorités civiles et militaires de la ville. Il se fit apporter un plan de Verdun, et sembla indiquer, sur la Meuse, le point où serait jeté le pont pour le passage de l'armée de Bazaine. Cette armée devait en effet opérer sa retraite sur Verdun, et de là sur les défilés de l'Argonne où sans doute elle pourrait se réunir à l'armée de Mac-Mahon, qui se réorganisait au camp de Châlons. Il avait été question, paraît-il, dans les bureaux du génie, à Paris, de construire un fort sur la côte St-Michel; l'Empereur, dit-on, s'étonna de ne point le trouver indiqué sur le plan de Verdun.

Pendant une heure et demie, on attendit qu'un train fut formé pour emmener l'impérial fugitif, car, non seulement rien n'était préparé à la gare, mais tout le matériel du chemin de fer, excepté les locomotives, avait été depuis plusieurs jours expédié vers Châlons. Un wagon de 3ᵉ classe restait seul en gare. Une locomotive fut envoyée en avant pour reconnaître et éclairer la ligne. L'Empereur, son fils et les hauts dignitaires prirent place dans le wagon de 3ᵉ : le reste de la suite, aides-de-camp, officiers d'ordonnance, écuyers et cent-gardes, se casa dans des wagons de bestiaux et de bagages.

L'Empereur resta encore une 1/2 heure à la portière de son wagon, silencieux et sombre. Son visage était pâle et ses traits fatigués : ses yeux d'ordinaire voilés, semblaient tout-à-fait couverts par ses paupières appesanties. Son regard, quand on pouvait le surprendre, disait les terribles soucis de son âme. Il y eut un moment où des larmes roulèrent sur ses joues. Ces larmes lui étaient-elles arrachées par l'humiliation de la France, par le désir de la vengeance, par la pensée de nos frontières envahies et de l'ennemi marchant à grands pas sur le sol de la patrie? Ou bien pleurait-il tout simplement la honte de sa fuite, ses rêves de conquérant évanouis, sa couronne ébranlée, et sa dynastie compromise par son aveuglement et celui de ses conseillers?

Près de lui était assis le Prince impérial : son air maladif, sa figure fatiguée et sa tristesse furent remarqués de tous. Malgré son jeune âge il prévoyait sans doute déjà les incertitudes de son avenir.

Enfin le sifflement aigu de la locomotive envoyée en éclaireur annonça son retour : la voie était libre et de la gare on était prêt à partir. Le signal du départ fut donné et le pauvre train impérial se mit lentement en marche. Quelques cris de « Vive l'Empereur! » saluèrent encore Napoléon III : cris de commisération; on le croyait malheureux des douleurs de la Patrie : cris d'encouragement; on espérait toujours en son honneur de soldat, en son intelligence de souverain pour aider au salut et au triomphe de la France.

Une minute après, la locomotive filait à toute vapeur, emportant assis sur les planches nues d'un wagon de 3e classe, celui qui, un mois auparavant, rêvait sans doute une nouvelle campagne de 1806, un nouvel Iéna, et des victoires pareilles à celles du premier Napoléon.

Les deux régiments de chasseurs d'Afrique, l'escadron des guides et le bataillon des grenadiers campèrent sur les glacis de la place, de chaque côté de la porte de France et en face de la gare. Leur installation ne demanda pas longtemps. Avec une rapidité que les troupes d'Afrique possèdent plus

Les chasseurs d'Afrique.

encore que nos autres soldats, les chevaux furent desselés, bouchonnés, la botte et le picotin servis, les tentes-abri dressées, de petits trous creusés en terre pour le feu, et sur chaque feu la marmite bientôt en ébullition. C'était une vraie fourmillière pour le mouvement et l'activité. Tous les officiers passèrent la nuit au milieu de leurs hommes. La foule curieuse de ce spectacle, nouveau pour elle, ne cessa, jusqu'à la nuit close, de circuler sur le terrain du bivac.

Premiers uhlans devant Verdun. On laissa les hommes et les chevaux se reposer pendant la journée du 17. Or ce fut ce jour là même, pendant que neuf escadrons de la meilleure cavalerie du monde bivaquaient sur les glacis de nos remparts, ce fut ce jour là même que nous vîmes pour la première fois voltiger la flamme noire et blanche des lances des uhlans sur les hauteurs qui dominent notre ville.

Ces hardis cavaliers avaient suivis en guetteurs l'escorte de Napoléon III et l'avaient suivie de si près, qu'ils étaient arrivés à Etain quelques heures après le départ des grenadiers de la garde. Puis, craignant que les chasseurs d'Afrique n'eussent laissé en arrière sur la route d'Etain à Verdun, quelques pelotons en embuscade, ils avaient obliqué à gauche, traversé la Woëvre, rejoint la route de Fresnes à Verdun, et étaient venus caracoler sur la côte de Belrupt, à une portée de canon du bastion St-Victor. Deux brigades de gendarmerie furent mises à leurs trousses, mais les uhlans ne les attendirent pas et disparurent au galop.

Le même jour, d'autres uhlans avaient pénétré

dans la vallée de la Meuse, entre Verdun et St-Mihiel, explorant les villages par bandes de quatre ou de six, et s'enquérant de tous côtés, s'il n'y avait point de chasseurs d'Afrique dans le pays. Les chasseurs d'Afrique, paraît-il, leur faisaient une peur atroce : mais ce danger allait tout à l'heure s'éloigner d'eux.

Le soir, à 8 heures, le bout-de-selle sonnait en effet au bivac des Africains. En quelques minutes, les tentes sont repliées, le paquetage fait, les chevaux harnachés, et une demi heure après tous les chasseurs étaient en selle.

Départ des chasseurs d'Afrique.

Les deux régiments formant une seule colonne, le général Marguerite en tête, prirent au petit trot la route de Clermont et Châlons. Leurs petits chevaux d'Afrique, reposés pendant vingt-quatre heures, avaient retrouvé leurs jarrets d'acier et semblaient pleins de fougue et d'impatience. Les cavaliers à la ceinture rouge chantaient ; et dans les adieux qu'ils jetaient en passant aux curieux, qui bordaient la route depuis la porte de France jusqu'à Glorieux, nous entendions, mêlés à quelques plaisanteries militaires, des mots où respirait le patriotisme. Ils nous promettaient une belle et prompte revanche des surprises de Forbach, de Wissembourg et de Reischoffen. Hélas ! ils allaient à Sedan ! A Sedan, où leur vaillant général Marguerite, un enfant de la Meuse, presque de Verdun, devait avoir la machoire brisée d'un éclat d'obus en chargeant à leur tête ! (1) A Sedan, où, la

(1) Le général Marguerite mourut le 6 septembre, c'est-à-dire quelques jours après, des suites de sa blessure, au château de Beauraing, en Belgique. Il était né en 1823, à Manheulles (Meuse).

rage au cœur, ils devaient rendre leurs sabres aux Prussiens! (1)

L'escadron des guides et le bataillon des grenadiers de la garde prirent aussi pendant la nuit, la route de Châlons.

<small>Uhlans à Regret. Première rencontre avec les gendarmes.</small>

Ces troupes n'avaient point encore fait leur première étape, en sortant de Verdun, que déjà les éclaireurs prussiens rôdaient sur leurs derrières. Ils avaient suivi la vallée de la Meuse, sur la rive gauche, jusque Dugny; avaient rejoint la route de Verdun à Bar, vers Lemmes ou Lempire; avaient pris sur leur droite cette route jusqu'à sa jonction à celle de Clermont, et de là avaient poussé un temps de galop sur Verdun. Leur approche ayant été signalée à la place, on avait fait monter quelques gendarmes à cheval. Arrivés à Regret, faubourg à 6 kilomètres de Verdun, les gendarmes aperçurent trois uhlans, dont un officier, qui, tournant bride, filèrent au plus vite. Les lourds chevaux des gendarmes n'étaient pas capables de surpasser en vitesse ces légers cavaliers. L'officier et un soldat leur échappèrent facilement. Le troisième, sans doute retardé par quelqu'accident, ou voulant peut-être essayer sa lance, fut rejoint vers Baleycourt, après une course de deux kilomètres, par trois gendarmes. Serré de près, il jette sa lance à terre et descend de cheval. Voulait-il faire croire aux gendarmes qu'il se rendait,

(1) Cette brigade de chasseurs d'Afrique, au sortir de Verdun, passa quelques jours dans les défilés de l'Argonne et des Islettes, semblant devoir défendre ces importants passages, mais ils étaient seuls, et dès lors on fit bien de ne les y pas laisser longtemps, car ils eussent été enveloppés.

et se faire en même temps un rempart du corps de sa bête, pour n'être point frappé par derrière? nul ne le sait. Toujours est-il que les gendarmes, qui déjà avaient épaulé pour faire feu, abaissèrent leur carabine et s'approchèrent dans l'intention de le faire prisonnier. Le uhlan, par un mouvement rapide comme l'éclair, ramasse sa lance, et en porte un double coup dans le flanc aux deux gendarmes les plus voisins. (1) Le maréchal-des-logis Louis, de la brigade de Verdun, légèrement atteint lui-même par un troisième coup de lance qui blessa aussi son cheval, vise alors le uhlan, et lui loge dans le front une balle qui l'étendit raide mort. Ce fut le premier prussien tué sous nos murs : on l'enterra dans un champ voisin. Les deux gendarmes, qui les premiers aussi versèrent leur sang pour la défense de Verdun, furent apportés à l'ambulance établie dans la grande galerie de l'Evêché.

Cette circonstance nous amène naturellement à parler du service des ambulances tel qu'il fut organisé à Verdun.

Dès le début de la guerre, tous les cœurs généreux en France s'étaient émus du sort réservé aux victimes des batailles. La charité et le courage sont deux fleurs qui ne cesseront jamais de germer et de grandir sur le sol aimé de notre Patrie, mieux que sur toute autre terre du monde. Pour secourir les blessés, le riche donna sa pièce d'or, le pauvre sa modeste obole; les enfants donnèrent le sou destiné à leurs jeux; les

Formation des ambulances.

---

(1) Fossier, de la brigade de Fresnes, et Colas, de la brigade de Clermont. Ces deux gendarmes survécurent à leur dangereuse blessure.

colléges, les séminaires, les écoles communales, les pensionnats de jeunes filles offrirent les sommes destinées à l'achat de leurs prix. (1)

Mgr Hacquart, évêque de Verdun, se concertant avec les autorités de sa ville épiscopale s'était mis, ainsi qu'il convenait, à la tête de cette œuvre de charité. Une lettre pastorale, écrite avec un cœur d'Evêque et de Français, après avoir demandé aux fidèles de son diocèse leurs prières pour la Patrie, fit appel à leur générosité en faveur « des nobles » souffrances qui devaient prochainement nous en- » tourer. » Des quêtes furent faites dans toutes les Eglises, des listes de souscription furent ouvertes dans toutes les mairies et au secrétariat de l'évêché. On y reçut toutes les offrandes en argent et en nature tels que, couchages, couvertures, linge et effets de pansement.

Frontière et place forte, Verdun devait avoir des blessés soit que le théâtre de la guerre fut porté au loin, soit qu'on se battit autour de nos murailles. Monseigneur mit immédiatement à la disposition du ministre de la guerre trois cents lits, en transformant en ambulances les belles galeries de son évêché et ses deux séminaires. La ville offrit aussi son collége où l'on pouvait dresser une centaine de lits. Les hôpitaux, quoique destinés aux vieillards ou malades civils et aux malades de la garnison purent encore

---

(1) A Verdun, les élèves du Petit-Séminaire, de la Maîtrise et du Collége, les enfants des écoles des Frères, les jeunes filles des pensionnats de la Doctrine et de la Congrégation, renoncèrent à leurs prix de fin d'année, demandant que la valeur en fut consacrée aux blessés.

disposer de cent lits ; un certain nombre de particuliers en offrirent aussi.

Un comité, dont Mgr Hacquard eut la présidence, fut formé pour administrer les fonds destinés aux ambulances, surveiller leur emploi, organiser les services, et s'occuper enfin de tous les détails relatifs à l'installation des blessés. (1) Le service médical fut confié à trois docteurs de la ville (2) qui s'étaient empressés d'offrir le secours de leur zèle et de leurs talents. Le service de l'infirmerie fut fait par des religieuses de Bon-Secours et par des infirmiers civils de bonne volonté. Plusieurs Dames de la ville voulurent personnellement prendre part à cette œuvre aussi chrétienne que patriotique : par le travail de leurs mains, elles fournirent amplement la pharmacie de linges, bandages et charpies nécessaires aux pansements des blessures.

Cependant nous attendions tous, avec une certaine émotion, le passage de l'armée de Bazaine. Nous savions, que le 14 août elle s'était portée sur la rive gauche de la Moselle après le glorieux combat de Borny; que le 15 elle avait gravi les hauteurs qui séparent la vallée de la Moselle des plaines de la Woëvre. Le 16 le bruit du canon sembla se rapprocher de nous : on se battait à Rezonville, Vionville, Mars-

Nous attendons l'armée de Bazaine.

(1) Faisaient partie de ce comité, Monseigneur, président, MM. le Général commandant la place, de Beaupin-Beauvallon, sous-préfet, Ed. Poirel, président du Tribunal civil, Ch. Benoit, maire de Verdun, Drouet, juge de paix, le Sous-Intendant militaire, Petitot-Bellavène, Félix Chadenet, Ditt, pharmacien en chef, les trois Curés de la ville, Lagarde, docteur, Simon, économe des hospices.

(2) MM. Lagarde, Péridon et Lécuyer.

la-Tour, c'est-à-dire, à 20 kilomètres de Metz, à 40 de Verdun. « L'ennemi refoulé, nous cédait le champ de
» bataille. Je suis de ceux qui crurent alors, et qui
» croient encore aujourd'hui, dit le général Chan-
» garnier, que nous aurions dû continuer notre
» marche vers Châlons. D'autres conseils prévalurent.
» Le 17 l'armée, fort étonnée de reculer, » (1) vint occuper les positions de Vernéville, Amanvillers, Saint-Privat-la-Montagne, tandis que les Prussiens, venant en nombreuses et profondes colonnes du côté de Gorze et de Thionville, se portaient entre elle et Verdun, et lui en barraient le chemin. Le 18 avait lieu la terrible bataille qui gardera dans l'histoire le nom de Gravelotte (2) et dont nous entendîmes les bruits formidables. Nos soldats y combattirent *un contre trois*, le général Changarnier l'affirme et couchèrent sur leurs positions conservées. Le lendemain, et encore six jours après, on pouvait marcher en avant et faire une trouée à travers l'armée prussienne qui avait souffert plus que la nôtre, dans les champs de Gravelotte : c'était l'opinion émise par le maréchal Lebœuf lui-même dans un conseil tenu le 26, devant Metz. (3) Nous l'espérions, nous l'attendions : aussi comme nos regards et nos cœurs se tournaient avec impatience vers les hauteurs du côté de Metz, comptant à chaque instant apercevoir une

(1) Discours du général Changarnier à l'Assemblée nationale le 29 mai 1871.

(2) Le village de Gravelotte se trouvait le 18 août entre les deux armées.

(3) Discours du général Changarnier à l'Assemblée nationale le 21 mai 1871.

avant-garde française. Le maréchal Mac-Mahon l'espérait et l'attendait pareillement au camp de Châlons. (1) Aussitôt qu'il aurait appris le mouvement de retraite opéré par Bazaine, le glorieux vaincu de Reischoffen devait se porter en avant et le rejoindre vers Clermont et Varennes.

Ah! si cette réunion de nos deux armées avait eu lieu; si Mac-Mahon et Bazaine, renouvelant la manœuvre de Dumouriez, avaient solidement occupé les cinq grands défilés des montagnes boisées de l'Argonne, et en avaient fait comme un immense camp fortifié par la nature, jamais les armées prussiennes n'auraient osé s'engager par Bar-le-Duc, Revigny et Triaucourt, dans les plaines de la Champagne, ni pousser droit au camp de Châlons et encore moins s'aventurer vers Paris en laissant sur leur droite une si formidable armée. Leurs généraux l'auraient probablement attaquée de face, avec la Meuse sur leurs derrières; car ils ne pouvaient songer à envelopper une chaine de montagnes et de forêts de dix lieues de large et de vingt-cinq de long. On se serait donc battu aux *Thermopyles* de la France (2)

---

(1) *Maréchal Mac-Mahon au Ministre de la guerre.*
Camp de Châlons, 20 août 1870, 8 h. 45 m.
« Les renseignements parvenus semblent indiquer que les trois armées
» prussiennes sont placées de manière à intercepter à Bazaine les routes
» de Briey, Verdun et St-Mihiel. Ne sachant la direction de la retraite
» de Bazaine, bien que je sois prêt à marcher, je reste au camp jusqu'au
» moment où je connaîtrai cette direction. »
Papiers et correspondance de la famille impériale.

(2) En septembre 1792, les Prussiens, après avoir pris Verdun, occupaient toute la vallée de la Meuse jusqu'à Stenay et se proposaient de marcher par Châlons sur Paris, au travers de la forêt d'Argonne.

et là nos 280 mille soldats, plus heureux et non moins braves que ceux de Léonidas, auraient bravé tous les efforts des 600 mille Prussiens qui inondaient déjà notre pays, arrêté court leur marche et leurs succès, et sans doute sauvé notre malheureuse Patrie.

Pourquoi cette jonction des deux armées n'eut-elle pas lieu? Pourquoi le 19 août l'armée de Metz fut-elle ramenée autour de la ville, par l'ordre de Bazaine? Nous, qui ressentons encore le coup terrible porté à la France par la capitulation de Metz, nous croyons qu'il y eut de la part de Bazaine désobéissance formelle à des ordres reçus, faiblesse, ineptie ou trahison. Un jour, quand la lumière sera faite sur ce drame fatal et douloureux, l'histoire dira si nous nous sommes trompés.

Mais ne devançons point la marche des évènements. A Verdun toutes les mesures furent prises en prévision du passage de l'armée de Metz. Un pont de bateaux devait être jeté sur la Meuse, à la Galavaude, en face de la gare, pour l'infanterie : la cavalerie et l'artillerie devaient entrer en ville par la porte Chaussée et par la porte Saint-Victor. Des poteaux, indicateurs des chemins et sentiers conduisant à ces deux portes, avaient été placés dans la plaine couverte de jardins qui se trouve en avant. A quelques kilo-

---

Dumouriez, avec le gros de son armée, était encore à Sedan : en étudiant sur la carte cette forêt et ses montagnes, il fut frappé de son heureuse position stratégique et la montrant du doigt à un officier qui se trouvait près de lui : « Voilà, s'écria-t-il, les *Thermopyles* de la France, si je » puis y arriver avant les Prussiens, tout est sauvé! »

Il y arriva avant les Prussiens : la France fut sauvée et les Prussiens battus à Valmy, le 20 septembre 1792.

mètres au-dessus et au-dessous de Verdun, l'infanterie pouvait aussi facilement traverser la Meuse.

Quant aux vivres nécessaires pour une telle masse d'hommes et de chevaux, on y avait songé aussitôt qu'il avait été question de retraite.

Vivres réunis à Verdun pour l'armée de Bazaine.

Dès le 12 août, ordre avait été envoyé par télégraphe aux Sous-Préfets de Briey, Verdun et Sainte-Ménehould « de préparer immédiatement des vivres » pour 150 mille hommes et des fourrages pour » 50 mille chevaux. Le lendemain il nous arriva plusieurs intendants généraux qui achetèrent aux moulins de la ville des quantités considérables de farine et réquisitionnèrent 300 voitures, des blés, des avoines, du fourrage et 1200 têtes de bétail. Le gouvernement français devait payer tous ces achats.

A propos de la réquisition, le Sous-Préfet de Verdun écrivit aux Maires de son arrondissement une patriotique circulaire pour les engager à apporter toute l'activité possible au rassemblement des fournitures demandées.

De son côté, le chemin de fer ne cessa, depuis le 10 août jusqu'au 15, de nous amener chaque jour dans divers trains, outre une somme de 450 mille francs, 2330 sacs de farine, 6789 sacs d'avoine, 3488 pains de sucre, 5495 balles de riz, 120 balles de café, (1) et environ 260 mille kilogrammes de pain. (2)

Pour le 18 août, ces immenses approvisionnements, aussi bien que les voitures et les viandes sur pied requises dans les campagnes, étaient réunis à Ver-

(1) La balle est de 100 kilogrammes.
(2) Ces chiffres sont pris sur les registres de la gare.

dun. Disons tout de suite que les 260 mille kilogr. de pain moisirent au bout de quelques jours dans les magasins, et furent perdus ou vendus à vil prix : quant aux douze cents têtes de bétail, elles furent parquées dans les fossés de St-Victor où, faute de soins, beaucoup moururent de faim et de soif.

Vague espérance de voir Mac-Mahon. Bazaine ne passa point. Son immobilité volontaire ou forcée aurait pu faire naître un autre plan stratégique : c'était de porter rapidement Mac-Mahon lui-même du camp de Châlons sur Verdun et de là sur Metz, et de prendre ainsi les Prussiens entre deux feux. Mais l'armée de Mac-Mahon n'était point encore, vers le 20 août, assez solidement organisée pour tenter une marche aussi audacieuse, ayant sur son flanc droit la grande armée du Prince royal, qui touchait à Bar et qui aurait eu très-probablement le temps de se replier sur nos colonnes avant qu'elles ne livrassent une bataille dans la Woëvre.

On renvoie nos provisions du côté de Châlons. Pendant vingt-quatre heures pourtant nous eûmes cette vague espérance, qui fut comme l'autre bien vite déçue. Alors, sur l'avis peut-être de Bazaine lui-même, (1) on songea à renvoyer au camp de Châlons la majeure partie des approvisionnements amoncelés dans la place, car on avait encore des conducteurs et des voitures. Le 20 août un immense convoi

---

(1) Voici une dépêche qui semblerait l'indiquer :

A S. M. l'Empereur au camp de Châlons.

Camp du Fort-Plappeville, 18 août 1870, 8 h. 20 du soir.

« J'ignore l'importance de l'approvisionnement de Verdun. Je crois nécessaire de n'y laisser que ce dont a besoin la place. »

Maréchal BAZAINE.

Papiers et correspondance de la famille impériale.

emmenant vivres et bétail partit de Verdun, arriva pendant la nuit à Clermont sans avoir rencontré de Prussiens, et se dirigea le lendemain escorté par la brigade Marguerite des chasseurs d'Afrique, vers l'armée qui allait à Sedan. Cependant, de ce prodigieux amas de vivres, il resta quelque chose dans les magasins de la Citadelle, ce qui fut très-heureux pour notre garnison.

Dès le début de la guerre, l'autorité municipale avait averti les habitants de se munir de vivres, dans la crainte d'un blocus, et chaque ménage un peu prévoyant s'était approvisionné de farine pour cinq ou six mois. Mais les magasins de la troupe étaient presque vides : la preuve s'en trouve dans la dépêche suivante du général commandant supérieur de Verdun (1) :

Vivres de la Place.

 Général de subdivision à Général de division,
  à Metz.

Verdun, 7 août 1870, 5 h. 45 m. du soir.

« Il manque à Verdun comme approvisionnements
» de siége, vin, eau-de-vie, sucre et café, lard, légumes
» secs et viande fraîche. Prière de pourvoir d'urgence
» pour 4000 hommes » (2).

Il est probable que le général de division de Metz ne pouvait rien pour faire cesser cette pénurie. L'autorité militaire de la place fut donc réduite à y

---

(1) Le commandant supérieur de Verdun et de la subdivision de la Meuse était le général Guérin, baron de Waldersbach, un vieux soldat d'Afrique que la guerre avait rappelé du cadre de réserve à l'activité. Le général Guérin avait été colonel au 3e spahis puis aux cuirassiers de la garde.

(2) *Papiers et correspondance de la famille impériale.*

subvenir elle-même, ce qui lui était facile pour certaines denrées comme vin, eau-de-vie ou lard dont Verdun et les environs étaient abondamment pourvus, tandis que le reste y manquait tout-à-fait. Les grands approvisionnements faits pour l'armée de Bazaine vinrent donc on ne saurait plus à propos, et nous laissèrent sucre, riz et café. Aussi avec ces vivres et nos ressources locales, nous pouvions tous, habitants et soldats, rester bloqués jusqu'au mois de février, sans souffrir de la faim.

Au moment du tirage de cette feuille, l'Auteur reçoit quelques observations dans lesquelles on trouve *inexact au moins en partie* ce qu'il dit de la garde mobile page 10.

Toute la population a vu, comme l'a vu l'Auteur lui-même, les mobiles des casernes *sans vêtements militaires*, *sans armes* et *oisifs* pendant plusieurs jours; toute la population a parlé, en le blâmant, de cet état de choses. Quant à la *nourriture réglementaire*, beaucoup de personnes ont entendu les plaintes des mobiles à ce sujet et l'Auteur plus d'une fois, on le force à le dire, a donné, à l'heure du déjeûner, le pain et le vin de bon voisinage, à des hommes n'ayant pas assez d'argent pour aller en ville prendre leur repas.

Il est possible que chose pareille ne soit point arrivée à la Citadelle, où se trouvait l'artillerie de la mobile. Cette troupe, moins nombreuse et regardée comme troupe d'élite, a pu être plus rapidement organisée.

Certes, MM. les officiers n'étaient pour rien dans ces retards d'organisation et en souffraient les premiers.

L'Auteur profite de cette note pour avertir qu'il recevra avec reconnaissance toutes les observations qui lui seront faites. Il ne peut tout savoir malgré ses recherches, ni surtout tout dire, en racontant une histoire qui a eu quinze mille personnes pour témoins.

Nous avions des vivres : le moment approchait où nous allions avoir besoin d'armes.

L'espérance de voir arriver Bazaine s'en était allée. Tandis que les armées françaises s'éloignaient, une armée allemande venait sur nous. Des bruits apportés par de rares voyageurs, nous apprirent que l'ennemi marchait de Nancy à Bar, de Pont-à-Mousson à St-Mihiel, inondait les plaines de la Woëvre, puis la vallée de la Meuse, puis celle de l'Ornain et touchait déjà aux abords de la Marne du côté de Revigny et Triaucourt, à l'extrémité des défilés de l'Argonne, qu'il tournait en les laissant sur sa droite. C'était la grande armée prussienne, commandée par le Prince royal, qui cherchait à joindre Mac-Mahon dont l'armée flottait incertaine dans les plaines de la Champagne et se fatiguait en marches et en contre-marches, se dirigeant tantôt vers Paris, tantôt se rabattant sur la Meuse et les Ardennes.

Du reste, l'approche du flot menaçant nous était aussi indiqué chaque jour par la cessation successive de nos communications avec les divers points du département.

Le 8 août, la voiture de Metz avait cessé de marcher : le 13, le chemin de fer nous avait amené le dernier train de voyageurs venant de Paris et Reims ; le 16 la voiture allant à Saint-Mihiel avait été poursuivie par quatre cuirassiers allemands et ne nous était pas revenue ; le 18, nos communications avec Bar avaient été interrompues ; le 19, les fils télégraphiques, qui nous reliaient à Paris, avaient été brisés, par un officier prussien et deux ou trois uhlans, sur le

L'ennemi s'approche de Verdun. Nos communications sont interrompues

territoire de Nixéville, en plein jour, à 10 kilomètres de Verdun. Le 20 et le 21, avis était donné à la recette des finances qu'une somme de huit cent mille francs, destinée par l'Etat à notre ville pour les besoins d'un siége prévu, était déposée à Sainte-Ménehould et qu'il fallait sans retard l'envoyer prendre par une forte colonne de troupes. Le général, immédiatement averti, hésite et remet au lendemain l'envoi de l'escorte. Le lendemain, le conducteur de la voiture de Sainte-Ménehould, qui nous apportait encore quelques dépêches de France, est enlevé par des coureurs prussiens en sortant de Blercourt (1), et ne doit son salut qu'à l'arrivée d'une patrouille de chasseurs qui reprennent conducteur, voiture, chevaux et dépêches. Dès lors on ne pouvait plus songer à aller chercher les 800 mille francs à Ste-Ménehould. Ce fut aussi le 22 que la route de Montmédy fut interceptée. Le même jour, ou plutôt pendant la nuit du 21 au 22, un hardi garde forestier (2) apportait au travers des lignes prussiennes il est vrai, une dépêche de Bazaine destinée à Mac-Mahon, et la remettait au général commandant

(1) Village à 13 kilomètres de Verdun.

(2) Je ne sais si les gardes forestiers ont été récompensés de leur dévouement et de leur courage dans le rude métier de porteurs de dépêches qu'ils ont fait durant plusieurs semaines autour de nous. A propos de celui dont nous venons de parler et duquel nous voudrions connaître le nom, le maréchal Mac-Mahon écrivait au général commandant à Verdun : « Donnez deux mille francs au garde forestier qui vous a
» apporté la dépêche de Bazaine. Je vous envoie cette somme. Pro-
» mettez-lui une pareille récompense s'il rapporte une réponse à la
» dépêche chiffrée destinée au maréchal Bazaine que je vous ai transmise
» ce matin. »

Voir le *Siècle* du 2 juillet 1871.

de Verdun, qui tout aussitôt cherchait à la faire parvenir au destinataire. Ce fut un officier de la mobile, le capitaine C. de Benoist, qui se chargea de cette périlleuse mission et qui, le jour même, sous un déguisement, eut l'heureuse chance, en côtoyant sans cesse les soldats ennemis, de gagner les bois de l'Argonne et l'armée de Mac-Mahon.

« Enfin, écrivait le général Guérin, nous avons
» des nouvelles de Bazaine par des gardes forestiers
» qui apportent la dépêche suivante. »

D'après cette dépêche, datée du ban St-Martin, le 19 août, Bazaine paraissait avoir complètement renoncé à marcher sur Verdun. « Je compte prendre
» la direction du Nord, et me rabattre ensuite
» par Montmédy sur la route de Sainte-Ménehould
» et Châlons (1). »

Ces obstacles, successivement apportés à toutes nos communications avec le dehors, nous indiquaient, à ne pas s'y méprendre, que l'ennemi se rapprochait et que nous ne tarderions pas à en voir apparaître bientôt les noirs bataillons.

Ses éclaireurs du reste devenaient de jour en jour plus audacieux. Le 20, quatre uhlans avaient pénétré dans le faubourg Pavé qu'ils avaient parcouru au milieu d'une bande de gamins attirés par ce nouvel uniforme. On les aperçut de la place, mais, à cause des gamins, on n'osa faire feu sur eux : on tira seulement un coup de canon comme pour leur dire qu'on veillait. C'était la première fois que nous entendions cette voix formidable du canon grondant

<small>Les éclaireurs prussiens s'enhardissent autour de la Place.</small>

(1) *Papiers et correspondance de la famille impériale.*

sur l'ennemi du haut de nos remparts. L'émoi fut grand parmi les habitants et la troupe prit les armes, mais l'alerte ne dura qu'un moment; les cavaliers prussiens, au sifflement de l'obus qui passa par dessus le faubourg, remontèrent la côte d'Etain bride abattue, laissant l'un d'eux sur la route grièvement blessé par une balle, qui l'avait atteint dans sa fuite.

Les jours suivants, des pelotons considérables de dragons ou de uhlans se montrèrent tantôt du côté de Belrupt, tantôt de celui d'Etain, tantôt au-dessus de Belleville, examinant la place et battant tous les alentours, montagnes, bois et plaines. Une nuit, dit-on, quelques-uns s'en vinrent frapper à la porte St-Victor.

Enfin, le 24 août dans la matinée, les hauteurs à l'Est de la place se couronnèrent tout-à-coup d'infanterie, de cavalerie et d'artillerie, tandis que d'autres troupes, non moins nombreuses, débouchaient des profonds ravins qui sont aussi de ce côté. C'était l'ennemi !

A neuf heures, les deux coups de canon d'alarme tirés à cinq minutes d'intervalle, l'apprirent à la ville entière.

Avant de raconter le bombardement du 24 août, disons un mot de la force militaire de Verdun.

Verdun. On sait que l'illustre Vauban, de la Suisse à Dunkerque, avait entouré la France d'une formidable ceinture de forteresses. Il vint à Verdun en 1682 et en modifia complètement les fortifications d'après les progrès du génie militaire de l'époque : le plan de la Citadelle, qui datait à peine de cinquante ans, fut perfectionné ; la vieille enceinte de la ville fut agrandie, et ses hautes tours remplacées par les bastions actuels.

Cette enceinte, dans les trois quarts de son pourtour, est environnée d'eau, soit par la Meuse elle-même qui sert de fossé, soit par des canaux, soit par le Pré-l'Evêque que l'on peut inonder à volonté. Le front de St-Victor, trop élevé pour y amener les eaux, est miné à 40 mètres dans la campagne ; et la Citadelle, qui domine la ville, se défend par des ouvrages considérables. Il faut une heure et demie pour faire à pied le tour de nos remparts, y compris la Citadelle.

Cependant, Verdun ne peut offrir à l'ennemi aucune sérieuse résistance depuis que l'on n'ouvre plus la tranchée, que l'on ne bat plus en brèche, et qu'on assiége les villes en brûlant ou en démolissant les maisons des habitants. De tous les côtés en effet, à deux, trois et au plus loin à cinq mille mètres, nous sommes environnés de montagnes du haut desquelles les canons actuels peuvent, à coups sûrs et en restant presqu'invisibles, nous cribler de boulets. Cinq forts construits sur ces montagnes, gardant et dominant le pays dans un rayon de dix kilomètres autour de la place, pourront un jour rendre Verdun imprenable par le feu comme par la famine, et en feront le boulevard de la France en face de la Prusse, puisque Metz, autrefois sa grande sœur, devenue aujourd'hui, mais pour un temps seulement, sa rivale involontaire, n'est plus là pour barrer le passage à l'ennemi.

Le jour où cet ennemi parut, pour la première fois

de la campagne, devant nos murs, l'armement de la place, ses munitions de guerre et sa garnison étaient à peu de chose près tels qu'il suit.

Armement de la Place.

L'armement de *sûreté* était très-incomplet avant la déclaration de la guerre. L'armement de *défense* s'était effectué à la hâte au début des hostilités. Le commandant de l'artillerie de la place (1) avait été autorisé à requérir, dans le civil, les anciens artilleurs pour la construction des plates-formes, et pour la confection du fascinage et des revêtements : la troupe aussi avait fourni de nombreux travailleurs. Alors seulement les pièces de canon avaient été placées dans toutes les embrasures.

Nos bastions et nos courtines, en ville et à la Citadelle, se trouvaient armés de vingt mortiers, de vingt-et-un obusiers et de quatre-vingt-seize canons de divers calibres; en tout cent trente-sept pièces. Des quatre-vingt-seize canons, quarante-six seulement, parmi lesquels les seize de 24, étaient rayés : on sait que le canon rayé a une longueur de portée plus grande et un tir plus juste que le canon à âme lisse.

Munitions de guerre.

Les munitions étaient considérables ; pour les confectionner, un atelier d'artificiers était venu de Metz dans la première quinzaine d'août. Rappelé peu après, il avait été remplacé par une demi batterie d'artillerie envoyée de Vincennes. Nous avions en magasin environ 200 mille kilogrammes de poudre, 100 mille obus ou boulets coniques pour canons de tous les calibres, cinq à six cents obus à balles, un millier de boîtes à mitrailles et quatre-vingt mille

(1) M. Commeaux.

bombes de toutes grosseurs ; un grand nombre pesaient jusqu'à cent cinquante livres. Les munitions pour l'infanterie n'étaient pas moins considérables : on avait de 12 à 15 cent mille cartouches pour Chassepots et fusils à tabatière. Quant aux fusils, nous en possédions trente-trois mille de divers modèles, dont quatre à cinq mille Chassepots.

Ajoutons que cette fois encore, pour les munitions de guerre comme pour les vivres, le hasard nous servit fort à propos. Quelques jours auparavant, le 4ᵉ corps, Ladmirault, avait concentré son parc sur Verdun; mais n'ayant pu l'enlever assez vite, il nous en était resté une portion, notamment beaucoup de cartouches pour Chassepots et de charges pour pièces de 4, puis tout le personnel, hommes et chevaux, d'une très-forte compagnie du 1ᵉʳ régiment du train d'artillerie, qui nous rendit de très-grands services (1). Mais malgré ce renfort, notre garnison n'en restait pas moins trop peu nombreuse pour repousser une attaque régulière.

En effet, outre deux mille mobiles, dont le courage personnel ne pouvait suppléer à leur manque d'instruction militaire, notre garnison ne se composait que d'un millier d'hommes appartenant aux dépôts et pelotons hors rangs du 57ᵉ et du 80ᵉ de ligne (2), de deux cents à deux cent cinquante jeunes cavaliers et engagés volontaires formant le dépôt du 5ᵉ chasseurs, d'une vingtaine de soldats du génie, de

<small>Garnison.</small>

(1) *Rapport* du commandant de l'artillerie de Verdun.
(2) Le dépôt du 80ᵉ nous était venu, vers la fin de juillet, de Bar-le-Duc où il tenait garnison.

cinquante-cinq gendarmes des diverses brigades de l'arrondissement qui s'étaient repliées sur Verdun, et enfin de cinquante hommes environ, avec capitaine et lieutenant, appartenant à la demi-batterie du 4° d'artillerie, qui nous avait été envoyée de Vincennes avec ses canons, sur la demande du général commandant la place. Cette demi-batterie, jointe à la compagnie du train dont nous avons parlé plus haut, pouvait nous donner deux cent quarante hommes, très-utiles pour le service des pièces aux bastions, et très-propres à guider nos jeunes artilleurs de la garde nationale et de la mobile.

A ces troupes régulières, si nous ajoutons quatorze cents hommes de la garde nationale sédentaire, nous aurons trois mille cinq cents défenseurs prêts à se porter sur les remparts pour répondre aux Allemands, les uns à coups de fusils, les autres à coups de canons.

Bombardement du 24 août.

Ils s'y portèrent en effet d'un commun élan dans la matinée du 24 août, aussitôt l'alarme donnée. Point de cris, point de tumulte, rien que le bruit de la générale dans les rues, des clairons et des trompettes dans les casernes. Chacun prit ses armes, sans peur mais non sans émotion, et courut aux remparts se ranger à son poste de combat, tandis que les épouses, les mères, les sœurs et les petits enfants priaient Dieu pour ceux qui allaient se battre et peut-être mourir en défendant leurs foyers. Au même moment le Maire et les membres du conseil municipal qui ne faisaient point partie de la garde nationale, se rendaient à l'Hôtel-de-Ville afin d'y attendre les évènements et de pourvoir autant que possible aux intérêts de la cité, si le sort des armes nous était défavorable. Ce fut en verité un quart-d'heure saisissant et solennel, que celui qui précéda l'attaque : quart-d'heure pendant lequel nous vîmes, pour la première fois, les régiments ennemis prendre leurs positions en face de nous, nos rues se faire désertes et silencieuses, et nos remparts se garnir de tous les hommes sachant tenir un fusil. Il y avait encore du calme, mais un calme pareil à celui qui précède les fureurs de l'orage. Depuis lors nous nous habituâmes à ces sortes d'émotions, mais de la première on se souviendra longtemps.

Tout-à-coup, une fusillade stridente éclata sur toute la ligne et couvrit de balles les remparts, de St-Victor à la porte de France (1) : elles nous venaient d'une nuée de tirailleurs ennemis qui déjà occupait le faubourg et la Galavaude : cachés derrière les arbres et les moindres buissons de la plaine, couchés dans les fossés et les hautes herbes, abrités par les palissades ou les murs des jardins, tirant même par les fenêtres et les portes des maisons les plus rapprochées, ils essayaient de démonter les canonniers à leurs pièces et les hommes qui paraissaient sur le rempart.

Au bruit de la fusillade se mêle presqu'aussitôt la grande voix du canon et l'on aperçoit de fortes batteries qui se démasquent sur plusieurs points à la fois, où elles sont venues, au galop de leurs chevaux, prendre positions. Vingt-quatre pièces se trouvent à

---

(1) Partant de la Galavaude, les balles prenaient le rempart en travers et l'enfilaient complètement depuis le bastion St-Paul jusqu'à la porte de France.

deux mille mètres de la place dans les terrains légèrement ondulés qui s'étendent au pied de la côte, tout près et à droite de la route d'Etain en quittant Verdun, aux lieux dits le *Briollet* et le *plat de Charmois*. Trente-deux autres pièces sont postées au-dessus du *Four-à-Chaux*, sur les hauteurs qui dominent Haudainville à quinze cents mètres et au niveau du front de St-Victor. Autour de ces batteries stationnaient de nombreux corps de cavalerie et d'infanterie, cherchant à s'abriter contre le feu de la place, derrière tous les plis de terrain; ils étaient là, soit pour repousser une sortie de la garnison si elle en essayait une, soit pour courir aux portes si la ville faisait mine de faiblir. Du reste, sur leur tête, un beau soleil; et sous leurs pieds, un sol ferme et desséché, propice à tous les mouvements des canons, des cavaliers et des fantassins.

Depuis une demi-heure déjà les obus prussiens sifflaient dans les airs et s'abattaient, avec un fracas sinistre sur la partie de la ville qui est à droite de la Meuse, que de nos remparts l'artillerie n'avait pas encore répondu. Les gardes nationaux et les soldats, à genoux derrière le parapet et la tête abritée par les sacs à terre, faisaient seuls le coup de fusil sur les tirailleurs ennemis, et abattaient, au loin ou tout près, les hardis qui se découvraient à leurs yeux. Mais pourquoi ce long silence de nos artilleurs? Nous avons su le jour même, qu'au moment de l'attaque, les magasins à projectiles, qui se trouvent dans chaque bastion, étaient fermés et qu'il fallut en aller chercher les clefs, je ne sais où!

Enfin nos canons se firent entendre, et nos bombes et nos obus tombèrent en plein au milieu des masses ennemies, où ils durent causer du ravage, car, au travers de la fumée du combat, on y vit des mouvements d'oscillation. A Charmois, un caisson, rempli de munitions, sauta avec un fracas qui couvrit pendant une seconde le bruit de la canonnade. Les bastions St-Paul, porte Chaussée, derrière les Minimes, et de St-Victor rivalisaient à qui pointerait le mieux et le plus vite, et parfois leurs projectiles, passant par dessus les hauteurs, allaient déranger les réserves ennemies dans le fond de Belrupt et de Haudainville.

Le général Marmier (1), le commandant de Nettancourt, de la mobile, parcouraient à cheval les points attaqués et encourageaient chacun à faire son devoir. Un vieux brigadier d'artillerie, de service au bastion 15 de St-Victor, pointait sa pièce, puis le coup parti, montait sur l'affût tout le corps à découvert, regardait froidement où frappait son obus, et disait en riant aux artilleurs novices de la garde nationale qui étaient près de lui : « c'est pas plus malin que cela. » Pourtant, là surtout, et le long de la courtine qui, passant sur la porte St-Victor, relie le bastion 15 au bastion 17, le poste était périlleux. Les boulets enfilaient cette courtine, éclataient dans les grands arbres qu'ils déchiraient et tuaient ou blessaient nos

---

(1) Le général de division Marmier, ancien colonel du 3ᵉ spahis, avait gagné presque tous ses grades en Afrique. De magnifiques blessures à la figure indiquaient qu'il avait vu déjà le feu de près. Il avait été bloqué à Verdun, en allant rejoindre sa division à l'armée du Rhin.

gardes nationaux, que nulles traverses n'abritaient sur leur flanc gauche du côté de l'ennemi.

Cependant, l'intérieur de la ville présentait un spectacle saisissant. Tous les magasins étaient fermés. Du côté des rues Mazel, St-Pierre et Chevert, où de rares boulets ennemis venaient éclater seulement à intervalles assez éloignés, on rencontrait encore quelques personnes anxieuses et attardées qui rejoignaient leurs demeures en courant; mais dans le quartier St-Victor, et sur toute la rive droite de la Meuse, outre les hommes qui allaient à leur devoir, on ne voyait on n'entendait que les obus crevant les toitures, perçant les murailles des maisons et broyant poutres et pierres. Il en fut ainsi pendant deux heures.

Vers 11 heures 1/2 on vit tout à coup du haut des bastions, en face du faubourg Pavé, un cavalier ennemi, porteur d'un drapeau blanc, rouler à terre au moment où il tournait au galop l'angle de la rue d'Etain, à cent mètres des remparts (1) : une balle, qui sans doute ne lui était pas destinée, venait de le tuer raide. C'était le trompette d'un parlementaire que les Allemands nous envoyaient et qu'on n'avait ni entendu sonner au milieu du bruit de la bataille, ni pu apercevoir dans la rue d'Etain par laquelle il était venu.

M. de Bismark, paraît-il, fut fort irrité de la mort de ce trompette, et en fit le sujet d'une note à ses

---

(1) A l'angle de la maison de M. Martelet, non encore renversée alors.

agents diplomatiques près des cours étrangères (2). Mais pourquoi le général qui nous attaquait, oublieux des usages de la guerre, laissait-il tirer sur la place pendant que son envoyé venait vers nous ? Les Allemands continuant leur feu, devions-nous cesser le nôtre ?

Une demi-minute après la chute de son trompette l'officier parlementaire, inaperçu jusqu'alors, sortait lui-même de la rue d'Etain et paraissait éprouver un mouvement d'hésitation. Mais au même instant la mousqueterie cessait de notre côté, sur la courtine derrière le collége et sur les bastions voisins, car on avait vu presque simultanément et le drapeau blanc s'échappant des mains du cavalier tué, et l'officier qui le suivait. Le pont fut abaissé, l'officier du poste de la porte Chaussée sortit accompagné de quelques soldats, banda les yeux au parlementaire et l'introduisit dans la place.

Les obus ne pleuvaient plus de ce côté : le bruit de la venue d'un parlementaire s'était vite répandu : en un clin-d'œil les rues, qu'il devait parcourir pour aller chez le général, furent pleines de monde. On remarqua que sa tenue bleu de ciel, était irréprochable et même fort élégante, et qu'il semblait

---

(2) On lit en effet dans l'*Univers* du 29 août 1870 :

« Le *Times* reçoit de son correspondant de Berlin...... Une dépêche télégraphique a été expédiée à tous les agents diplomatiques Allemands contenant une protestation contre la conduite des Français qui auraient fait feu sur des parlementaires allemands. La dépêche dit qu'ils ont tiré sur le colonel Verdi à Metz, sur le major Rochon à Toul, et sur *un autre officier à Verdun dont le trompette aurait été tué.*

» On annonce que les Allemands n'enverront plus de parlementaires. »

plutôt sortir d'un salon que d'un champ de bataille.

Conduit à l'hôtel de la subdivision, le parlementaire somma le général Guérin de rendre la place.

« Au nom de qui me faites-vous cette sommation, » demanda le général ? »

— L'officier saxon parut hésiter.

— « Je suis le général Guérin, et je ne répondrai » que quand je connaitrai le général qui m'attaque. »

— « C'est le prince Georges de Saxe, répondit le » parlementaire. »

— « Eh bien ! Monsieur, dites au prince Georges » que je ne lui rendrai qu'à la dernière extrémité » la ville dont la défense m'a été confiée : allez, » Monsieur. »

— « Je m'attendais à cette réponse » reprit en souriant l'officier saxon ; et là dessus on lui banda de nouveau les yeux et il sortit. Six minutes après il était hors de la ville et le feu de l'ennemi qui s'était ralenti, sans toutefois cesser tout à fait, au moins quant aux coups de fusils, recommença avec plus de furie.

Un obus allemand pénétra dans les cuisines du Grand-Séminaire que sa situation élevée désignait au tir de l'ennemi, mais qu'aurait dû protéger le drapeau blanc à croix rouge des ambulances qui flottait sur sa haute toiture. Une fille de service et un domestique furent tués par les éclats du projectile : une religieuse infirmière et le médecin (1) furent renversés par la commotion et échappèrent, comme par miracle, à la mort. Y eut-il dans ce fait intention de la part de

(1) M. le docteur Lagarde.

l'ennemi ? Nous ne pouvons le dire. Seulement, nous dirons que le drapeau blanc avait été, dès le début de l'attaque, maladroitement arboré sur divers établissements, le Collége excepté, destinés sans doute à devenir des ambulances, mais qui, à cette heure, n'avaient aucun blessé. L'ambulance frappée avait seule des blessés.

Ce fut presque le boulet d'adieu des Saxons. Tout à coup, vers 11 heures 1/2, nos artilleurs remarquèrent, à travers la fumée de leurs canons, un mouvement très-accentué parmi les troupes ennemies. Prenaient-elles leurs dispositions pour essayer un assaut sur un point quelconque de la ville? L'incertitude ne fut pas longue : bientôt on vit leurs colonnes tourner le dos à la place, et regagner, fantassins au pas accéléré, cavaliers au galop, les hauteurs desquelles ils étaient descendus, les ravins boisés d'où ils étaient sortis. Leurs batteries les suivirent de près.

Nos artilleurs, attentifs à ce mouvement de retraite, le saluèrent du feu de toutes leurs pièces et poursuivirent de leurs projectiles les bataillons saxons, jusqu'au moment où ils disparurent tout-à-fait, les uns au milieu des bois à droite et à gauche de la route d'Etain, les autres derrière les côtes de Belrupt et de Haudainville.

L'ennemi disparu, nous songeâmes à nos pertes et aux dégâts causés dans notre ville par le bombardement.

L'ennemi nous avait, au dire de nos officiers d'artillerie, envoyé à peu près deux mille obus. Soixante à quatre-vingts maisons, sur la droite de la Meuse et

<small>Nos pertes.</small>

surtout dans le quartier St-Victor, avaient été rudement touchées. Un obus avait percé la toiture de la belle bibliothèque de la ville, au Collége. Les remparts étaient intacts; vingt-neuf obus seulement les avaient frappés. Mais nos pertes en hommes, quoique peu nombreuses, étaient très-regrettables : nous avions cinq gardes nationaux, un soldat du 80ᵉ et un mobile tués sur les remparts, et douze blessés plus ou moins grièvement. Une femme et un vieillard avaient été tués dans la rue (1).

Nous avons su depuis, que pendant la journée du 24 août, nous avions été attaqués par près de quinze mille hommes appartenant à l'armée saxonne, 12ᵉ corps. L'armée saxonne était forte de soixante à soixante-cinq mille hommes : elle avait quitté l'armée allemande devant Metz quelques jours auparavant et s'était dirigée sur Verdun. Le 23, ses colonnes avaient formé autour de Verdun comme un demi cercle, partant de Sommedieue au milieu du bois, s'infléchissant sur nous à Haudainville et Belrupt, remontant vers Eix, rejoignant Fleury par de profondes vallées et aboutissant à la Meuse, à Vacherauville et à Bras.

Le 24, pendant qu'une partie de cette armée nous attaquait, le reste passait la Meuse à Dieue, sur un

---

(1) Voici les noms de ces premières victimes de la guerre à Verdun : Gardes nationaux, François Henner, Ernest Rabut, Gustave Lintz, François Gülzelmann et Henry Baudard, âgé de 16 ans ; soldat et mobiles Pierre Lacaminade et Alfred Hugot. La femme se nommait Marie Saillet et le vieillard Nicolas Evrard. Blessés mortellement, Jean-Louis Périn et Adolphe Lévy, morts quelques jours après.

pont (1); à Vacherauville, au gué, et à Charny, sur deux ponts de bateaux.

Leur entreprise sur Verdun ayant échoué, et l'ordre de battre en retraite ayant été donné, les colonnes d'attaque saxonnes suivirent le même chemin : celles de gauche regagnèrent à travers bois Sommedieue et Dieue, celles de droite allèrent à Charny, de sorte que le lendemain tout le pays, des rives de la Meuse à Clermont, Varennes et Montfaucon, fut couvert de troupes ennemies. Verdun avait coupé et détourné l'orage, mais tous ses environs en étaient battus. *Retraite des Saxons.*

Quant aux raisons qui déterminèrent le prince de Saxe à abandonner si brusquement l'attaque de notre ville, nous ne pouvons que les présumer. Sans doute il avait ordre de prendre Verdun *en passant*, de s'y reposer dans l'après-midi du 24, et de marcher le lendemain vers l'Argonne. On a trouvé en effet, sur des prisonniers saxons, des notes d'étapes où étaient écrits ces mots : « le 24 à Verdun. » Mais la résistance qu'il y rencontra, résistance inattendue, car il savait combien était faible notre garnison, lui fit comprendre qu'on ne nous enlevait pas ainsi haut la main, et qu'il lui faudrait perdre devant nos murailles beaucoup de temps, sans compter les hommes et les munitions. Or, s'il avait des munitions et des hommes à perdre, du temps il n'en avait guère, car il lui fallait rallier au plus vite la grande armée allemande qui était à la recherche de Mac-Mahon. Toujours est-il que les Allemands gardèrent à cette époque le

(1) Dieue est un village sur la Meuse à 14 kilomètres au-dessus de Verdun.

silence sur leur échec devant Verdun, ainsi que le leur reprocha alors un journal autrichien.

Pertes des Saxons. Il ne nous est pas possible d'apprécier au juste les pertes de l'armée saxonne, pendant la canonnade du 24 août. Une lettre, trouvée sur un prisonnier et adressée en Allemagne, les porte à quatre cents hommes hors de combat. Le même chiffre nous a été fourni par d'autres renseignements. Il est peut-être un peu exagéré, car, après la retraite, on ne trouva, sur le terrain occupé par les Saxons, aucune trace indiquant une telle perte : ils avaient enlevé morts et blessés (1). Quelques débris de caissons, quelques roues de chariots, quelques chevaux tués, voilà tout ce que nous y vîmes.

Cependant un chroniqueur Allemand qui suivait l'armée (2) a depuis écrit ces mots : « Après une » vive attaque contre Verdun qui dura environ » trois heures, les assaillants, *très-abîmés* par le feu » ennemi, se retirèrent hors de sa portée. »

Cette affaire du 24 août, glorieuse pour notre garde nationale, méritait d'être connue à Paris. Le Sous-Préfet, recueillant à la hâte les renseignements sur l'attaque qu'il pouvait avoir alors, fit partir la nuit

---

(1) Les blessés furent portés dans les ambulances de la Woëvre. Quant aux morts, peut-être partagèrent-ils la sépulture de ceux de Gravelotte ?

Sûrement ils eurent un certain nombre d'officiers tués. Il y a quelques jours (4 novembre 1871) plusieurs officiers saxons, qui avaient pris part à l'attaque du 24 août, sont venus d'Etain, où ils passaient, dans les jardins de la Galavaude, et y ont reconnu et montré la place même où deux de leurs camarades auraient été tués par nos balles.

(2) *La guerre des peuples en France. Histoire de la guerre Franco-Allemande* 1870-1871 par CHARLES ADANI.

même un courageux émissaire qui put porter, en pays non encore envahi, la dépêche suivante lue au Corps législatif dans sa séance du 27 août. Nous reproduisons cette partie de la séance :

M. LE MINISTRE DE LA GUERRE. — « Après des éloges donnés à la garde mobile, permettez-moi d'en solliciter aussi pour la garde nationale sédentaire. Je reçois à l'instant une dépêche qui prouve qu'elle a bien mérité de la Patrie.

On parle de nous à la Chambre.

Verdun, 24 août.

« Verdun a été attaqué par 8 à 10 mille ennemis
» sous le commandement du prince de Saxe, 4 mille
» hommes ont été engagés. 300 obus ont été lancés
» sur la ville. Les Prussiens ont été très-maltraités
» et repoussés avec des pertes considérables. Nos
» pièces étaient servies en partie par la garde natio-
» nale sédentaire *(Applaudissements prolongés)*.

M. ARAGO. — Armez-la donc à Paris ! *(Bruit)*.

M. GIRAULT. — En ne l'armant pas, vous ouvrez les portes de Paris aux Prussiens.

M. LE MINISTRE DE LA GUERRE. — Je répondrai à ces observations. Je continue la lecture de la dépêche : « et ont fait de grands ravages dans les rangs
» ennemis. Nous avons eu cinq tués. L'ennemi a tiré
» sur l'ambulance établie à l'évêché. La population
» est admirable de patriotisme et de mâle énergie. »
(Nouveaux et longs applaudissements).

M. RAMPONT. — Voilà comment la France se conduit quand elle est armée. »

La dépêche du Sous-Préfet de Verdun donna lieu dans notre ville, lorsqu'elle y fut connue, à cette note, honorable pour tous, insérée dans le numéro du 28 septembre 1870 du *Courrier de Verdun :*

« La garde nationale et la population de Verdun
» ont vu avec regret que dans le compte-rendu de
» la séance du Corps législatif du 27 août, il n'ait
» pas été fait une mention spéciale du concours ap-
» porté par tous les corps de la garnison à la défense
» de la ville de Verdun.

» Officiers, sous-officiers et soldats de toutes les
» armes ont donné lors de l'attaque des preuves de
» leur dévouement. La population est heureuse de
» saisir cette circonstance pour témoigner toute sa
» reconnaissance à sa brave garnison qui, au jour
» du danger trouvera toujours la garde nationale à
» ses côtés (1). »

On sera peut-être curieux à présent de savoir

---

(1) A ce propos nous allons indiquer les postes de combat assignés à chacun sur le rempart.

L'artillerie de la garde nationale mêlée aux artilleurs de la ligne, très-peu nombreux d'abord, servait les pièces à peu près à tous les bastions de la ville depuis le bastion 17, qui est à la droite de la porte St-Victor, jusqu'à la porte de France.

L'artillerie de la ligne servait celles qui battent le Pré-l'Évêque, le Dieu-du-Trice et la route de Dugny.

L'infanterie de la garde nationale devait garder tout le rempart, depuis le même bastion 17 jusqu'à la porte Chaussée.

La porte Chaussée devait être défendue par de la gendarmerie et de la troupe ; la courtine derrière le Collège, par des chasseurs et de la ligne ; les courtines, depuis le bastion St-Paul sur la Meuse jusqu'à la Citadelle, par les mobiles de St-Paul ; les courtines depuis le quartier St-Nicolas jusqu'à la porte St-Victor, par les mobiles de St-Nicolas.

La Citadelle devait être défendue par sa garnison, artillerie de la mobile, et troupes de ligne, infanterie et artillerie.

La compagnie des pompiers devait être rangée sur la place Ste-Croix, avec ses pompes, pour porter secours sur tous les points de la ville en cas d'incendie.

quelque chose de ce qui fut dit en France, touchant l'attaque de Verdun, au 24 août.

Dans un article intitulé COMME A VERDUN et signé H. de Pêne, *Paris-Journal* fit du lyrisme pour célébrer notre garde nationale et la donner en modèle à celle de la capitale :

Récits des journaux.

« Comme à Verdun, la garde nationale de Paris
» saura repousser l'invasion prussienne.

» Comme à Verdun, la garde nationale de Paris
» enverra des dragées à l'armée prussienne.

» Comme à Verdun, le cœur des citoyens sera le
» rempart des remparts de la ville.

....

» Comme à Verdun, la victoire sera pour les
» braves qui défendent leur ville, leur patrie, leur
» famille.

....

» Plus qu'à Verdun la résistance est facile à Paris,
» imprenable par son énormité même.

....

» La garde nationale de Paris, qui a tant demandé
» des armes, est forcée de se défendre comme celle
» de Verdun, — mieux s'il est possible — que celle
» de Verdun.

» Gardes nationaux de Paris, aux fusils, aux
» canons, aux remparts comme vos frères de Verdun !

» Le même sang coule dans leurs veines et dans
» les nôtres, et le sang prussien coulera sous vos
» coups comme à Verdun. (1) »

Le *Bulletin de Paris* ajouta, aux scènes doulou-

(1) Voir le numéro de *Paris-Journal*, du mardi 29 août 1870.

reuses de la journée, un épisode heureusement faux.

« Mgr l'Evêque de Verdun serait monté sur la
» plate-forme de la Cathédrale portant le drapeau
» parlementaire, lorsqu'il aurait été atteint par un
» obus.

» Si cette nouvelle se confirme, ajoutait la corres-
» pondance, nous ne pouvons que nous associer au
» deuil des habitants de Verdun. Leur digne évêque
» serait mort, comme Mgr Affre, martyr de la patrie
» et de la charité chrétienne (1). »

A Metz, tout près de nous, le besoin de bonnes
nouvelles qu'on y éprouvait, transforme notre modeste
succès en une brillante victoire.

« Voici, disait le *Courrier de la Moselle* (2), quel-
» ques renseignements que nous avons tout lieu de
» croire exacts.

» Une forte colonne prussienne a été vue se diri-
» geant ces jours derniers sur Verdun. Cette colonne
» était précédée d'une avant-garde de 2000 hommes,
» derrière laquelle marchait un fort convoi. Le gros
» de l'armée, infanterie, artillerie, cavalerie, venait
» ensuite. Le 24, cette colonne arrivait à hauteur de
» Verdun ; le général Guérin envoya au-devant d'elle
» quelques troupes qui tuèrent, à l'avant-garde en-
» nemie, 600 hommes environ. Cet engagement
» n'arrêta point le mouvement des Prussiens, ils
» tournèrent Verdun sans l'attaquer et l'avant-garde
» se dirigea sur Châlons. »

Ce récit n'avait rien d'exagéré ; mais ce que ra-

(1) Voir le *Bulletin de Paris* du 2 septembre 1870.
(2) *Courrier de la Moselle*, du 30 août 1870.

contait au même moment, le *Moniteur de la Moselle* (1), sans y croire toutefois, était on ne saurait plus étrange :

« Steinmetz ayant voulu entrer dans Verdun à la
» tête de 40 mille hommes, aurait trouvé dans cette
» place le maréchal Mac-Mahon qui aurait capturé
» les divisions de Steinmetz. Celui-ci, dit-on, serait
» au nombre des tués. »

Cette nouvelle, d'après un autre journal, venait d'un soldat du 1er de chasseurs, qui, se disant chargé d'une mission pour un général d'artillerie, à Metz, racontait sur la grande victoire de Verdun les détails les plus circonstanciés. « Ordre aurait été donné
» par Mac-Mahon de laisser pénétrer dans la place
» l'avant-garde ennemie que des mitrailleuses placées
» au coin de toutes les rues avaient abimée. En
» même temps l'armée française débouchait en
» éventail de derrière la place et enveloppait com-
» plètement les Prussiens. On s'était battu toute la
» journée; nous avions pris 140 pièces de canons,
» tué 35 mille hommes, et détruit ou dispersé toute
» l'armée allemande (2). »

Hélas! et nous aussi, bien souvent dans les deux mois qui suivirent, nous avons accueilli le bruit de grandes victoires sous Metz, malheureusement aussi fausses que celles que l'on disait aux Messins avoir été remportées autour de Verdun.

Le départ des Saxons, dans l'après-midi du 24 août, n'inspira point aux Verdunois une imprudente sécu-

(1) *Moniteur de la Moselle*, 20 août 1870.
(2) Voir l'*Indépendant de la Moselle* des 27 et 28 août 1870.

rité. La garde nationale passa la nuit sur les remparts le fusil au bras et l'œil au guet, les artilleurs restèrent à leurs pièces et les postes de la troupe furent partout doublés.

Funérailles des victimes du 24 août.

La journée du 25 fut tranquille, mais pleine de tristesse pour la population de notre ville. Vers 5 heures du soir eurent lieu les funérailles des gardes nationaux et soldats tués la veille sur les remparts. La cérémonie funèbre n'eut rien d'officiel. Une foule considérable, où se confondaient dans un même sentiment douloureux toutes les autorités de la ville et toutes les classes de la société, suivait en silence les cercueils qui renfermaient ces premières victimes de la guerre et de leur dévouement, offertes par notre ville à la Patrie. Ils furent portés sous les grands arbres du *Jardin-des-Soupirs*, vaste terrain inculte situé non loin de la porte de France, entre la Citadelle et la ville, et destiné à servir de cimetière pendant le siége (1). Quand les prières de la religion furent terminées, et avant que la terre fut rejetée sur les dépouilles mortelles de nos courageux concitoyens, M. le général Marmier, et après lui M. le Sous-Préfet prononcèrent d'une voix émue quelques paroles dictées par le cœur, où ils rendirent hommage à leur bravoure et à leur fin glorieuse (2).

Pendant que nous rendions les derniers devoirs aux morts du 24, divers incidents se passaient à nos

---

(1) Le cimetière de la ville, éloigné de 2 kilomètres, se trouve entre la côte St-Michel et la route d'Etain. Il eut été dangereux de s'y rendre.

(2) Voir les allocutions de MM. le général et le Sous-Préfet : *Pièces justificatives* n° 3.

portes. Trois soldats allemands, des trainards sans doute, s'aventuraient au faubourg Pavé, et l'un d'eux était fort traitreusement tué à coups de hache par un habitant de Verdun (1). Vers le soir, un convoi considérable arrivait dans la plus parfaite sécurité à quelques cents mètres de la porte St-Victor, croyant entrer en ville conquise, croyance dans laquelle deux habitants de Belrupt prirent un patriotique plaisir à les confirmer. Le convoi signalé au poste de la porte, on prévint la place, car il fallait l'autorisation de la place pour faire sortir la troupe. Mais avant que la place ne se fut décidée à agir, avant que les ordres ne fussent transmis au quartier pour y faire monter à cheval un peloton de chasseurs, quelques coups de fusil, tirés du rempart, firent reconnaître leur erreur au convoi et à son escorte. Bien vite escorte et convoi rebroussèrent chemin, mais en fuyant les soldats envoyèrent, à ceux qui les avaient trompés, quelques balles qui heureusement ne les atteignirent pas.

Convois ennemis à nos portes.

L'erreur de ce convoi, et l'erreur analogue de plusieurs autres que nous signalerons, venaient sans nul doute du bruit de la prise de Verdun qui circula pendant quelques jours dans le pays, et courut très-probablement sur les derrières de l'armée allemande. Le lendemain en effet, tout un train d'ambulance se présenta à la porte Chaussée qu'on ne lui ouvrit pas. Il rebroussa chemin et fit retourner un convoi de provisions qui le suivait tranquillement, et qu'on

---

(1) Ce malheureux fut fusillé plus tard par l'autorité allemande comme coupable d'assassinat.

aurait pu prendre en le laissant approcher. De nombreux trainards saxons, les meilleures armées en laissent toujours à leur suite, vinrent aussi, ce jour là, se faire prendre à Belleville : une patrouille en ramena vingt-cinq ; quelques-uns, on ne sait pourquoi, manifestaient la crainte d'être fusillés. Le même jour une reconnaissance était faite par la gendarmerie et un peloton de chasseurs du côté de Charny, où une cantinière allemande avec quelques hommes, qui n'avaient du soldat que l'uniforme, essayaient de s'approvisionner en pillant le moulin.

Prise d'un convoi. Le dimanche 28, vers 9 heures du matin, les curieux, qui sans cesse avaient l'œil tourné vers tous les points de l'horizon, virent une immense file de voitures descendre lentement la longue côte d'Etain : quelques-uns même crurent un moment que ces voitures n'étaient rien moins que des caissons et des pièces d'artillerie. L'éveil fut vite donné en ville, et cette fois on fut plus actif ou plus heureux que les précédentes. Immédiatement une centaine de gardes nationaux et de soldats, accompagnés d'une petite troupe de chasseurs, sortent par la porte Chaussée, prennent des sentiers détournés au milieu des jardins et tombent sur le flanc du convoi, quand déjà la tête s'engageait dans la grande rue du faubourg. Les conducteurs des dernières voitures, qui se trouvaient encore à plus d'un kilomètre de là, voyant tout d'abord paraître nos hommes, font volte-face et remontent la côte en courant. Mais plus des deux tiers du convoi ne peut s'échapper, et les quelques soldats de l'escorte, surpris, rendent leurs armes.

Aussitôt gardes nationaux et lignards sautent dans les voitures ou à la bride les chevaux et rentrent en ville aux applaudissements de la foule. Cinquante-trois prisonniers (1), quatre-vingts ou quatre-vingt-cinq chevaux et une cinquantaine de voitures chargées de pain, de riz, de sacs de farine et d'avoine, de quartiers de bœufs ou de moutons et de quelques armes, tel fut le résultat de ce coup de main. Les cavaliers poursuivirent pendant quelque temps le reste du convoi qui fuyait à toutes jambes dans la direction d'Etain et ramenèrent encore trois voitures. La plupart de ces voitures, à quatre roues et à deux chevaux, paraissaient très-lourdes et point élégantes du tout; les chevaux étaient grands et maigres, et quelques-uns de leurs conducteurs, en passant dans nos rues, fumaient aussi tranquillement leur pipe que s'ils eussent été en ville allemande. Les hommes furent conduits à la prison civile, les chevaux au quartier Saint-Nicolas, et les voitures menées à la Citadelle.

Le soir de ce jour-là, la Place fit mettre à l'ordre de la garnison qu'il était interdit aux soldats en faction aux remparts et aux portes, de tirer pendant la nuit sur aucune troupe abordant la ville du côté de la rive gauche de la Meuse, parce que le 7e corps d'armée français pouvait d'un moment à l'autre paraître en vue de Verdun. Le 7e corps en effet, commandé par le général Félix Douay, vint jusqu'à Vouziers avant d'aller à Sedan ; mais Vouziers est à près de 65 kilomètres de Verdun !

(1) Ecrou de la prison.

Francs-tireurs.

Ces secours toujours attendus et n'arrivant jamais ne décourageaient cependant en aucune façon l'énergie des habitants. Un nouveau corps de volontaires, destiné surtout à battre les campagnes voisines, venait de se former sous le nom de *francs-tireurs* parmi les jeunes gens : ils étaient à peu près cinquante, appartenant presque tous à la classe ouvrière. Le général avait approuvé leur organisation et nommé leurs officiers. Nous aurons souvent à parler d'eux, car les diverses prises faites sur l'ennemi, dans les derniers temps, non-seulement aguerrissaient gardes nationaux et francs-tireurs, mais encore développaient chez eux un certain besoin d'aventures qui leur mettait, presque chaque jour, les armes à la main.

Deux officiers Prussiens tués à Charny.

Le 29 août, avertis que deux officiers prussiens, accompagnés de leurs ordonnances se trouvaient à Charny, ils y coururent et cernèrent la maison où déjeunaient ces officiers. Un des ordonnances fut d'abord tué dans la remise près de ses chevaux et l'autre fait prisonnier. Au bruit des coups de feu, les officiers se lèvent brusquement de table, saisissent leurs armes et s'élancent vers la rue. Une ligne de francs-tireurs, le fusil en joue, faisait face à la maison. A cette vue, les officiers retournent sur leurs pas, traversent la maison, pénètrent dans le jardin entouré de murs et vont droit à la porte de sortie qui donne sur la campagne, espérant gagner les champs et s'échapper de la sorte. Mais, la porte ouverte, ils se trouvent encore en présence de baïonnettes qui leur barrent le chemin. On leur crie de se rendre. « Non » ! répondent-ils, et ils étendent le bras pour faire feu de leurs revolvers : une décharge les jette à terre. Les corps de ces deux braves jeunes gens furent relevés par les francs-tireurs et ramenés à Verdun. A peine les francs-tireurs avaient-ils quitté Charny que quarante hussards prussiens, attirés sans doute par les coups de fusil, y arrivaient bride abattue.

Le lendemain, eurent lieu les funérailles des deux officiers. Les corps furent portés au *Jardin-des-Soupirs* par des soldats allemands prisonniers, et suivis par tous leurs compatriotes, prisonniers aussi, car nous en avions déjà cent quinze. Les francs-tireurs en armes les accompagnèrent; et quand les cercueils furent descendus dans la fosse, creusée auprès de celles de nos morts du 24 août, ils remirent leurs fusils aux mains d'un certain nombre de soldats allemands, qui vinrent un à un faire feu sur la tombe de leurs chefs, avant qu'on y jetât la première pelletée de terre.

Qu'était-ce que ces deux officiers dont la mort sembla causer tant d'émoi parmi nos ennemis? Pour les venger, ils ne parlèrent de rien moins tout d'abord que de brûler Charny, où ils avaient été tués; ils lui imposèrent ensuite une très-forte amende qui fut, après bien des instances, réduite à la somme de dix mille francs, et fusillèrent, un mois et demi après, un honorable habitant de ce village (1) accusé d'avoir pris part au coup de main des francs-tireurs. Les on-dit populaires de notre ville en firent des princes allemands, des parents du comte de Bismark, ou

(1) M. Sébastien Violard, ancien notaire. Nous en reparlerons.

tout au moins de très-grands seigneurs. Après notre capitulation, le hasard nous a fait découvrir dans un journal allemand (1) les faire-part de leur mort, que nous reproduisons. « Mon bien-aimé second fils, Hermann comte Haslingen, 1er lieutenant au 12e régiment de dragons n° 2 de Brandebourg, chevalier de l'ordre de l'Aigle-Rouge, avec glaive, s'était mis, le 29 août, conducteur d'une patrouille, non loin de Charny-sur-Meuse, et il a rendu sa vie, comme un héros, pour le roi et la patrie. La supériorité des forces ennemies l'entoura, il chercha à se faire jour en combattant. L'ennemi même honora sa bravoure et l'enterra dans Verdun, avec les honneurs militaires. Je me tiens silencieux sous la toute puissante volonté de Dieu, et fais part, par cette voie, à mes parents et à ses nombreux amis et connaissances de ce message d'affliction. »

Richeforêt, le 14 septembre 1870.

GRAF HASLINGEN, *major*.

« Dans une grande reconnaissance tomba, le 29 août, près de Charny-sur-Meuse, non loin de Verdun, pour le roi et la patrie, notre bien-aimé bon fils et frère Charles de Tauentzien, 2e lieutenant au 12e régiment de dragons n° 2 de Brandebourg. Le Seigneur lui a ôté l'existence après 26 ans et 4 mois. »

Blacow, le 14 septembre 1870.

Bogislaw de Tauentzien, Emma de Tauentzien née de Kinelmann-Schonwalde, Bogislaw de Tauentzien lieutenant au 15e uhlans, régiment du Schleswig-

(1) *Gazette prussienne* de Berlin, 17 septembre 1870.

Holstein, en campagne, Emma, Augusta et Maria de Tauentzien. »

Combien de familles françaises depuis quinze mois ont été frappées de pareilles douleurs ! Combien de semblables « messages d'affliction » ont été portés autour de nous aux parents, et aux amis des braves tombés pour la Patrie !

Deux expéditions marquèrent encore les derniers jours d'août. Le 30, cinq gardes nationaux (1) prennent leurs fusils, garnissent leurs cartouchières, montent en break et vont faire une pointe du côté de Lemmes (2), sur la route de Bar. Arrivés à près de deux kilomètres au-delà de ce village, ils aperçoivent, arrêté dans un petit fond sur la route, un chariot autour duquel sont assis ou debout un certain nombre de soldats allemands. Immédiatement ils les attaquent à coups de fusils. Mais la riposte ne se fait pas longtemps attendre : l'ennemi, caché derrière les tas de pierres de la route, ou masqué par la voiture et tous les objets qui s'y trouvent, entretient un feu bien nourri qui heureusement n'atteint personne des nôtres, grâce à la précaution qu'ils ont prise de s'appuyer contre un talus de la route assez haut pour les abriter presque complètement. Depuis plus d'un quart d'heure la fusillade durait sans autre résultat que celui d'épuiser les munitions ; et cependant nos gardes nationaux ne pouvaient songer à attaquer

Les cinq gardes nationaux à Lemmes.

(1) MM. Meyer, capitaine en retraite, Tollard, oncle et neveu, négociants, Lécuyer, docteur, et A. Hutin fils.
(2) Village à 16 kilomètres de Verdun.

à l'arme blanche, car ils n'avaient pour eux tous qu'un sabre-baïonnette. Il fallait en finir.

Un jeune sergent prussien, qui se tenait en avant avec quatre hommes, était blessé à la tête et son sang coulait. On lui fait signe et on lui crie de se rendre : il jette son fusil et ses quatre soldats l'imitent. Les nôtres s'approchent et leurs enlèvent leurs sabres. Autour du chariot quelques soldats font encore mine de se défendre; on les somme à leur tour de mettre bas les armes, et ils obéissent : trois seulement prennent la fuite. Nos gardes nationaux ramassent toutes les armes, s'emparent du chariot attelé de deux chevaux et reviennent à Lemmes. A Lemmes ils rencontrent encore quatre soldats allemands dont ils s'emparent. Treize prisonniers, vingt-et-une têtes de bétail qu'ils gardaient, et seize fusils furent ramenés le soir à Verdun par nos hardis concitoyens qui n'avaient plus entre eux cinq que sept cartouches.

Le même jour, au coucher du soleil, vingt-quatre sous-officiers et soldats appartenant à la 2e batterie de la mobile et au 80e s'en allèrent à Fromeréville, dans l'intention d'arrêter la poste prussienne. Ce village, situé à 8 kilomètres de Verdun et caché dans une profonde vallée, était de ce côté le point où se rendaient tous les convois et toutes les troupes ennemies venant de Bar-le-Duc par Souilly, et de St-Mihiel par Dugny, Landrecourt et Lempire, pour se diriger sur Varennes ou sur Charny et Stenay. La petite troupe française trouva le village occupé par quelques cavaliers et quelques fantassins qu'elle dispersa. Mais la poste, prévenue de l'embuscade, ne passa point cette nuit, et nos soldats revinrent le matin, ramenant neuf chevaux, des armes et autres harnais de guerre.

Jusqu'ici j'ai raconté jour par jour ce qui s'est passé, à Verdun et aux environs, pendant le mois d'août : mais il est des faits qu'on ne peut rattacher à telle ou à telle journée, et que je vais indiquer.

Le 24 août, les canons allemands avaient à peine fait silence, que de violentes détonations, se succédant à des intervalles assez rapprochés, réveillèrent de nouveau l'inquiète attention des habitants : c'était une partie des maisons du faubourg Pavé et de la Galavaude qui sautait. Je crois que les besoins de la défense d'une place de guerre n'exigent pas, maintenant surtout, la destruction immédiate des faubourgs qui l'avoisinent, et qu'avec des précautions, de la surveillance, du courage et des canons, on peut pourvoir à sa sécurité par des moyens moins violents. Les hommes spéciaux ne pourraient-ils pas, en étudiant cette question, allier, aux exigences de la guerre, les lois de l'humanité ? Si seulement cette destruction, faite par nos propres mains, avait d'autres résultats que de ruiner quelques familles ! Si seulement, sous les poutres et les pierres des maisons renversées, on cherchait à écraser les envahisseurs ?

Dès les premiers jours d'août, les habitants du faubourg Pavé, dans la zône la plus rapprochée de la place, avaient été avertis par le génie militaire que leurs maisons d'un jour à l'autre pouvaient être détruites; et en effet on avait presqu'aussitôt placé des

Marginalia: On fait sauter les faubourgs.

barils de poudre dans les caves. Cet avertissement, quoique la loi militaire dût le faire prévoir aux intéressés, causa une grande douleur parmi eux. Plusieurs avaient assez de fortune pour supporter cette destruction sans grands embarras; mais la plupart sont des jardiniers, qui sans doute vivent honorablement du travail de leurs bras, mais pour lesquels une maison est la moitié de leurs biens. Tous songèrent à sauver au moins leurs mobiliers. Aussi était-ce chose pénible que de les voir rentrer en ville, quelques-uns traînant eux-mêmes leurs charrettes chargées de literie, de meubles, de fourrages, après avoir dit un triste adieu à la maison où ils étaient nés, où ils avaient vécu. L'œuvre de destruction commença immédiatement après le départ des Saxons, et dura près de huit jours. Outre le beau pont du chemin de fer, sur la Meuse, depuis six mois à peine achevé et duquel on fit sauter, dès le 24 août, l'arche qui le relie à la rive gauche, soixante maisons, formant le bout de la rue d'Etain du côté de Verdun, et toute la rue en face de la Meuse jusqu'à Belleville, jonchèrent le sol de leurs débris. Un tel sacrifice fit sans doute comprendre aux Allemands combien nous étions déterminés à nous défendre, mais il fut, nous le répétons, très-douloureux pour tous, même pour le général Guérin qui donna l'ordre de l'accomplir.

Un témoin oculaire a redit l'émotion de ce chef militaire au moment où cet ordre tomba de ses lèvres, et aussi sa modération. En effet, il refusa de céder aux instances de quelques membres trop zélés du conseil de défense qui voulaient faire sauter le reste du faubourg Pavé, Glorieux, Jardin-Fontaine et même la rue Mongault qui se trouve entre la ville et la Citadelle, parce que l'ordre en était venu de Metz et que les lois militaires peuvent l'exiger.

Les jardins les plus proches des remparts, tout autour de la place, furent aussi condamnés à être rasés, car les arbres, les massifs de verdure, les maisonnettes, les haies et les palissades pouvaient masquer les approches de l'ennemi. Certains jardins sont chose de luxe, on ne ruine pas le propriétaire en abattant ses arbres. Mais on remarqua le singulier acharnement que des ouvriers, étrangers à la ville, apportèrent à accomplir cette besogne : de frêles tiges de rosiers, des fleurs très-inoffensives ne furent pas épargnées.

On rase les jardins.

Le génie fit aussi abattre, du côté de la porte Chaussée, les grands arbres plantés au bord de la route ou sur les glacis, qui gênaient le tir de la place. On respecta cependant le *gros peuplier*, géant plus que séculaire, qui a vu les Prussiens de Brunswik, de Blucher et de Frédéric-Charles, et a entendu siffler autour de lui, sans être touché, les bombes de 1792 et de 1870. La belle allée de peupliers qui, le long du ruisseau de la Scance, reliait le village de Thierville à la gare, subit plus tard le même sort. Cette allée masquait la vue de la place sur les rives de la Meuse et sur Charny.

Mais si l'on détruisait autour de la ville, on construisait sur nos remparts, où les travaux, ayant pour but la sécurité des hommes, n'avaient pu être complétés avant le 24 août. La plupart des courtines

On travaille aux remparts.

manquaient de traverses, de sorte que le feu de l'ennemi les pouvait enfiler dans toute leur longueur, et en prendre les défenseurs de flanc comme de face. Tel bastion même, en tirant par exemple sur la route d'Etain à l'Est, pouvait être abîmé par des projectiles qui lui seraient venus de la route de Paris à l'Ouest, en passant au-dessus de la ville.

L'attaque du 24 août fut une leçon qui montra toutes ces insuffisances. Immédiatement on répara les batteries, on ouvrit de nouvelles embrasures sur des points susceptibles de favoriser la défense et on creusa davantage les autres, on haussa les gabions qui les garnissaient et qui jusqu'alors ne couvraient pas suffisamment les artilleurs à leurs pièces, on amoncela des terres, on fit partout de nouvelles traverses et on éleva celles qui existaient déjà, on confectionna des fascinages, enfin on prit toutes les mesures nécessaires pour mettre hommes et canons à l'abri des projectiles de l'ennemi, et aussi pour être à même de lui faire tout le mal possible en prolongeant la résistance. Les bras du reste ne manquèrent pas : l'autorité militaire donna des soldats de la ligne et de la mobile qui, réunis aux artilleurs de la garde nationale et à ceux de la mobile, aidèrent à pousser ces travaux avec activité. Il est de toute justice, en cette circonstance, de mentionner le désintéressement et le zèle des hommes de la garde nationale, parmi lesquels un grand nombre quittaient leurs propres affaires pour venir sur le rempart manier la pelle et la pioche et conduire la brouette.

Pendant que ces hommes dévoués consacraient

ainsi leur temps à la mise en défense de la place, le
génie de son côté, ne restait pas inactif. Il faisait
blinder et couvrir nos poudrières d'une épaisseur
énorme de terre, afin de les mettre à l'abri de la bombe :
il achevait de barrer (1), à fleur d'eau, avec d'épais
madriers, les arches du pont Chaussée, afin de rendre
impossible tout passage de barques qui auraient pu
la nuit jeter l'ennemi au cœur de la ville. A droite,
en effet, de la vieille et belle tour Chaussée se
trouvent des jardins aboutissant à plat sur la Meuse
et tenant aux maisons de la rue des Rouyers, où
une descente de troupes est facile (2). D'autres
madriers, solidement attachés aux garde-fous du
même pont, garantissaient les passants des balles
qui pouvaient venir de la route de Belleville, le long
de la Meuse, en même temps qu'ils permettaient,
au moyen de petites meurtrières dont ils étaient
percés, de battre cette même route par des feux de
mousqueterie. Mais ce qui aurait rendu ce passage
plus périlleux encore pour l'ennemi, s'il l'avait tenté,
c'était une torpille (3) placée dans le lit de la Meuse

(1) Ce travail commencé le 22 août, activement poussé le 23, et
point encore terminé le 24, était d'autant plus nécessaire que les eaux
étaient plus basses.

(2) Le terrain de ces jardins appartient au génie, lequel, paraît-il,
propose depuis longtemps au Gouvernement de les remplacer par un
quai qui servirait de défense, et en même temps embellirait ce quartier.
L'ancienne enceinte fortifiée de la ville occupait tous ces terrains, d'où
viennent sans doute les droits du génie.

(3) Cette torpille était une bombonne en verre contenant 50 kilogr.
de poudre, enfermée dans une caisse en chêne remplie de pierres et de
férailles. Le feu devait y être mis au moyen d'une pile de Bauzen composée de six éléments, avec un conducteur relié à la place, et renfermé
dans une gaine, en toile cirée, enduite d'une dissolution de caoutchouc,
de goudron et de poix noire.

et qui pouvait faire sauter tout ce qui s'y trouverait, sur un carré d'au moins quarante mètres.

Un des soucis de la défense était aussi l'inondation du Pré-l'Evêque qui montait très-lentement à cause des basses eaux. Au 24 août, cette inondation n'était pas encore suffisante pour mettre les points qu'elle doit défendre à l'abri de toute escalade. Le commandant du génie employa tous les moyens possibles, masques en bois, chassis en toiles, terre et fumier jetés entre les barrages, pour arrêter les fuites d'eau. Enfin après un long et difficile travail, on parvint à élever le niveau de la nappe d'eau, dans la prairie et dans tous les fossés susceptibles d'être inondés, à une hauteur telle que de ces côtés on pouvait être rassuré contre toute surprise (1).

Tous ces travaux, toutes ces mesures de précaution donnaient confiance aux défenseurs de la place, et nous faisaient accepter, sans grande frayeur, la prévision d'une nouvelle attaque.

(1) M. Boulangé, commandant du génie, à Verdun, aujourd'hui lieutenant-colonel de la même arme à Toulon.

II.

Mois de Septembre.

Le 1er septembre, une trentaine de gardes nationaux et de francs-tireurs, après avoir ramené quelques trainards ennemis des environs Fromeréville, s'en allèrent attendre, cachés dans les maisons de Baleycourt près de la gare, et dans tous les accidents de terrain le long de la route, un convoi considérable qui leur avait été signalé comme venant du côté de Souilly et se dirigeant sur Verdun, par suite de je ne sais quelle erreur. La moitié du convoi avait à peine dépassé l'embuscade, que quelques-uns de nos hommes, trop impatients d'attaquer, lui envoient une volée de balles, presqu'à bout portant, qui tuent ou blessent quelques chevaux, puis ils courent dessus à la baïonnette. Les Allemands surpris cherchent à se grouper; l'escorte, composée de soldats du train, répond au feu des nôtres et se défend bravement. Une mêlée affreuse s'en suit : les chevaux se cabrent et renversent les voitures. Des secours sont demandés à Verdun : quelques pelotons de chasseurs arrivent au galop et achèvent la déroute de l'ennemi.

Six Allemands tués, une vingtaine de prisonniers, cinquante-huit chevaux, trente voitures, et des armes

Une affaire à Baleycourt.

en quantité tombent aux mains des vainqueurs. Mais après leur départ, une maison de Baleycourt fut brûlée par l'ennemi et quelques habitants inoffensifs maltraités et blessés.

Le lendemain, un peloton de hussards prussiens pénètre audacieusement jusqu'à Glorieux. Les habitants de ce faubourg, aidés de ceux de Regret, courent aux armes, tuent un hussard et dispersent les autres.

On nous annonce la capitulation de Sedan.

Le samedi 3 septembre, au moment même où le général Guérin, pour motifs de santé, remettait au général Marmier le commandement supérieur de la place, le bruit de la capitulation de l'armée française et de l'Empereur à Sedan, nous est apporté par un voiturier d'un village voisin, qui s'était, disait-il, échappé des mains des Prussiens. Quelques-uns acceptent avec effroi cette sinistre nouvelle : les confiants haussent les épaules et sourient de pitié.

A 4 heure de l'après-midi, nous entendons du côté de Belleville les appels d'un trompette prussien : c'est un parlementaire. Malgré une pluie battante, la foule se porte dans les rues où l'on sait qu'il doit passer pour se rendre à l'hôtel de la subdivision. Quel message porte-t-il ? Le soir, des indiscrétions nous apprennent qu'il est venu annoncer au commandant supérieur les désastres de notre armée, et le sommer de rendre la ville. On ajoute que le général a répondu par un refus énergique. A la bonheur ! disent ceux qui ne peuvent croire à nos revers : la nouvelle apportée par ce parlementaire est fausse : les Prussiens veulent nous intimider et nous décourager, afin que nous leur ouvrions nos portes : c'est une ruse de guerre.

Pourtant on ne pouvait s'empêcher de ressentir de douloureuses inquiétudes, et l'on passa le reste de la journée dans la tristesse et l'anxiété.

Le lendemain les mauvaises nouvelles continuent à nous arriver de tous côtés, sans possibilité d'en connaître la source, comme si le vent les eût fait passer par dessus nos murailles. A neuf heures du soir, le bruit se répand qu'un courrier prussien, venant du côté de Clermont, trompé par l'obscurité et par de faux renseignements, a pris Verdun pour St-Mihiel et a été fait prisonnier à nos portes. Un maigre cheval, un mauvais char-à-bancs enlevé à Maxéville près de Nancy, quelques milliers de francs en thalers, des lettres particulières pour l'Allemagne, voilà, dit-on, toute la prise. Mais ce que nous ne savions pas, c'est que parmi les lettres saisies il y en avait deux d'écrasantes pour nous, l'une du comte de Bismark et l'autre du prince de Radziwil. M. de Bismark écrivait à la comtesse, sa femme : « Dans la journée d'hier, la France a perdu son » armée et son empereur » puis, par un rapprochement qui devait se présenter nécessairement à l'esprit du ministre prussien, il comparait Napoléon III rendant son épée dans le château de Bellevue à Napoléon III recevant, en 1867, le roi de Prusse à Paris et aux Tuileries, au milieu des splendeurs de l'exposition universelle.

Le prince de Radziwil écrivait à la princesse, née de Castellane, une française qui sans doute aurait

Prise d'un courrier allemand.

pleuré de douleur si elle avait reçu la lettre de son mari : « Les évènements ont marché avec une rapidité
» telle et ont pris des proportions si gigantesques
» que la plume est totalement impuissante de les
» suivre ou de rendre, même approximativement,
» la grandeur des impressions de ces derniers jours!
» Qui est-ce qui aurait osé, même en songe, espérer
» des succès aussi complets ? » Puis venait le récit des mouvements de l'armée allemande pour « en-
» fermer l'armée française autour de Sedan en
» l'enveloppant d'un gigantesque cercle de batteries
» qui toutes convergeaient leurs feux sur les bois et
» sur les ravins qui entourent la ville. La catastrophe
» était complète; l'armée française s'égrainait peu à
» peu... A 5 heures, l'Empereur envoyait Reille avec
» une lettre autographe pour rendre son épée au
» Roi. Hier à midi la capitulation était signée (1). »
Mais ces lettres, qui nous auraient appris l'affreuse vérité, étaient, nous le répétons, restées inconnues au public (2).

Le lundi matin, un numéro du journal la *Patrie* est apporté dans nos murs, on ne sait par qui : il avait été donné aux soldats de garde à la porte de

---

(1) Voir aux *pièces justificatives* n° 4 cette lettre très-digne du prince de Radziwil. Elle a été écrite en français et on voit qu'elle est écrite à une Française.

Je ne sais si c'est de ce prince dont parle l'*Echo français* du 18 janvier 1871 en donnant la triste nouvelle suivante : « Le prince de Radziwil
» devenu fou à la suite de blessures reçues à la bataille de Guerrieu
» (Somme) a été transporté à Clermont. »

(2) Voir aux *pièces justificatives* n° 5 un curieux article, écrit de Berlin à la *Gazette de Magdebourg*, à propos de ce courrier saisi à Verdun.

France. Ce journal contenait la dépêche télégraphique, datée de Paris, annonçant à la France la capitulation de cent mille soldats français à Sedan, avec l'Empereur et Mac-Mahon à leur tête. Mensonge encore, disons-nous : ce numéro de la *Patrie* a été fabriqué par les Prussiens ; et nous nous rappelions ce que les Prussiens, depuis longtemps habiles dans l'art de tromper leurs ennemis, avaient fait autour de Mayence en 1793. « Ils imprimaient à Francfort des
» faux *Moniteurs* portant que Dumouriez avait ren-
» versé la Convention, et que le roi Louis XVII
» régnait avec une régence. Les Prussiens placés
» aux avant-postes transmettaient ces faux *Moniteurs*
» aux soldats de la garnison ; et cette lecture ré-
» pandait les plus grandes inquiétudes, et ajoutait
» aux souffrances qu'on endurait déjà, la douleur
» de défendre une cause perdue (1). »

Enfin, le soir même du jour où nous était arrivé le numéro si alarmant de la *Patrie*, quelques soldats, turcos, chasseurs d'Afrique et zouaves, échappés aux mains des vainqueurs, après Sedan, vinrent chercher un refuge derrière nos remparts. Parmi eux se trouvait un lieutenant de chasseurs d'Afrique dont les récits mirent toute la ville en émoi (2). Mais il nous semblait tellement impossible que cent mille Français, fussent-ils enveloppés par un demi million d'Allemands, eussent mis bas les armes, que nous traitâmes de trainards et de déserteurs les premières

---

(1) Histoire de la Révolution Française par M. Thiers. Tome IV, livre XVI, page 511.

(2) Le lieutenant Perrault.

victimes de la fatale journée de Sedan, qui parurent au milieu de nous.

Hélas ! ce que ces *échappés* nous racontaient n'était que trop vrai. Oui, un homme, qui avait l'immense honneur de régner sur notre Patrie, était allé offrir son épée qui n'était pas celle de la France, Dieu merci, était allé l'offrir au roi de Prusse avant une suprême bataille. Oui, la France, par le fait de son souverain, venait de recevoir une humiliation telle que son histoire, ni l'histoire d'aucun peuple, n'en racontent la pareille ! Oui, le 2 septembre 1870, jour à jamais maudit, une armée française forte de cent mille hommes, ayant des canons, des fusils, de la poudre, des balles, des boulets et des baïonnettes, avait, sur l'ordre de son empereur, mis bas les armes devant les Prussiens, et s'était constituée prisonnière de guerre ; et cela dans la patrie de Turenne ! Ah ! le bronze de la statue de ce grand capitaine, tant de fois vainqueur des Allemands, dut, il me semble, frémir de colère et de douleur devant cet inouï spectacle ! Oui, ces cent mille Français, le désespoir au cœur, les larmes aux yeux, s'en allaient à travers leur propre pays, où ils souffraient de la faim, s'en allaient par colonnes de deux à trois mille escortée chacune par quelques centaines d'Allemands, rejoindre les forteresses où la volonté du vainqueur les devait enfermer !

Il ne m'appartient pas de juger au point de vue stratégique les mouvements qui amenèrent notre armée à l'extrémité des Ardennes. Nous savons que Bazaine, par sa dépêche du 19, expédiée de Verdun à Mac-Mahon, annonçait sa retraite sur Montmédy. Au reçu de cette nouvelle, Mac-Mahon écrivait au ministre de la guerre qu'il allait prendre ses mesures en conséquence; puis le même jour il cherchait à faire connaître à Bazaine son mouvement dans la direction de Montmédy. Le 22 il était à Reims, le 24 à Rethel, le 27 au Chêne-Populeux, extrémité de l'Argonne, à 45 kilomètres au plus de Montmédy. Enfin le surlendemain il se portait sur sa gauche et allait à Sedan (1), où ses troupes, poussées par les habiles manœuvres de l'ennemi, s'amoncelaient dans la vallée de la Meuse, comme dans un affreux coupe-gorge.

Il ne m'appartient pas davantage de juger la fatale capitulation au point de vue militaire. Notre armée, dans l'état où elle se trouvait le 1er septembre au soir, au moment où l'Empereur rendait son épée, notre armée, dis-je, dans cet état pouvait elle livrer encore le lendemain une bataille désespérée? Nos généraux ont-ils bien fait de ne pas lui demander ce dernier sacrifice? Dans un demi-siècle peut-être, quand le temps aura cicatrisé nos plaies et affaibli nos impressions passionnées, la froide et impartiale histoire, ayant étudié cette page terrible de nos annales, dira oui ou non.

Mais aujourd'hui ce calme n'est pas possible : nous ressentons encore trop vivement la blessure faite à l'honneur du pays le 2 septembre 1870; nous ne pouvons encore assez maitriser l'impression dou-

(1) Voir aux *pièces justificatives* n° 6 toutes les dépêches relatives à ces mouvements de l'armée de Mac-Mahon.

loureuse et irritée, que ce souvenir réveille en nous. Aujourd'hui, après un an passé, nous ne pouvons, nous ne voulons être que l'écho fidèle de ce qui se disait alors dans notre ville, dans la France entière, c'est que cent mille Français étaient capables de se frayer une sanglante trouée au travers de n'importe quelle armée, si nombreuse fut-elle. On s'inspire de son désespoir; on se lève avec la volonté de passer ou de mourir; on attaque sur un point unique et on marche devant soi; on marche, semant la plaine de ses cadavres, mais la semant aussi des cadavres ennemis, et on arrive; on arrive décimés sans doute, à moitié broyés sous les masses ennemies, c'est vrai, mais au moins on a gardé ses armes, ses drapeaux et sa liberté; on mérite l'admiration du pays; on arrache celle de l'ennemi, et parfois la victoire devient la récompense d'un tel héroïsme.

Certes, nos soldats, nos officiers, la plupart de nos généraux étaient capables de cet acte de vigueur, de cet héroïsme. Mais il aurait fallu à leur tête un chef dont l'autorité fut indiscutée, dont les ordres fussent suivis, dont la volonté et l'énergie fussent de fer, pour prendre notre armée comme dans sa main et la lancer d'un seul bond à l'assaut des batteries allemandes. Par malheur, ce chef n'existait pas! Le 1er septembre, Mac-Mahon avait eu les reins presque brisés d'un éclat d'obus, Wimpffen avait succédé à Ducrot dans le commandement de l'armée, et l'Empereur s'était constitué prisonnier.

Involontairement cet empereur à Sedan me rappelle

le souvenir des deux rois de France qui furent pris sur les champs de batailles de Poitiers et de Pavie.

Rois de France prisonniers sur les champs de bataille.

A Poitiers (1), Jean le Bon ne rendit son gant de fer qu'après avoir, de sa lourde hache d'armes, abattu vingt anglais acharnés à le prendre ou à le tuer. A ses côtés son fils Philippe (2), âgé de 13 ans, avait montré une bravoure au-dessus de son âge. Le soir son vainqueur (3) le servait à table, car il l'avait proclamé « le mieux faisant de la journée. »

A Pavie (4), François Ier, blessé au visage et à la jambe, amoncèle autour de lui un cercle de cadavres, et se défend avec fureur jusqu'au moment où presque tous ses gens d'armes sont frappés à mort. Et pour l'amener *à bailler sa foi*, on va chercher, au loin dans la mêlée, le vice-roi de Naples, qui reçoit, en fléchissant le genou, l'épée du Roi chevalier et le prie d'accepter la sienne en échange.

Ah ! ceux-là pouvaient dire : *tout est perdu fors l'honneur !* Ceux-là laissaient la France tout émue de tristesse, de pitié et de douleur, au bruit de leur captivité. Ceux-là étaient de notre sang ! Mais pour Napoléon III, qui s'en va offrir lui-même son épée au roi de Prusse, la France de 1870 n'a éprouvé qu'un sentiment, celui de mépris : a-t-elle été injuste ? Encore une fois, l'avenir en décidera.

Les jours qui suivirent celui où nous fut affirmée l'affreuse réalité de Sedan, nous amenèrent une foule

---

(1) 17 septembre 1356.
(2) Philippe le Hardi duc de Bourgogne.
(3) Le prince de Galles, âgé de 26 ans.
(4) 24 février 1525.

Arrivée à Verdun des échappés de Sedan.

de soldats diverses armes et de divers grades, tristes débris de cette belle armée que l'on conduisait captive en Allemagne. Il est impossible de redire toutes les ruses et toute l'énergie que ses hommes mirent en œuvre pour tromper la surveillance de leurs gardiens, tous les dangers auxquels ils s'exposèrent pour rejoindre les villes fortes (1) où ils espéraient trouver, avec la liberté, l'occasion de défendre encore la patrie et de se venger. On nous a parlé depuis du spectacle navrant que ces malheureux offraient aux populations des villes et des villages qu'ils traversaient. On nous a dit aussi combien ces populations avaient été dévouées, afin de leur fourni les moyens de s'échapper.

La ville de St-Mihiel, entre autres, fut admirable d'élan; quoiqu'encombrés de Prussiens, les habitants firent évader plus de quinze cents de nos soldats. Partout on leur procura des vêtements pour les déguiser : les paysans donnaient leurs blouses et leurs pantalons de charrue, les nourrissaient, les cachaient et soignaient ceux qui étaient malades. Une vaillante jeune fille d'Ippécourt fit plusieurs fois le voyage de Verdun avec une charrette, afin de porter les vêtements, qu'elle quêtait en ville, à des centaines de prisonniers cachés dans les bois (2).

(1) Presque toute l'armée prisonnière, passant aux extrémités de l'Argonne, de Varennes à Stenay et Dun, sur toutes les routes de la Woëvre, de Damvillers vers Etain, Fresnes, Vigneulles et Thiaucourt, fut dirigée sur Pont-à-Mousson où on lui fit prendre le chemin de fer pour l'Allemagne. Mais de Sedan à Pont-à-Mousson plus de vingt mille de nos soldats échappèrent aux escortes allemandes. Outre ceux qui se jetèrent dans Verdun, Montmédy et Longwy, un grand nombre gagnèrent les Vosges, Langres et Belfort.

(2) Cette jeune fille se nommait Catherine Leblanc.

— 84 —

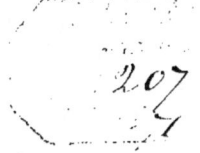

Tous les villages de la droite de la Meuse, autour de Verdun, Belleville excepté, étaient occupés par un régiment de uhlans et par plusieurs compagnies d'infanterie, de sorte que de ce côté il était impossible d'aborder en ville, sans passer sous le feu des vedettes prussiennes. Les habitants eux-mêmes de ces villages pouvaient à peine circuler sur leurs territoires. Les prisonniers français échappés durent donc passer sur la rive gauche, encore libre, pour entrer dans Verdun.

Chaque jour, des centaines de ces pauvres soldats nous arrivaient par bandes de cinq ou six, trempés de pluie, couverts de boue, car le temps était pluvieux et froid. Quelques-uns, surtout parmi les zouaves et les turcos, avaient conservé leur uniforme. La plupart n'avaient pas un sou vaillant. On les inscrivait aux portes, puis on les dirigeait vers les casernes où ils devaient être enrégimentés. Mais auparavant il fallait se réchauffer et manger, car à la caserne on ne pouvait leur donner d'aliments qu'aux heures des soupes, ce qui était même difficile, et ils arrivaient à toute heure. La charité des habitants y suppléa. Dans beaucoup de familles, un certain nombre de réfugiés trouvèrent une place au foyer et à la table. Aux autres on offrit des bons pour un repas qu'ils pouvaient aller prendre dans les auberges de la ville (1), et on leur donna quelqu'argent.

Les échappés de Sedan arrivent à Verdun.

(1) Ces bons provenaient d'une souscription qui avait été ouverte en ville au commencement de la guerre pour offrir des rafraîchissements aux soldats de l'armée de Bazaine que nous avions vainement attendue.

Notre garnison augmentée.

Il y avait à coup sûr quelque chose de bien triste dans la pensée que ces réfugiés devenaient au milieu de nous la preuve vivante de désastres inouïs, mais cela nous donnait des soldats. Deux mille six cents hommes, dont plusieurs officiers, ayant tous assisté à quelque bataille et appartenant aux divers corps de l'armée, nous vinrent de la sorte pendant huit jours.

Il y avait parmi eux : cent trente soldats du génie avec un capitaine, M. Bussière (1); trois cents artilleurs, avec un capitaine, deux lieutenants et un garde d'artillerie (2); deux cent quatre-vingts hommes du train d'artillerie; à peu près quatre-vingts à cent turcos et autant de zouaves, avec plusieurs sous-officiers; une soixantaine de soldats d'infanterie de marine avec un officier (3); près de quatre cents cavaliers de divers régiments avec un officier de chasseurs d'Afrique et un sous-lieutenant de cuirassiers (4); enfin douze à treize cents hommes appartenant aussi à divers régiments d'infanterie avec un grand nombre de sous-officiers, et deux sous-lieutenants (5).

La commission chargée de la distribution de ces secours a dépensé la somme de 300 fr. pour les réfugiés de Sedan. Après la capitulation de Verdun on dépensa encore une somme pareille pour faciliter à un certain nombre de soldats les moyens de s'évader et de rejoindre d'autres armées.

(1) Le capitaine Bussière, en s'échappant, fit lui-même prisonniers les deux soldats allemands qui le gardaient et les ramena à Verdun.

(2) Lorgéré, capitaine au 9ᵉ d'artillerie; Dubuisson, lieutenant au 10ᵉ; d'Audignac, lieutenant d'artillerie de marine, et Jullien, garde.

(3) Benoit-d'Auriac, capitaine d'infanterie de marine.

(4) M. Guyon, du 1ᵉʳ cuirassiers.

(5) MM. Raimbert et Louis.

Tous les cavaliers furent incorporés au dépôt du 5ᵉ chasseurs; tous les lignards aux dépôts du 57ᵉ et du 80ᵉ; les turcos et les zouaves formèrent dans la suite une compagnie à part, qui prit le nom de Volontaires ; les soldats du génie, de l'artillerie et du train furent réunis à leurs camarades de la même arme.

Les établissements militaires ne pouvant plus suffire pour loger un si grand nombre de troupes, on changea en casernes le Collége et le Petit-Séminaire. Au Collége furent logés près de trois cents hommes du 57ᵉ ; au Petit-Séminaire, les zouaves et les turcos.

Grâce à ce renfort, dont nous avions grandement besoin, notre garnison, qui au début de la guerre n'était pas de trois mille hommes de troupes, ligne et mobile, à cause des non-valeurs desquelles il faut toujours tenir compte, fut portée à cinq mille cinq ou six cents soldats (1).

A ce chiffre, si nous ajoutons celui de la garde nationale, nous aurons au moins six mille vrais combattants, défalcation faite, bien entendu, des non-valeurs et des pertes de chaque jour. Ainsi le nombre des mobiles, par exemple, avait considérarablement diminué depuis un mois, à la suite de maladies qui en enlevèrent plusieurs et obligèrent les médecins d'en renvoyer d'autres dans leurs familles, avec des congés de convalescence; congés qu'ils obtenaient sans trop de difficulté en raison de l'accroissement de la garnison et dont ils purent profiter

---

(1) Voir aux *pièces justificatives* n° 7 les noms de tous les officiers de la garnison.

jusqu'au moment où nous fûmes complètement bloqués. (1).

Désormais nous étions donc parés pour toute éventualité d'attaque de la part des Allemands. Nous avions un nombre suffisant de solides soldats pour recevoir l'ennemi sur la brèche, si jamais il essayait un assaut; nous avions des artilleurs de l'armée pour aider les artilleurs de la garde nationale et de la mobile à servir les pièces, à confectionner les munitions et à réparer au besoin les dégâts causés dans nos batteries par le feu de l'ennemi; nous avions des cavaliers et des chevaux; nous avions enfin un grand nombre de soldats du génie dont la spécialité allait être employée à mettre la place dans un état de plus en plus complet de défense. Et cela nous semblait d'autant plus précieux que nous comptions d'un jour à l'autre être attaqués de rechef.

Le parlementaire prussien, envoyé le 3 septembre, avait, parait-il, menacé le général d'un prochain bombardement, si la ville ne se rendait pas immédiatement. C'est pourquoi le général Marmier, voulant nous éviter cette désagréable surprise et nous pré-

---

(1) Voici un état de la troupe fait aussitôt après l'arrivée des échappés de Sedan, pour la distribution du tabac :

57ᵉ de ligne........................	1447 hommes.
80ᵉ id.	1225
5ᵉ chasseurs	630
Garde mobile	1706
1ᵉʳ régiment du train d'artillerie	538
Artillerie........ ....'............	350
Génie.............................	152
Gendarmerie........................	55
Ouvriers d'administration...........	35

parer à recevoir l'ennemi, fit placarder, dans les rues, le 6 septembre, la proclamation suivante :

« Nous sommes menacés d'une nouvelle attaque :
» si elle a lieu, elle sera repoussée avec la même
» énergie et le même succès que la première. La
» France fait appel au dévouement patriotique de
» tous. »

On s'attend à un nouveau bombardement.

Cette proclamation, lue avec avidité, n'effraya personne, car nos récentes catastrophes, loin d'abattre les gens de cœur, avaient au contraire exalté le courage et le patriotisme de tous, même des femmes qui, elles aussi, voulaient la résistance. Le bruit s'était répandu, car les fausses nouvelles commençaient à nous arriver, que les femmes de Toul avaient couru aux remparts pour repousser un assaut : les Verdunoises se promettaient d'en faire autant, si l'ennemi osait s'approcher de nos murailles.

Aussi les deux officiers de dragons prussiens qui vinrent en parlementaires, le 7 septembre, auraient-ils été fort mal reçus par la foule, si le respect dû aux parlementaires ne l'avait empêchée de manifester ses sentiments. On croyait qu'ils nous apportaient une nouvelle sommation de capituler ; mais il n'en était rien.

Ces deux officiers venaient tout simplement demander au général la permission de visiter la tombe des deux lieutenants tués à Charny, le 29 août. Ils allèrent en effet, les yeux bandés, au *Jardin-des-Soupirs*, regardèrent un instant les croix plantées sur la fosse de leurs camarades, ce qui dut évoquer

— 86 —

dans leur âme un sentiment de tristesse; puis on leur banda de nouveau les yeux, et ils furent reconduits près des portes où se trouvaient leurs chevaux.

On apprend que la France est en République.

Le jour même, un habitant de notre ville, venant de Neufchâteau, rapporta la nouvelle que le gouvernement impérial avait été renversé à Paris, que les Chambres étaient dissoutes, et que la France se trouvait en République. Cette nouvelle, qui en d'autres temps eut agité toute la population, passa presqu'inaperçue, tant elle paraissait secondaire au milieu des immenses préoccupations du moment.

Le lendemain matin, on crut que les menaces de l'ennemi allaient se réaliser. Le bruit se répand tout-à-coup en ville que des troupes considérables ont été vues circulant sur les hauteurs; que des batteries sont construites sur la côte St-Michel, et que les Allemands ne tarderont pas à ouvrir le feu sur la place. Immédiatement, les magasins se ferment et nombre de gardes nationaux prennent leurs fusils et courent à leurs pièces. Fausse alerte : les ennemis ne nous envoient pas un seul obus, seulement on les aperçoit, en détachements plus ou moins nombreux, se montrer, tantôt sur un point, tantôt sur un autre, depuis les côtes au-dessus de Belrupt jusqu'à l'extrémité de la côte St-Michel. Nos artilleurs les saluent d'une volée de coups de canon qui leur tuent quelques soldats.

Renvoi des prisonniers allemands.

Un évènement qui vint sur ces entrefaites agiter notre population d'une manière inaccoutumée, fut le renvoi des prisonniers allemands.

Depuis le 24 août, nos gardes nationaux, nos francs-tireurs et la troupe avaient ramassé aux alentours de Verdun deux cent cinquante-huit prisonniers, soldats et convoyeurs. La prison civile de la rue de Rue, où on les enfermait, en était pleine. Ils y étaient traités avec beaucoup d'humanité, et y recevaient la ration alimentaire de la troupe; mais ils y demeuraient oisifs.

L'autorité militaire, il me semble, aurait dû les faire travailler à nos fortifications : de la sorte, ils eussent d'abord été fort utiles, puis, au point de vue hygiénique, leur santé en eut été meilleure. Certes, nous avions bien le droit d'exiger d'eux ce travail, quand les Prussiens forçaient les habitants de nos campagnes eux-mêmes à construire les batteries qu'ils élevaient autour de nous (1)! Aussi l'agglomération de ces prisonniers, le manque d'exercice auquel ne pouvaient suppléer quelques promenades journalières dans les fossés des remparts, et, disons-le, leur peu de propreté firent craindre que les germes de maladies contagieuses ne se manifestassent parmi eux, et ne vinssent, en se développant, se communiquer en ville. C'est pourquoi le général prit la résolution de les renvoyer à l'ennemi.

Un parlementaire, qui vint le 11 septembre, traita sans doute cette question; car, le lendemain, à la pointe du jour, une colonne de deux cent trente prisonniers, sous la conduite d'une escorte et du gardien chef

---

(1) Nous avons su qu'à cette époque l'autorité militaire chercha à vérifier ce fait. Si elle en avait été alors certaine, elle aurait obligé les prisonniers allemands à travailler, eux aussi, à notre profit.

de la prison, sortit par la porte Chaussée, et se rendit sur la route, de l'autre côté de Belleville, où elle fut remise aux mains d'un peloton de soldats allemands.

Nous espérions qu'en échange de ces deux cent trente hommes, l'ennemi nous rendrait un nombre égal de prisonniers français. Grand fut le désappointement de tous lorsqu'on vit l'escorte revenir seule : et ce désappointement fit bientôt place à une certaine agitation populaire, quand on sut qu'il n'y avait aucun échange fait.

Le résultat de cette agitation fut d'abord une adresse au général, signée d'un grand nombre de citoyens, dans laquelle on lui demandait la raison de ce renvoi gratuit des prisonniers allemands. A cette adresse, le général répondit par le communiqué suivant :

« Le général informe M. le maire que les pri-
» sonniers français rentrés s'élèvent en ce moment à
» 1500 ; que la plupart ont dû leur évasion à l'escorte
» qui la leur a facilitée ; qu'il a donc paru rationnel
» de mettre en liberté 228 prisonniers prussiens,
» dont la moitié charretiers, et qu'il y avait danger,
» pour la salubrité publique, à tenir ces hommes
» renfermés ; il y avait déjà des germes de maladie et
» leur agglomération pouvait occasionner le typhus. »

Verdun, 12 septembre 1870.

Cette réponse ne satisfit personne, car elle laissait toujours subsister dans la foule la question irritante : Pourquoi ne pas avoir exigé d'échange ? Pourquoi cette générosité de la part de l'autorité militaire ?

Ne pouvait-on prévenir ces germes de maladie par des moyens quelconques?

Les échappés de Sedan surtout en furent froissés : Le *Courrier de Verdun* reçut le lendemain, de l'un d'eux sans doute, la note ci-après (1) :

« Les 1500 prisonniers français n'ont pas dû leur
» évasion à l'escorte qui la leur a facilitée ; ils l'ont
» faite au péril de leur vie et au prix de celle de
» 15 hommes de toutes armes qui ont été fusillés
» par les Prussiens, dans divers détachements.

» Prière à M. le Directeur du journal de vouloir
» bien insérer cet article. »

L'arrivée incessante des échappés de Sedan, que l'on ne voulait gêner par aucun mouvement offensif contre l'ennemi, avait suspendu pendant plusieurs jours les expéditions particulières de nos volontaires. Mais elles ne tardèrent pas à recommencer.

Les Prussiens construisaient, avec des barques requises dans les environs, un pont sur la Meuse, non loin de Belleray, mais hors de la portée de nos canons, en face des anciennes carrières de la Falouse (2) et à l'endroit même où se trouvait, il y a cent ans, le moulin à poudre de Verdun. Laisser établir ce pont, c'était permettre à l'ennemi de raccourcir de 16 kilomètres le chemin qu'il avait à faire pour tourner de ce côté autour de la place, en passant d'une rive de la Meuse à l'autre. En effet, avec ce pont, il n'était plus qu'à 2, 3 et 4 kilomètres

Pont de Belleray.

(1) *Courrier de Verdun*, vendredi 16 septembre 1870.
(2) La Falouse, site assez original au bord de la Meuse, et où se trouvent des grottes très-profondes produites par l'extraction des pierres, est à 5 kilomètres de Verdun.

de Belleray, Billemont et Dugny où il avait l'intention de placer des postes considérables ; tandis que privé de pont il lui fallait, pour se rendre sur ces points, remonter à Dieue afin d'y pouvoir passer la Meuse, détour qui occasionnait un retard de près de trois heures,

Il était donc important d'empêcher ou de gêner la construction du pont de la Falouse. Une vingtaine de francs-tireurs se donnent cette mission, et vont à Belleray, par la rive gauche de la Meuse. Trois soldats prussiens gardaient, sur la rive droite, le grand bac qui sert à passer les voyageurs et les voitures, et qui sans doute devait être l'une des pièces importantes du pont projeté. Nos hommes, cachés dans les jardins qui bordent la rivière, font feu sur eux, en tuent un et poursuivent à coups de fusils les deux autres qui fuient vers Haudainville.

Tel fut pour nous le résultat de cette expédition, dont le but cependant était très-utile. Pour Belleray, les conséquences furent graves ; une femme (1), accusée d'avoir aidé les francs-tireurs, fut emmenée prisonnière en Saxe, et le village occupé et réquisitionné par les Allemands, qui dès lors continuèrent la construction de leur pont, sans être en aucune façon inquiétés. Seulement ils n'y passèrent jamais, n'ayant pu l'achever à cause de la profondeur de la Meuse en cet endroit, et du courant rapide qui entraînait les barques.

<small>Première affaire de Villers-les-Moines.</small>

Cette petite affaire de Belleray fut suivie, le lendemain 15 septembre, de celle de Villers-les-

(1) Mme Benit.

Moines (1). Quelques centaines d'Allemands, appartenant aux troupes campées à Charny et à Marre, étaient venus occuper la ferme de Villers, ainsi que le bois qui en est proche, à gauche de la route en allant à Varennes, et qu'on appelle le bois Connard. C'était, pour le village de Thierville et pour nos faubourgs, un voisinage incommode : on résolut de les déloger. Environ deux cents hommes de la ligne et de la mobile, vingt-cinq chasseurs à cheval, et un certain nombre de francs-tireurs volontaires, se portèrent, après la soupe du matin, vers les postes occupés par l'ennemi devant lesquels fut échangée d'abord une assez longue fusillade, qui sembla ne faire grand mal ni aux uns ni aux autres. Un groupe considérable de cavaliers se montra sur le sommet de la côte de Marre, mais n'osa descendre au secours de l'infanterie : nos chasseurs, parmi lesquels se trouvaient beaucoup d'échappés de Sedan, eussent voulu les voir approcher, afin de charger au sabre après avoir fait le coup de feu avec leurs Chassepots. Vers trois heures, l'ennemi, voyant le demi-cercle, formé par nos soldats déployés en tirailleurs, se rétrécir et se rapprocher de plus en plus des bâtiments de la ferme, y rentra lui-même en partie, tandis que le reste courut, sous une grêle de balles, se réfugier dans le bois voisin. Un soldat allemand resta seul en avant du bois et, s'abritant derrière une petite meule de gerbes, fit continuellement le coup de feu sur les nôtres, sans qu'on pût le déloger.

Attaquer la ferme et le bois à la baïonnette n'était

(1) Ferme à peu près à 4,000 mètres de la place.

ni prudent ni nécessaire : on sonna le ralliement. Mais des remparts de la Citadelle on avait vu la concentration de l'ennemi dans le bois Connard : une vingtaine d'obus y furent lancés fort à propos et y tuèrent quelques hommes. Les rapports les moins exagérés évaluent les pertes de l'ennemi à vingt ou trente hommes hors de combat. De notre côté nous eûmes deux chasseurs et un franc-tireur blessés.

Emprunt de la Ville pour le compte de l'Etat.

Pendant qu'on se battait autour de Verdun, on délibérait à l'Hôtel-de-Ville. Nous avons dit qu'au début de la guerre des sommes considérables, destinées à Verdun par le ministre des finances, ne nous étaient point parvenues. Aussi les fonds appartenant à l'Etat n'avaient pu longtemps subvenir aux dépenses qui sont à sa charge. Dès le 2 septembre déjà, le général avait dû recourir à la ville, afin de pouvoir payer la solde des troupes et le salaire des ouvriers qui travaillaient pour le compte du génie à certains ouvrages de défense. Sur sa réquisition la ville avait avancé 45,000 fr. Mais les évadés de Sedan ayant presque doublé la garnison, cette somme avait été bien vite épuisée, et une nouvelle réquisition du général était survenue, demandant cette fois une avance de 110,000 fr. Pour y faire face, le conseil municipal, dans sa séance du 15 septembre, avait contracté, au moyen d'une souscription ouverte parmi les habitants, « un emprunt de ladite somme » de 110.000 fr. destiné à pourvoir, à titre d'avance » à l'Etat, aux nécessités du service militaire et » notamment à la solde et à la nourriture de la

» garnison. » Les prêteurs « avaient droit à un
» intérêt de cinq pour cent payable à la caisse
» municipale. Ils avaient la ville pour débitrice avec
» subrogation dans ses droits et recours contre
» l'Etat. Le remboursement devait s'effectuer à la
» conclusion de la paix, aussitôt que la ville elle-
» même serait remboursée de son avance à l'Etat. »
Cet emprunt fut couvert, et l'entretien des troupes
assuré pour quelque temps.

Les questions politiques préoccupaient aussi une partie de notre population. Les rares journaux de Paris ou de la province qui pénétraient jusqu'à nous, nous avaient appris les graves évènements survenus en France dans les sphères gouvernementales, à la suite de Sedan. Mais rien à Verdun n'avait encore été officiellement modifié. Si on ne parlait plus guère de l'Empereur, en revanche on ne parlait non plus de la République que comme d'un état de choses qui semblait ne pas nous regarder.

On demande que la République soit proclamée à Verdun.

Séparés complètement de la France par le blocus de notre ville, nous pouvions, avec un peu d'imagination, nous figurer que nous en étions revenus au bon vieux temps où Verdun, ville libre, se gouvernait elle-même, et guerroyait chaque jour, pour son propre compte, contre les grands seigneurs ses voisins.

Cependant quelques hommes auraient voulu affirmer et reconnaître le nouveau gouvernement de la France par un acte éclatant et public. Le maire de Verdun, informé de leurs désirs, en écrivit au général Marmier, qui lui répondit la lettre suivante :

Verdun, 16 septembre 1870.

Monsieur le Maire,

« En réponse à votre dépêche, j'ai l'honneur de
» vous faire connaître que les évènements survenus
» à Paris, — déchéance de l'Empereur, — procla-
» mation de la République, — ne nous ont pas encore
» été notifiés officiellement. J'attends les ordres
» pour faire proclamer le nouvel état de choses.

» Dans les circonstances graves où nous nous
» trouvons, notre principale préoccupation doit être
» de résister à l'ennemi qui nous entoure et de le
» chasser de notre territoire.

» J'ai la plus grande confiance dans le patriotisme
» de la population : elle saura conserver le calme
» et la modération qu'elle a montrés jusqu'ici. »

Recevez, etc.

Le général commandant supérieur,
Marmier.

Cette réponse du général, transmise par M. le maire aux habitants, était suivie de ces sages réflexions :

« Le maire de Verdun, en portant à la connais-
» sance de ses concitoyens la lettre ci-dessus, croit
» devoir faire appel à leur sagesse et à leur esprit
» d'ordre pour rester plus unis que jamais dans la
» situation difficile que nous traversons. »

Mais comme le fait de l'existence de la République était certain, on enleva le buste de Napoléon des salles publiques où il se trouvait, et quelques formules officielles se modifièrent : ainsi la Justice, dont le cours ne fut jamais suspendu dans notre ville, adopta pour la promulgation de ses arrêts la forme ci-après :

RÉPUBLIQUE FRANÇAISE.

Au nom du Peuple Français,
La République mande et ordonne.

Le numéro du *Courrier de Verdun* qui contenait ces lettres du général et du maire de la ville, renfermait aussi la note suivante :

« Quelques habitants des villages voisins, soit par
» crainte soit par d'autres motifs non avouables,
» viennent en ville acheter des provisions pour l'en-
» nemi cantonné dans les environs.

» De semblables actes indignent, et on ne saurait
» agir avec trop de sévérité contre les personnes
» qui s'en rendent coupables (1). »

La veille en effet, une voiture, venant de Haudainville, avait voulu charger quelques provisions de bouche pour les troupes allemandes qui y étaient cantonnées.

Mais revenons aux évènements militaires. Dans la nuit du 17 au 18, vers trois heures du matin, on réunit deux cent cinquante à trois cents hommes, ligne, turcos et zouaves devant le poste de la porte Chaussée. Le pont fut baissé et la colonne, sortant dans le plus profond silence, prit le chemin de Belleville. C'était la première fois que l'on profitait des ténèbres de la nuit pour opérer une sortie. Nos troupes gravissent la côte St-Michel au milieu des vignes, en couronnent, avant l'aube, les sommets les plus élevés, surprennent les vedettes et les postes

Combat entre Belleville et Bras.

(1) *Courrier de Verdun*, 18 septembre 1870.

prussiens qu'ils tuent ou dispersent, descendent le revers de la côte du côté de Bras, et se dirigent rapidement vers le camp ennemi situé dans le bois dit Lecourtier.

Ce bois, jolie plantation d'une superficie de quelques hectares, situé en plaine à 2,500 mètres de Bras et à moins de distance de la crête de la côte St-Michel, traversé dans toute sa largeur par la route de Verdun, offrait à l'ennemi une position fort commode, de laquelle, sans être vu, il découvrait et dominait toute la vallée de la Meuse depuis Vacherauville jusque près de Thierville. Aussi, pendant tout le temps du blocus de Verdun, ce bois fut continuellement occupé par près de trois cents hommes, qui s'y étaient créés des abris dans les fourrés, dans des espèces de carrières et dans une maisonnette de cantonnier.

Les premiers coups de feu avaient vite donné l'éveil au camp prussien, et la première ligne de nos tirailleurs fut accueillie par une vive fusillade. L'ennemi avait sur les nôtres l'immense avantage d'être caché dans les taillis, ce qui le rendait presqu'invisible à nos coups et lui permettait de mieux diriger les siens. Il fallait compenser cet avantage des Allemands par la manœuvre favorite des Français. Les officiers firent mettre le sabre-baïonnette au bout du fusil, former les colonnes d'attaque, et au cri de : *en avant!* cri qui restera toujours français, ils se précipitèrent vers le bois, que l'ennemi abandonna bientôt sans attendre les renforts qui d'une minute à l'autre pouvaient lui venir de Bras et de Fleury. Les garnisons de ces deux villages en effet, réveillées par cette fusillade matinale, ne devaient point tarder d'arriver au secours des leurs. Aussi, nos soldats, de beaucoup trop inférieurs en nombre, se contentèrent de poursuivre à coups de fusils les fuyards et regagnèrent la côte St-Michel. Pendant qu'ils descendaient vers nous, on envoya quelques obus dans la direction des points où l'on soupçonnait que les troupes allemandes s'étaient dirigées.

Le récit de nos soldats, sur les résultats de leur sortie, fut sans doute exagéré. Ils ne parlaient de rien moins que de deux cents hommes et de cinq officiers hors de combat chez leurs adversaires, tandis que nous, nous n'avions que quelques blessés. Quoiqu'il en soit cette affaire fit le plus grand honneur à la garnison et surtout aux Africains.

Le jour suivant on ne tira pas de nos remparts un seul coup de canon : le soir, il sembla que quelque chose nous avait manqué. Il commençait à entrer dans nos habitudes d'entendre chaque jour la grande voix de la guerre : mais ce silence dura peu.

Les bruits de bombardement, grâce aux dires d'une famille qui avait quitté Verdun, recommençaient depuis quelques jours à courir avec une persistance nouvelle : ce devait être pour le 18, puis pour le 19 ; le général prussien, logé à Etain ou à Eix, l'avait annoncé ! Ces jours-là en effet, on vit de l'observatoire placé au haut des tours de la Cathédrale, observatoire duquel nous parlerons, quelques colonnes de fantassins ennemis aller et venir sur la côte St-Michel, aux abords du tunnel menant à Tavannes, et dans les gorges boisées à droite et à gauche de la route d'Etain : c'étaient les préparatifs d'un bombardement ! Une vingtaine d'obus lancés par les bastions en face de ces divers points, firent rentrer les ennemis sous bois.

Du reste, ces allées et ces venues des Prussiens, le placement et le changement de leurs sentinelles faisaient presque notre seule distraction. Chacun avait sa lunette, son binocle ou sa jumelle, et, du haut de la Roche, des clochers et des remparts, on lorgnait sans cesse les vedettes ennemies placées sur les côtes de Belrupt et de St-Michel. On savait l'heure où elles étaient relevées, on prétendait même reconnaître tel ou tel officier de ronde ; et quand un groupe paraissait à l'horizon, on s'écriait : « le beau coup de canon ! » Parfois nos bastions répondaient à ce souhait et envoyaient quelques obus qui dérangeaient à peine, disons-le, les cavaliers prussiens. Un jour, on en vit un, près de la Renarderie, qui vint faire flairer à son cheval le point encore fumant où l'obus avait éclaté, puis il salua la ville et repartit au galop. Mais ces bravades à la française étaient rares parmi les Allemands.

Jusqu'alors nous avions pu entretenir quelques rares et difficiles communications avec la rive gauche de la Meuse, vers Dugny et Souilly : on en avait profité pour renvoyer dans leurs foyers un certain nombre de mobiles malades ou convalescents. De temps à autre aussi nous voyons arriver de ce côté un voyageur que nous interrogions avidement sur ce qui se passait en France ; ou bien un père, une mère, une sœur, ou la femme d'un mobile qui venaient embrasser l'être cher à leur cœur, et qui le quittaient le lendemain, craignant de l'avoir embrassé pour la dernière fois. Que de larmes nous avons vu verser dans ces adieux qui furent éternels pour quelques-uns, et cruels pour tous, car le soldat ne sait aujourd'hui si demain il sera encore debout.

A la même époque un service de gardes nationaux volontaires fut établi à la porte de France afin d'interroger les voyageurs, et de prendre note de tout ce qu'ils racontaient. Bien des nouvelles, plus ou moins vraies, nous vinrent de la sorte, de Vigneulles, de St-Mihiel, de Commercy, de Bar et de Clermont. Mais ce peu de relations avec le dehors allait nous être bientôt enlevé.

Les troupes ennemies n'avaient pas été probablement assez nombreuses jusque-là pour former, autour de Verdun, un cercle solide d'investissement. Elles ne se composaient en effet que de six bataillons dont quatre de la landwer et deux de la ligne, d'un régiment de cavalerie et d'une batterie d'artillerie, en tout peut-être quatre mille hommes, répartis sur divers points. Mais « les Français étant devenus de
» plus en plus entreprenants vis-à-vis des faibles
» attaques prussiennes, le général de Bothmer,
» commandant en chef, dont le quartier était à
» Eix, entre Verdun et Etain, manda des renforts
» et commença le véritable siége. L'artillerie fut
» renforcée de batteries venant de Sedan, et se

Les troupes ennemies augmentées autour de Verdun.

» rendant à Toul, et l'infanterie augmentée de
» plusieurs bataillons de landwer (1). »

<small>Blocus complet de Verdun. Ligne du blocus.</small>

Dès lors nous fûmes complètement cernés. Le cercle d'investissement partant de Bras, passait par Fleury, Vaux, Damloup, Eix et Moulainville; s'infléchissait à travers bois sur Verdun pour rejoindre Belrupt, Haudainville et Belleray; retournait vers Dugny, Landrecourt, Lempire, Nixéville et Moulin-Brûlé; de Moulin-Brûlé, où se trouve la bifurcation de la route de Verdun et de Clermont, il montait à la ferme de Frana, descendait à Fromeréville, Lombut; montait une côte pour rejoindre, par les fermes de Germonville et Bâmont, le village de Marre et celui de Charny, à deux kilomètres de Bras, le point de départ. Bras et Charny, dont la possession était très-importante pour l'ennemi, se trouvaient reliés entre eux par le bac ordinaire et par plusieurs ponts en bois jetés sur la Meuse.

En dehors de ce cercle, dont presque tous les points étaient hors de la vue de la place et de la portée de nos canons, les Allemands avaient, probablement comme réserves, un corps de troupes, variant de quatre à six mille hommes, cantonné à Etain et aux environs, et pouvant au besoin, en trois heures et demie de marche, se porter sur Verdun.

Au dedans du même cercle, ils avaient aussi de proche en proche établi des postes de surveillance, d'où se tiraient leurs vedettes. Ces postes, pour la plupart peu éloignés de nous, étaient placés à

---

(1) *Histoire des peuples en France. Histoire de la guerre Franco-Allemande 1870-1871*, par CHARLES ABANI.

Wamaux sur la Meuse, et au bois Lecourtier; sur la côte St-Michel, dans des bois de sapin, à la maison de M. Hennequin, et à la maison Pêtre, près de la route de Fleury; à la Renarderie et dans les maisons voisines, côte et route d'Etain; sur la côte de Belrupt, versant Est, dans une vigne faisant l'angle du chemin de traverse qui descend au village et de celui qui court sur le sommet de la côte; au pont de Belrupt, sur la route de Fresnes; au *Four-à-Chaux,* à l'endroit où étaient leurs batteries du 24 août, et dans le petit bois de sapin qui en est proche; à St-Privat, ferme dans la vallée de la Meuse au pied de la côte qui regarde Belleray; à la ferme de Billemont, près de la route, entre Dugny et Verdun; sur la côte St-Barthélemy, au lieu-dit maison Pierron; à Baleycourt; au point où la route et la petite vallée de Lombut aboutissent sur la route de Varennes; au bois Connard et enfin à Villers-les-Moines.

Ces postes étaient reliés entre eux par un cordon de factionnaires, presque toujours à cheval, dont nous apercevions à l'horizon les sombres silhouettes, immobiles parfois des heures entières comme s'ils eussent été des statues.

Aussi, à partir du 23 septembre jusqu'à la capitulation, les communications entre Verdun et les pays voisins furent tout-à-fait interrompues. Pour arriver jusqu'à nous il fallait voyager la nuit; et encore les ténèbres de la nuit ne cachaient pas toujours les hardis piétons aux yeux des sentinelles ou des patrouilles ennemies, ni ne les garantissaient contre leurs balles. Il nous était permis d'aller dans nos faubourgs, jusqu'à Thierville et Belleville, mais pas plus loin !

Nous ne devions pas cependant nous laisser enserrer de la sorte, sans chercher à faire le plus de mal possible à un ennemi qui s'enhardissait chaque jour davantage, jusqu'à venir en plein midi opérer des réquisitions dans le village de Thierville. C'est pourquoi le 24 septembre, près de cinq cents hommes de notre garnison, ligne, et mobiles en soutien (1), accompagnés des quelques volontaires et d'un détachement de chasseurs à cheval, sortirent de la place, vers midi.

Seconde affaire de Villers-les-Moines.

A droite, des zouaves et des turcos se blottirent au bord de la Meuse, de Thierville au pont de Wamaux, afin de fusiller la troupe qui occupait la ferme de ce nom, si elle voulait prendre part à l'action. A gauche, de nombreux tirailleurs couronnèrent les hauteurs qui dominent la petite vallée et la route de Lombut, par laquelle, disait-on, un convoi considérable devait passer. Au centre, on marcha droit vers Villers-les-Moines et le bois Connard, postes toujours occupés par l'ennemi qui du reste vint au devant de l'attaque. Le combat à coups de fusils fut long, mais à l'avantage des nôtres, à cause de la supériorité du Chassepot.

Après deux heures d'inutile fusillade, nos troupes du centre avaient à peine avancé de quelques mètres, quand tout-à-coup celles de droite et de gauche firent un mouvement en avant, et prirent

(1) Le commandant de Lignéville, du 2ᵉ bataillon de la Meuse, était à la tête des mobiles.

l'ennemi sur les côtés. Cette manœuvre fit reculer les Allemands, qui cependant avaient reçu des renforts de Marre et de Charny : ils abandonnèrent Villers et se replièrent en masse vers le bois Connard. Déjà nos soldats se réjouissaient de les y cerner ; mais en s'avançant ils s'étaient découverts. Presqu'aussitôt ils furent pris d'écharpe par deux pièces de campagne, amenées de Bras au bois Lecourtier, que les artilleurs allemands n'avaient point encore mêlées au combat, de peur sans doute de frapper les leurs au lieu des nôtres qu'ils ne voyaient pas. Devant cette démonstration inattendue on retrograda du côté de la place. Nos canons ne songèrent pas à éteindre le feu de l'ennemi qui était hors de vue et peut-être hors de portée (1), seulement ils envoyèrent un certain nombre d'obus dans le bois Connard.

Quel fut le résultat de cette sortie ? Avons-nous tué beaucoup de monde à l'ennemi ? Nous ne pouvons le savoir. La brochure allemande que j'ai déjà citée (2) parlant de cette affaire dit : « Comme les
» assiégés pouvaient très-bien remarquer les renforts
» des troupes assiégeantes ils essayèrent dans l'après-
» midi du 24 septembre une sortie du côté de
» l'Ouest... Vers sept heures du soir, tout rentra
» dans le calme. Le 56ᵉ régiment de ligne avait
» éprouvé *des pertes indescriptibles.* » Un officier allemand (3) mourut quelques jours après, à l'am-

---

(1) Rapport du commandant du génie.
(2) *La guerre des peuples en France. Histoire de la guerre Franco-Allemande,* 1870-1871 par CHARLES ADAM.
(3) M. Lochner, d'Aix-la-Chapelle.

bulance d'Etain, des suites de blessures reçues dans ce combat. De nôtre côté nous eumes trois francs-tireurs et deux turcos légèrement blessés.

La veille de l'affaire de Villers, un ORDRE avait annoncé à la garnison que le général Guérin reprenait le commandement supérieur de la place, et que le rapport se ferait, à l'heure habituelle, à l'ambulance de l'Evéché, où le général devait demeurer quelque temps encore à cause de sa mauvaise santé.

<small>Un ORDRE de la Place.</small> Le lendemain 25 septembre, un ORDRE du colonel de place, lu aux hommes de l'artillerie de la garde nationale, leur défendit de courir à leurs pièces, en cas d'alerte, avant d'avoir entendu battre la générale dans les rues de la ville. Cet ordre, bon dans son intention — « on ne voulait pas alarmer la population (1) » — eut été fort mauvais dans ses résultats, si nos artilleurs y avaient littéralement obéi : l'attaque du 26 le prouva.

Les Allemands ne tardèrent pas en effet à se venger de la chaude alerte du 24 septembre.

Le 25 au soir, leurs officiers firent réquisitionner dans les villages voisins un certain nombre de jeunes gens et d'hommes valides qu'on mena sur la hauteur de Blamont pour y construire une batterie, côte à côte avec les soldats ennemis. Il fallut obéir et travailler. Toute la nuit on creusa des fossés, on éleva des épaulements, on posa des gabions, et on mit les pièces dans les embrasures. Pareil travail avait lieu sur d'autres points.

(1) Voir le cahier d'ORDRES de la garde nationale.

Quand le jour parut, quatre batteries d'attaque étaient construites et armées contre nous. La première, de six pièces, se trouvait sur la côte de Blamont près de l'emplacement de l'ancien télégraphe aérien, à plus de 3,000 mètres de la Citadelle ; la seconde, de deux pièces, sur la côte entre Belrupt et Haudainville, lieu-dit *aux Trois-Piliers*, à peu près à 2,000 mètres du front de St-Victor. Les deux dernières, de deux pièces chacunes, étaient situées non loin de la *Fontaine du Roi de Prusse* (1) à près de 4,000 mètres du bastion St-Paul, sur une côte en arrière de la côte St-Michel, mais aussi élevée qu'elle et séparée par une large et profonde vallée. De cet endroit l'ennemi ne pouvait apercevoir la ville que lui cachait le mont St-Michel ; mais, pour ne pas dévier dans son tir, il s'était donné sur cette hauteur des points de repairs qui lui indiquaient la direction de Verdun. Ces trois dernières batteries, aussi bien que celle de Blamont, étaient construites avec fossés, épaulements et embrasures.

Position des batteries ennemies.

Le 26, à six heures moins un quart du matin, quelques sentinelles sur nos remparts virent une fusée lumineuse s'élever dans les airs : c'était, de la part des Allemands, le signal de l'attaque. Immédiatement une détonation prolongée, suivie du sifflement des projectiles et de leur explosion sur divers points de la ville et de la Citadelle, mit tout le monde debout. Courir à leurs pièces fut pour les artilleurs

Bombardement du 26 septembre.

(1) Le nom de cette fontaine est un souvenir du siége de Verdun, en septembre 1792, par l'armée prussienne sous les ordres du roi Frédéric-Guillaume.

de la garde nationale, de la mobile et de la ligne, l'affaire de quelques minutes. On n'attendit pas que la Place fît battre la générale, et on eut raison (1). La fumée de la poudre se balançait encore en blanches spirales, au-dessus des canons prussiens, que nos obus allaient leur porter notre réponse.

La batterie de Belrupt ne tint pas longtemps sous le feu des bastions de St-Victor et de derrière la rue des Minimes. Les bastions de St-Victor la prenaient de face, et celui de la rue des Minimes d'écharpe : aussi n'avait-elle pas encore tiré trente coups, qu'un projectile, parti de nos remparts, tombe sur un de ses affûts, qu'il brise, jette la pièce sur le flanc et tue deux des canonniers qui la servaient. L'autre pièce essaya de lutter encore quelques instants, mais nos artilleurs, dont le tir était admirable de justesse et de précision, firent si bien que l'ennemi, trouvant que la position n'était plus tenable, se retira après une heure de combat. Il emportait encore quatre hommes tués et laissait sur le terrain ses deux pièces qui y restèrent toute la journée (2). De ce côté, l'attaque était désormais réduite à l'impuissance, après avoir envoyé, sur les quartiers de St-Victor, une centaine d'obus qui frappèrent quelques maisons.

La grosse batterie de Blamont avait la Citadelle pour objectif. Là, le combat d'artillerie fut plus violent

(1) Un lieutenant d'artillerie et les hommes de son bastion m'ont affirmé avoir entendu battre la générale dans le quartier de la ville près duquel ils étaient, quand déjà la batterie de Belrupt était démontée.

(2) Le commandant de cette batterie prussienne, M. de Kettler, logeait à Belrupt chez M. de B. de qui l'auteur tient ces détails, et beaucoup d'autres.

que partout ailleurs. Si de leurs pièces nos soldats voyaient les embrasures de la batterie allemande, les Allemands découvraient parfaitement la vaste enceinte de la Citadelle et le pourtour de ses remparts. Toutes nos pièces y étaient servies par des artilleurs de la mobile et de l'armée. C'était la première fois que nos jeunes mobiles faisaient leur métier sous les boulets ennemis : leur attitude fut bonne et leur tir, d'abord hésitant, prit bientôt la précision voulue.

Les bastions 65 et 66 et la courtine qui les relie furent surtout exposés au feu de l'enemi ; mais là se trouvaient deux pièces de 24 qui lui répondaient à merveille : ces deux pièces, paraît-il, eurent les honneurs de la matinée à la Citadelle (1). Ce duel d'artillerie dura jusque vers 10 heures 1/2, heure à laquelle la batterie de Blamont cessa le feu, endommagée quelle était par nos boulets qui lui avaient bouleversé ses embrasures, démonté une ou deux pièces, et brisé leurs affûts. La Citadelle avait reçu mille à douze cents projectiles, qui percèrent quelques toitures et endommagèrent les bâtiments qui servaient de cuisine et d'infirmerie.

Les batteries de la *Fontaine du Roi de Prusse* paraissaient spécialement pointées sur la partie de la ville avoisinant le Collége et le Palais-de-Justice. Mais le tir des Allemands était si défectueux, si mal dirigé que, pendant toute la matinée, leurs quatre pièces jetèrent à peine sur ce quartier une cinquantaine d'obus qui égratignèrent quelques maisons. La

(1) Notes de M. Bancelin fils, sous-officier d'artillerie de la mobile.

caserne St-Paul en eut trois ou quatre dans sa toiture et dans les chambres des mobiles qui, par mesure de prudence, étaient descendus au rez-de-chaussée du côté opposé au rempart. Le plus souvent les projectiles ennemis, et il y en eut bien trois cents de lancés, venaient labourer les glacis, ou s'abattre avec fracas, soit dans la Meuse, soit dans les fossés du rempart dont ils faisaient jaillir l'eau en gerbes étincelantes.

Les bastions, de la porte Chaussée à la porte de France, répondaient vaillamment, mais leurs coups non plus ne pouvaient nuire d'une manière bien sensible aux batteries allemandes dont nos artilleurs ne voyaient pas même la fumée. Des deux côtés on tirait au jugé, avec cette différence que le but de l'ennemi était toute une ville, et celui de nos pointeurs un espace de quelques mètres carrés. Aussi de ce côté la lutte dura-t-elle plus longtemps, car si nous souffrions peu du feu de l'ennemi, lui souffrait peut-être encore moins du nôtre. Enfin vers 11 heures un dernier obus vint s'abattre dans le jardin de la Sous-Préfecture; puis tout autour de nous les canons firent silence. Ce silence ne fut interrompu, dans l'après-midi, que par quelques coups isolés que nous envoyâmes aux groupes ennemis qui se montraient de temps à autre sur le sommet des côtes.

Nos pertes. Pendant les cinq heures de ce second bombardement qui a bien aussi sa gloire pour notre ville, pas un de nos canons ne fut démonté, pas un de leurs servants ne fut touché. A la Citadelle, un seul obus tomba sur l'affut d'une pièce de 16, qui ne tirait pas, y tua un sous-officier du train, appelé Fréville, et blessa deux soldats. Les autres victimes de cette journée furent frappées dans l'intérieur de la forteresse au milieu des allées et des venues nécessitées par le service. Nous avons perdu de la sorte trois hommes, un artilleur de la ligne, un artilleur de la mobile et un soldat de la ligne (1), auxquels il faut ajouter le regretté capitaine du génie, M. Dehaye. M. Dehaye, dès le premier instant de l'attaque, se trouvait à la Citadelle avec le lieutenant Delort, de la même arme (2) et son commandant dont il prenait les ordres. Un obus vint éclater à deux pas de ces officiers, brisa la tête au capitaine, blessa grièvement le lieutenant à l'épaule droite, et enleva au commandant Boulangé la canne qu'il tenait à la main. Trois soldats furent blessés sur d'autres points (3).

Quant aux pertes de l'ennemi, nous savons celles qu'il a subies à Belrupt; à Blamont et derrière la côte St-Michel, nous n'avons pu les connaître. Elles ne durent pas être considérables, car, à Blamont en particulier, leurs compagnies de soutien étaient postées à 500 mètres en arrière de leur batterie. Un témoin oculaire, lequel dans ce moment

Pertes de l'ennemi.

---

(1) L'artilleur de la ligne se nommait Vauquier, le mobile Ernest Dupuy, et le soldat Mathieu Heuré, du 14e de ligne, échappé de Sedan.

(2) Le lieutenant Delort nous était venu de Metz, au commencement de la guerre avec un détachement de 27 soldats du génie, les seuls qui se trouvaient alors dans la place.

(3) Le capitaine Dehaye fut tué à l'angle, le plus rapproché de la Citadelle, d'un vieux bâtiment militaire à arcades qui se trouve près du rempart, à main droite en entrant, après le pavillon des officiers.

était malgré lui chirurgien au service des ennemis, ne vit rapporter que quelques blessés frappés aux pièces par les éclats de nos obus, qui du reste avaient labouré le terrain tout autour de la batterie. Les morts sans doute lui avaient été cachés, car les assiégeants requirent à Regret, vers 1 heure de l'après-midi, de la chaux et des voitures. Cette réquisition faite, ils abandonnèrent pendant la nuit ce village qu'ils occupaient depuis quelques jours, mais ils gardèrent les deux hameaux de Baleycourt.

Fausses nouvelles.

Le bombardement nous avait fait un moment oublier l'incroyable nouvelle de la mort du comte de Bismark et de la blessure du roi Guillaume, nouvelle apportée la veille en ville par un soi-disant chef d'équipe du chemin de fer. On croit volontiers ce qu'on désire. Cette invention, qui n'était vis-à-vis de nous qu'une cruelle plaisanterie, et dont on aurait dû punir l'auteur, avait causé parmi les habitants une certaine émotion. Le 27 nous entendîmes, dans la matinée, le bruit du canon du côté de Metz (1), et immédiatement on supposa Bazaine prévenu de la dite nouvelle et agissant en conséquence. Nous savons qu'il n'en était rien.

Le même jour, vers deux heures de l'après-midi, un convoi d'une longueur énorme sortant de Dugny et mal renseigné sans doute sur le chemin de Landrecourt, prend la route de Verdun et arrive jusque Billemont. On l'aperçoit du bastion 17, de St-Victor : un officier d'artillerie, qui se trouvait là, met le feu

(1) Le 27 il y eut en effet du côté de Peltre, près Metz, une très-vive affaire.

à une pièce et lui envoie un obus qui avertit l'ennemi de son erreur. Escorte, chevaux et voitures se jettent alors à gauche, regagnent en désordre les chemins de traverse et les bois par lesquels sans doute ils ont rejoint Landrecourt. Il eut mieux valu les laisser approcher de la place; avec un peu d'adresse et d'activité ils eussent été facilement enlevés.

Enfin, le soir de cette journée du 27, vers 10 heures 1/2, pendant que toute la ville, ou à peu près, dormait, un coup de canon, retentissant dans le silence de la nuit, réveilla soldats et habitants. On avait vu une vive lumière, un feu, sur les bords de la Meuse à la Galavaude, et les artilleurs de garde à la porte Chaussée avaient envoyé un obus dans la direction de ce feu. En un clin-d'œil les troupes de la caserne St-Paul et du Collége furent en armes, et des détachements considérables, officiers en tête, se portèrent vers le pont Chaussée. La flamme était demeurée immobile, mais les imaginations avaient marché : on avait vu cette lumière voyager sur la Meuse! C'est l'ennemi qui passe la rivière, et qui vient essayer une attaque par la rive gauche, du côté de la gare !

Une reconnaissance envoyée de la place rapporte que nulle troupe ne se montre sur ce point, et que le calme le plus absolu y règne. Enfin après plus de 3/4 d'heure d'attente, la flamme faiblit et finit par s'éteindre, ne laissant là où elle était qu'une lueur rougeâtre qui disparut elle-même bientôt. L'ennemi ne paraissant pas, soldats et habitants rentrèrent chacun chez soi, et le reste de la nuit fut tranquille.

Fausse alerte.

Le lendemain matin, quelques curieux allèrent à la Galavaude et reconnurent que la cause de tout ce bruit était... un tonneau de braise abandonné au bord de la Meuse, qui avait pris feu ! Quoiqu'il en fut, cette fausse alerte indiquait que, la nuit comme le jour, nous étions sur nos gardes.

<small>Funérailles des morts du 26.</small>

Le surlendemain de l'attaque du 26, vers 1 heure de l'après-midi, eut lieu la douloureuse cérémonie de l'enterrement du capitaine Dehaye et des quatre soldats tués à la Citadelle. Après l'office religieux, qui se fit à la Cathédrale et que Monseigneur termina en donnant l'absoute, les cinq cercueils, suivis par une foule nombreuse, furent portés au *Jardin-des-Soupirs*, où sur leurs tombes, le commandant Boulangé adressa un dernier et touchant adieu au capitaine Dehaye, et le capitaine Boulade, du train d'artillerie, aux autres soldats (1).

Or, pendant que l'on rendait ces pieux devoirs aux victimes du bombardement, quelques coups de canon, tirés à intervalles assez rapprochés, attirèrent l'attention de tous, dans la foule réunie au *Jardin-des-Soupirs*. Voici ce qui était arrivé.

<small>Troupes ennemies autour du cimetière.</small>

Les factionnaires du bastion St-Paul et quelques curieux, presque toujours aux remparts, avaient vu sortir, des ravins et des bois du côté de Vaux, de longues files de soldats, qui vinrent s'embusquer non loin du cimetière de la route d'Etain, cherchant à se cacher dans les chemins creux, dans la tranchée

---

(1) Voir aux *pièces justificatives* n° 8 la relation détaillée de la cérémonie funèbre, et les paroles prononcées par MM. Boulangé et Boulade.

du chemin de fer, et derrière tous les buissons et tous les accidents de terrain, très-nombreux en cet endroit. Que venait faire là cette troupe ?

On a dit qu'un gamin de la ville, qui ne fut ni puni ni même recherché, était allé le matin aux avant-postes prussiens, prévenir que l'enterrement aurait lieu au grand cimetière, et que sans doute des soldats en armes rendraient les honneurs militaires aux morts. L'ennemi songea-t-il à dresser une embuscade au cortége funèbre ? Nous ne le pouvons croire ! Depuis plus d'une demi-heure, il avait pris ses positions : l'occasion semblait belle pour lui envoyer quelques obus, mais à ce moment il ne se trouvait sur le rempart aucun chef qui osât commander le feu. Le temps se passa ; les Allemands semblèrent se lasser d'attendre ; et déjà on les voyait se replier par petits groupes, quand enfin quelques sous-officiers d'artillerie, arrivant aux pièces, leur envoyèrent, de la porte de France et du bastion St-Paul, une dizaine d'obus qui accélérèrent leur retraite.

La trahison du drôle, qui alla prévenir l'ennemi de la sortie présumée du convoi funèbre, n'était malheureusement point un fait isolé. Nous avions dans nos murailles d'infâmes créatures, qui, sortant chaque soir avant la fermeture des portes ou bien pendant la journée, allaient aux avant-postes allemands, rendre compte de ce qui se passait en ville, et donner tous les renseignements qu'elles pouvaient avoir : l'or et la débauche les attiraient. On nous a dit que quelques hommes avaient aussi fait cet infâme métier d'espion : cela serait-il possible ? En

Des espions dans nos murs.

tout cas ce n'étaient pas des Verdunois. Le général commandant supérieur s'en émut et une Note insérée au *Courrier de Verdun* (1) rappela que « les
» réglements militaires infligeaient la peine de mort
» aux espions, et que la loi serait appliquée dans
» toute sa rigueur. » Mais cette menace, qui ne fut jamais exécutée, ne fit point cesser l'espionnage parmi nous.

Récompenses et citations.

En même temps qu'il insérait cette note le Journal de la localité publiait un ORDRE du général Guérin accordant, à titre provisoire, des grades et des décorations à un certain nombre de militaires, de mobiles et de gardes nationaux. Ces promotions étaient accompagnées de félicitations adressées à toute la troupe pour sa belle conduite devant l'ennemi, et des noms de ceux qui s'étaient « particulièrement fait remarquer (2). »

Le général en outre déclarait, dans une espèce de *communiqué* qui suivait cet ORDRE, « que la garde
» nationale sédentaire surtout avait droit à une
» mention particulière, et qu'il était fier de com-
» mander à ce soldat citoyen qui, au moment du
» danger, quitte son foyer, ses enfants, sa famille
» pour courir au rempart. Aussi *promettait-il de*
» *lui réserver une large place dans les distinctions*
» *honorifiques que son pouvoir le met à même*
» *d'accorder.* »

Pendant que la partie militante de la garnison se

(1) Numéro du vendredi 30 septembre.
(2) Voir l'ORDRE du général dans tout son entier aux *pièces justificatives* n° 9 et les noms des promus et des cités.

conduisait si vaillamment dans la plaine et aux remparts, les infatigables travailleurs du génie mettaient de tous points notre ville en sérieux état de défense.

Nous pensions, qu'après nous avoir fait les honneurs d'un ou de plusieurs bombardements, l'ennemi tenterait le vieil et terrible assaut sur une brèche large ouverte, ou bien la surprise par escalade, double danger contre lequel on crut devoir se prémunir. Les eaux avaient monté; nos fossés, servis par la Meuse, étaient à pleins bords, et le Pré-l'Evêque offrait, du haut de la Roche, l'aspect d'un lac vaste et magnifique. Les traverses, les épaulements, les blindages et les abris s'achevaient sur les remparts; les avancées de toutes les portes étaient défendues par une double rangée de pieux aigus; mais il n'en restait pas moins à l'enceinte de la place quelques côtés vulnérables.

Travaux de défense.

Devant le front de St-Victor, on palissada fortement les places d'armes des bastions 15 et 17 et de la demi-lune qui est en avant; on chargea les fourneaux de mines dans les galeries qui règnent sous les glacis, et ces fourneaux furent mis en communication avec la place au moyen de fils télégraphiques, qui pouvaient y mettre le feu instantanément et faire sauter l'ennemi s'il approchait en masse du rempart.

Un escalier, à droite de la première porte St-Victor en entrant, descend dans les fossés et conduit à trois poternes qui ne sont pas éloignées. Ce point nécessitait une surveillance extérieure, car plusieurs fois les soldats allemands étaient venus aux environs (1), et quelques hommes déterminés pouvaient, en s'y faufilant la nuit, nous causer une rude alerte. On défendit l'accès de cet escalier en y construisant un corps de garde, percé de meurtrières, protégé par les palissades et mis à l'épreuve de la balle par sa construction même : il était fait avec une double chemise de madriers entre lesquels on avait entassé de la terre. Chaque nuit ce poste était occupé par une quinzaine d'hommes.

A la porte Chaussée, mêmes précautions contre toute attaque de vive force, ou contre toute surprise nocturne.

On mit d'abord de solides palissades aux extrémités du long *masque* en terre qui, le long de la Meuse, couvre la courtine derrière le Collége et aboutit, en se prolongeant plus loin que le bastion St-Paul, sur la prairie du côté de la gare. Là encore, sans cette palissade, l'ennemi, venant des terrains de la gare, pouvait la nuit se glisser jusqu'au pied de nos remparts, presqu'inaperçu et à couvert contre le feu de la place. On construisit un corps de garde, pareil à celui de St-Victor, dans la place d'armes en avant et à droite de la première porte Chaussée, en entrant, place d'armes qui fut aussi solidement fraisée et palissadée.

Des fougasses ou mines furent pratiquées sur les glacis de chaque côté de cette même porte Chaussée, glacis déjà défendus par l'espèce de canal maré-

---

(1) Le 20 septembre, au matin, quelques soldats ennemis étaient venus mettre le feu à la ferme de Constantine, maison isolée sur la route à 250 mètres du rempart.

cageux qui borde la route. Des torpilles, dont l'effet aurait été désastreux pour les assaillants, furent placées sous le pont levis de la dite porte; sous celui de la porte Rouge, près de la vieille Tour-du-Moulin; sous celui du Puty, en face l'Eglise St-Sauveur, et sous celui de la porte de France où débouche le canal souterrain qui, à travers la Citadelle, amène les eaux de la Meuse dans les fossés.

Le grand pont Chaussée fut aussi miné, afin de pouvoir isoler la ville dans le cas où l'ennemi viendrait à s'emparer, par un assaut, des remparts depuis la première porte Chaussée, ou bastion 27, jusqu'au bastion 29, derrière la rue des Minimes. Ce cas extrême arrivant, nous aurions eu encore pour nous défendre, la Meuse depuis le pont Chaussée jusqu'à la Tour-du-Moulin qui est elle-même une défense; puis, de cette tour à la Tour-des-Champs, un canal profond; puis un mur crénelé; puis enfin, dernière ressource, le canal intérieur qui passe sous le pont du Puty, où déjà se trouvait une torpille, canal dont on aurait coupé les autres ponts.

On plaça également des fougasses sous les glacis extérieurs de la Citadelle, en avant du bastion 65. Le feu devait être mis à tous ces engins explosibles au moyen de fils télégraphiques *isolés*, enlevés aux Allemands dans une sortie.

Mais il y avait grand danger, au moment d'un bombardement pour communiquer entre la ville et la Citadelle, et même entre les divers points de chacune de ces deux enceintes, exposées quelles sont l'une et l'autre de toutes parts aux batteries de l'ennemi qui, des hauteurs voisines, les enfilent, ou les foudroient par des feux plongeants. C'est pourquoi, on songea à relier ces divers ouvrages entre eux et avec le quartier général, centre de la défense. Cette tâche fut confiée au capitaine Bussière lequel, avec l'aide de quelques employés du télégraphe et d'un certain nombre de soldats du génie, parvint à établir des postes télégraphiques sur divers points de la place.

Le bureau central fut conservé rue St-Pierre (1), non loin de l'hôtel de la subdivision, ce qui permettait au commandant supérieur d'être constamment averti de ce qui se passait au dedans et au dehors. Les autres stations se trouvaient à la porte St-Victor (2), au bastion St-Paul et à la Citadelle sous le cavalier du bastion 65 (3), et enfin sur la tour de la Cathédrale, poste d'observation pour l'extérieur. Les fils télégraphiques, correspondant à chacune de ces stations, étaient tendus le long des remparts (4).

L'organisation de ces bureaux télégraphiques s'était faite au moyen des divers appareils et instruments qui se trouvaient dans les cabinets de physique du Collége et des Séminaires, et chez quelques particuliers qui mirent toute la volonté possible à venir en aide à ces utiles travaux.

---

(1) Dirigé par M. Detaint, chef du bureau télégraphique à Verdun.
(2) Dirigé par MM. Fandeur, employé auxiliaire à Bar-le-Duc, et Blodel, employé de la télégraphie militaire.
(3) Dirigé par M. Leray, employé venant de Lille.
(4) Rapport du commandant du génie.

Nous avons déjà mentionné deux fois le poste d'observation placé sur les tours de la Cathédrale. Ce poste, qui rendit de grands services, avait été établi, dès les premiers jours du blocus, afin de pouvoir se rendre compte de ce qui se passait aux environs. Ces tours, sans être très-élevées (1), dominent le pays à une assez grande distance, la Cathédrale se trouvant elle-même sur la montagne où a été bâti l'ancien Verdun.

<small>Observatoire sur les tours de la Cathédrale.</small>

Ce fut d'abord des volontaires intelligents et dévoués qui s'imposèrent là haut le rôle difficile de guetteurs. Presque tous ces volontaires appartenaient à la garde nationale dont ils ne négligeaient pas, pour cette raison, le service.

Munis de très-fortes lunettes ils scrutaient tous les points de l'horizon et envoyaient au général le résultat de leurs investigations, par un planton de la mobile mis à leur service. Plus tard pour éviter la fatigue provenant de la montée et de la descente de 180 marches, on imagina un système de poulie qui descendait la dépêche au pied de la tour, et remontait les questions écrites qu'on posait à l'observatoire.

Quand la garnison se battait hors de la place, le commandant de la sortie devait avoir l'œil souvent fixé sur la tour de la Cathédrale, où on hissait un drapeau rouge si l'ennemi se présentait de quelque point en forces trop supérieures, et un drapeau rouge et blanc si nos troupes pouvaient sans se compromettre marcher en avant.

(5) Elles ont à peu près 100 pieds de haut.

Lors de l'établissement du télégraphe, dont nous avons parlé, le service fut réglé d'une manière plus stricte de concert avec l'autorité militaire. Le bureau télégraphique de la tour fut tenu par des sous-officiers du génie ou de l'artillerie ; et quinze de nos concitoyens, se relayant d'heure en heure, se partagèrent, de l'aube à la chute du jour, le service, parfois dangereux, de l'observatoire (1). « Tout
» membre de l'observatoire est tenu de se rendre
» à son poste à l'heure qui lui est indiquée sur le
» tableau de service. En cas de motif sérieux il
» pourra s'entendre avec un de ses collègues pour
» se faire remplacer. Nul ne pouvait avoir accès à
» la tour de l'observatoire, s'il n'était muni d'un
» ordre du commandant supérieur. Les officiers du
» génie, de l'artillerie et de l'état-major étaient
» seuls autorisés à y monter par ordre du gé-
» néral (2). »

Mais pour exécuter ces travaux, surtout ceux qui consistent à façonner le bois et la pierre, à transporter, creuser ou amonceler la terre, les soldats du génie, quoique nombreux dans notre ville depuis Sedan, n'y pouvaient suffire. Le commandant du génie demanda et obtint, après beaucoup de difficultés, de recruter dans les deux bataillons de la mobile tous les ouvriers d'art, maçons, charpentiers, mc-

---

(1) Faisaient partie de l'observatoire de la tour de la Cathédrale, MM. Victor Barbier, Emile Barbier, Bouilly, Charles Baudot, Denizet, Dony, Dommartin, Duprat, Charles Guy, Pasquin, Prosper Pein, Pierre, Rouyer, Scausse et Villet.

(2) Extrait du réglement.

nuisiers, forgerons, et d'en former une compagnie qui fut appelée Compagnie auxiliaire du génie (1). Quant aux ouvrages en terre, il ne fallait pas songer à demander à la mobile d'y travailler : moins nombreuse qu'aux premiers jours, elle ne pouvait plus subvenir à tous les services qu'on exigeait d'elle. Aussi ses chefs refusèrent-ils de laisser désormais prendre la pelle et la pioche à leurs hommes, et l'on s'adressa aux dépôts des deux régiments d'infanterie afin d'avoir chaque jour des travailleurs.

Grâce à tous ces travaux, et à toutes les précautions que nous venons d'indiquer, Verdun se trouvait, autant que possible, dans d'excellentes conditions de défense.

Cependant l'autorité militaire prévit encore le cas, extrême mais peu probable, où la ville serait emportée de vive force, et où la garnison serait forcée de s'enfermer à la Citadelle. Les grands arbres du glacis et de la Roche, qui pouvaient gêner le tir de la forteresse sur les remparts de la ville, furent élagués ou abattus.

Du reste le général Guérin, en prenant cette mesure, songeait à mettre à exécution, s'il était nécessaire, le projet qu'il avait eu avant que la ville ne fut placée en si bel état de défense. Au commencement d'août, persuadé que Verdun ne pouvait tenir, il avait devant le Conseil de défense émis l'avis de se retirer à la Citadelle avec la garnison le jour où la place serait emportée, mais

(1) Cette compagnie était placée sous le commandement de M. Mazilier, ingénieur civil et architecte.

à la condition *de s'y faire sauter plutôt que de se rendre.* « Je dois cela à la mémoire de mon » père (1), ajouta-t-il en se tournant vers les » officiers présents. Ceux d'entre vous, Messieurs, » qui voudront partager mon sort me suivront *(*2). »

(1) Le père du commandant supérieur de Verdun, général Guérin, était lui-même général du premier Empire. Napoléon Ier l'avait créé, en récompense de ses services, baron de Waldersbach, une baronnie allemande sur la Saare.

(2) L'auteur tient ce récit d'un membre du Conseil de défense.

III.

Mois d'Octobre.

Parmi les deux mille cinq cents *échappés* de Sedan qui s'étaient réfugiés dans nos murs, il y avait, nous l'avons dit, des soldats de toutes les armes. Un certain nombre nous étaient venus avec leur uniforme; légitime amour-propre de soldat, qui les exposait à plus de dangers, car par là ils pouvaient être plus facilement reconnus de l'ennemi. Ces circonstances nous avaient donné une garnison de la plus singulière physionomie. On voyait se coudoyer dans la rue, fantassins de dix régiments différents, chasseurs de Vincennes, marins, turcos, zouaves, chasseurs de France, chasseurs d'Afrique, soldats du génie et de l'artillerie, hussards et lanciers.

Les turcos surtout attiraient l'attention, car jusqu'alors nous ne les connaissions que de nom. Parmi eux, les *négros* articulaient à peine quelques mots de français. Ils devaient trouver notre soleil d'automne bien pâle et bien froid, et leur figure, d'un beau noir d'ébène, nous semblait indiquer plus de tristesse que d'indifférence. D'autres, à la figure régulière et brune, beaux de formes et grands de

_{Turcos et zouaves.}

taille, nous rappelaient les Maures de Grenade, dont parle l'histoire : ceux-là traversaient nos rues silencieux et graves, se drapant fièrement dans leurs burnous. Tous paraissaient étonnés de se trouver au milieu de nous. Etrange chose que la guerre! Ces hommes venaient combattre et mourir pour ceux qui avaient combattu et vaincu leurs pères, sur les plages lointaines d'Alger et sur la brèche à Constantine emportée d'assaut !

Quant aux zouaves, tout le monde les connait. Mais si zouaves et turcos se montraient braves au feu, autant que soldat peut l'être, ils n'étaient nullement des modèles de discipline. Parfois ils se croyaient encore en Afrique, et ils auraient volontiers fait la guerre à leur façon. Du reste, on disait alors, que pour le moment ce n'était pas la plus mauvaise façon de la faire, et qu'il fallait les laisser plus souvent sortir, isolés ou par petits groupes, et *chasser au Prussien*, alentour de nos murailles ; c'était le mot en usage ; la guerre rend cruel. De la sorte, ils pouvaient peut-être en effet considérablement gêner l'ennemi, tuer ses vedettes, surprendre les postes voisins, l'attaquer tantôt sur un point tantôt sur un autre, et le tenir toujours sur le qui vive ; lui faisant craindre, un fusil derrière chaque buisson des champs, chaque arbre de la forêt, et la présence d'un ennemi dans le bruit d'une feuille qui tombe, d'un oiseau qui s'envole.

Tenant du chacal et de la panthère, — ils se donnent ces noms, — les turcos et les zouaves, par leurs qualités comme par leurs défauts, étaient éminemment propres à ce genre de guerre, où il ne faut que de la ruse et de l'adresse, de l'agilité et du sang-froid, avec un mépris égal pour sa vie et pour celle des autres. Mais était-il possible d'utiliser leurs instincts de race et leur spécialité guerrière? était-il possible de mettre de l'ordre dans cette espèce de désordre, et d'en tirer plus de bien que de mal? N'étant pas du métier, nous ne voulons point nous prononcer.

Ce fut cependant pour essayer quelque chose d'analogue à ce que l'on désirait des Africains, et en même temps pour maintenir parmi eux une discipline nécessaire, que vers cette époque l'autorité militaire les forma en deux compagnies qui prirent le nom de compagnies *franches* ou de Volontaires : on y joignit les chasseurs de Vincennes, soldats qui sont aussi très propres aux coups de main. La 1re compagnie, uniquement composée de turcos, fut placée sous les ordres d'un échappé de Sedan, le lieutenant Raimbert du 50e (1) ; la 2e, formée de zouaves et de chasseurs, eut pour capitaine M. Juneau, ancien officier, qui, au début de la guerre, avait quitté Dieue, où il était percepteur, pour venir s'enfermer à Verdun (2). Ces deux compagnies, bravement commandées, se signaleront plus d'une fois dans la suite du siége.

Compagnies franches.

(1) Les lieutenant et sous-lieutenant de cette compagnie étaient MM. Loysel, ancien sergent-major de turcos, Botville, ancien adjudant au 14e de ligne.

(2) Les lieutenant et sous-lieutenant de cette compagnie étaient MM. Petit, capitaine des premiers francs-tireurs, ancien sous-officier, et Delabroix, ancien sergent-major de zouaves.

Les évènements militaires du mois d'octobre débutèrent par un combat très-vif à la suite d'une équipée de trois turcos.

<small>Combat du 2 octobre.</small>
Ces trois turcos, trompant la surveillance des factionnaires, ou sautant peut-être du haut des remparts comme cela leur arrivait quelquefois, quittent la place, le dimanche 2, au matin, et se dirigent vers Belleville, avec leurs armes et tout ce qu'ils peuvent emporter de cartouches. Les vignes, qui touchent au village, n'étaient point encore vendangées. Ils se glissent, comme des couleuvres, à travers les ceps dont le feuillage épais les dérobe aux regards des vedettes allemandes plantées sur la côte St-Michel, qu'ils fusillent presqu'à bout portant. Les coups de feu attirent les postes voisins, mais nos trois algériens sont invisibles, et, pour ainsi dire, partout à la fois : on tire sur la fumée de leur coup, qu'ils sont déjà loin et qu'ils envoient une nouvelle balle à tout Allemand qui se montre à le portée de leurs Chassepots. De Fleury à Bras, toute la ligne ennemie se met aux champs, et vers 11 heures de forts détachements se dirigent du côté où l'on se bat.

Un habitant de Belleville, qui suivait de loin cet inégal combat, accourt à Verdun avertir la place que l'ennemi se montre en force sur la côte St-Michel, et que les turcos vont être pris ou tués. Mais à cela, qui était la vérité, ce Bellevillois ou tout autre ajoute une histoire impossible qui court la ville comme une traînée de poudre : les turcos se sont emparés de plusieurs pièces de canon, et l'un d'eux, à cheval sur une de ces pièces, sonne du clairon pour demander du secours ! Tel Roland, à Roncevaux, sonnait du cor pour appeler ses preux à la rescousse !

On pouvait rire de cette fable, mais il fallait chercher à savoir ce qui était vrai, puis agir en conséquence et immédiatement, sans perte de temps, soit pour soutenir les turcos, soit pour les obliger à rentrer en ville. L'autorité militaire, qui recevait chaque jour nombre d'avis de ce genre, crut sans doute que celui-là n'était pas plus sérieux que beaucoup d'autres et sembla d'abord n'en pas tenir compte. Ce ne fut que vers une heure et demie, quand il ne fut plus possible de douter de l'arrivée des colonnes allemandes sur la côte St-Michel, qu'elle se décida à envoyer une compagnie. Cette compagnie, trop faible à son tour pour engager la lutte, demanda sans retard des renforts à la place, et se contenta de garder la défensive, tout en tiraillant sur l'ennemi.

Vers quatre heures seulement, on répondit à son appel. Une partie de la garnison, avec une trentaine de cavaliers, prend alors au pas accéléré la route Belleville. L'histoire des canons tombés au pouvoir des turcos était aussi venue aux oreilles du général : devant l'affirmation populaire, il y avait ajouté foi et avait ordonné de faire partir en même temps un attelage du train, pour ramener ce trophée. Mais dans leur précipitation, les conducteurs de cet attelage, ne sachant probablement pas de quel côté se trouvait Belleville, sortirent par la porte de France, et perdirent plus d'une demi-heure avant de regagner la porte Chaussée. Du reste ils avaient grandement le loisir d'arriver, car il n'y avait pas l'ombre d'un canon sur le terrain où l'on se battait.

Nous vîmes nos chasseurs traverser au grand galop le village de Belleville, prendre l'ancienne route, et aller fièrement se déployer sur les sommets, tandis que l'infanterie y arrivait aussi, en grimpant pour ainsi dire au travers des vignes. Dix minutes après, la crête dénudée de la côte St-Michel s'enveloppait de fumée comme celle d'un volcan. Nos fantassins commençaient le feu de toutes parts et le bruit de la fusillade nous arrivait en roulements sourds et continus, roulements auxquels se mêlaient par moment de plus fortes détonations : c'étaient les obus envoyés par les bastions de la place, qui éclataient au loin derrière la côte, et qui devaient singulièrement gêner les mouvements de l'ennemi.

Tout Verdun s'était porté en dehors des portes, sur les glacis des remparts, et aux divers endroits desquels on pouvait apercevoir le théâtre de la lutte. Il me semble encore assister à cet entraînant spectacle et en ressentir les puissantes émotions. Nous battions des mains, nous poussions des cris de joie, quand nos soldats disparaissaient à l'horizon, et que nous sentions, à l'éloignement du bruit de la bataille, qu'ils marchaient en avant!

L'ennemi en effet reculait, mais reculait en bon ordre, et redescendait lentement le versant Nord de la côte.

Sur ce versant, peu rapide auprès de la grande route, une centaine de soldats ennemis s'arrêtent, protégés par un fossé et veulent tenir bon. Les deux officiers qui commandent le faible escadron de chasseurs (1), font jeter à leurs cavaliers le chassepot sur l'épaule, mettre le sabre au poing et à leur tête ils chargent à fond. Malgré la mousqueterie qui blesse quelques hommes, tous arrivent rapides comme l'ouragan, franchissent le fossé, et tombent au milieu des Allemands qu'ils culbutent et dispersent, non sans avoir rougi leurs sabres du sang de plusieurs.

Ce brillant fait d'armes de nos chasseurs semble porter un léger désordre dans la retraite de l'ennemi, que nos fantassins continuent à faire reculer, malgré les feux de pelotons qu'ils en reçoivent à intervalles réguliers. Deux ou trois fois même ils l'approchent d'assez près pour essayer quelques charges à la baïonnette.

Il est probable que jusqu'alors les Allemands n'avaient eu d'engagés que sept à huit cents hommes dont quelques-uns étaient venus de Fleury et de Bras, mais dont la majeure partie appartenait au poste du bois Lecourtier, et à un campement placé en avant de Fleury, sur un terrain depuis longtemps appelé le *Mauvais lieu*. Mais l'arrivée de nos renforts avait attiré sur le théâtre du combat les garnisons entières des deux villages que je viens de nommer, c'est-à-dire peut-être deux mille hommes (2).

---

(1) MM. Perrault, des chasseurs d'Afrique, échappé de Sedan, et Bougon, du 5ᵉ chasseurs de France, blessé à l'épaule dans cette affaire.

(2) La garnison allemande de Fleury était en moyenne de 8 à 900 hommes; celle de Bras de 1,000 à 1,200, et celle de Charny de 600 et quelquefois de 1,000.

Or, les Allemands, en reculant soit vers Bras, soit sur leur gauche vers Fleury, se rapprochaient du gros de leurs troupes, tandis que les nôtres, en marchant en avant, s'éloignaient de leur point d'appui, la place de Verdun. Cependant entraînés par l'ardeur de la lutte, les Français enlèvent le poste du bois Lecourtier et mettent le feu au campement prussien où se trouvaient les sacs des soldats, beaucoup de paille et autres objets destinés à en rendre le séjour moins insupportable. Ils auraient volontiers marché jusqu'à Bras malgré leur infériorité numérique, car on disait que dans ce village l'ennemi avait des approvisionnements considérables, mais le jour commençait à baisser, et la retraite sur Verdun pouvait nous être coupée par un retour offensif de l'ennemi, renforcé des troupes de Charny, et même d'Eix. Devant ces considérations, les officiers arrêtent leurs colonnes, et font sonner le ralliement.

Le clairon qui rappelle nos hommes n'est point entendu des chasseurs qui s'apprêtent à pousser encore en avant. Leurs officiers se mettent à leur tête, et de nouveau l'on court sur l'ennemi au galop de charge. Mais cette fois, seuls quelques cavaliers parfaitement montés peuvent suivre MM. Perrault et Bougon, dont les chevaux arabes dévorent l'espace et distancent, de plusieurs centaines de mètres, le gros de l'escadron. Enveloppés par les soldats ennemis, qui, quoi que battant précipitamment en retraite, n'en font pas moins le coup de fusil, nos intrépides chasseurs se rejettent dans la mêlée, sabrant et pointant à gauche, à droite, et viennent rejoindre leurs camarades qui accouraient, et avec lesquels ils allaient charger une troisième fois, quand leur vint l'ordre de rétrograder sur Verdun.

Ce fut probablement dans cette charge que le lieutenant Bougon reçut à l'épaule une blessure assez grave. L'autre officier n'eut que son bel arabe blessé (1).

Dans cette affaire, où nos soldats, bien conduits, furent admirables d'entrain, nous eûmes une dizaine de blessés et cinq hommes tués, parmi lesquels un brave caporal du 80e qui reçut une balle en pleine poitrine en défendant son sergent blessé à mort. Ce sergent, nommé Renou, du 22e, échappé de Sedan, resta au pouvoir de l'ennemi, avec deux de nos morts qu'on ne put enlever (1). Le blessé fut soigné à l'ambulance prussienne de Bras où il mourut trois jours après, et nos deux morts furent enterrés dans le cimetière de ce village par les Allemands qui leur rendirent courtoisement les honneurs militaires. Un parlementaire vint le jour même à Verdun en avertir le général. Nous sommes heureux de remarquer cette noble fraternité d'armes devant la mort, même entre ennemis.

Nos pertes et celles de l'ennemi.

Les pertes des Allemands furent de beaucoup plus

---

(1) Tous ces détails ont été racontés par l'un des deux officiers de chasseurs.

(2) Le sergent Renou, un enfant de Paris, mort le 5, est enterré dans le cimetière de Bras avec nos deux soldats. Des croix ont été élevées sur leurs tombes par les soins des habitants de Bras. Près d'eux sont aussi enterrés sept soldats prussiens tués dans nos sorties. Un service anniversaire a été chanté cette année dans l'Église de Bras pour le repos de l'âme de nos braves soldats. — (Renseignements recueillis à Bras, par l'Auteur).

graves que les nôtres. Outre l'incendie de leur camp, incendie qui réjouit fort la vue des habitants de Charny, ils eurent au moins de quatre-vingts à cent soldats hors de combat. La nuit qui suivit, trois chariots emportèrent leurs tués vers la contrée appelée *Rosières*, entre Bras et Fleury, où ils furent probablement enterrés. Rappelons encore qu'il nous a presque toujours été impossible de connaître le chiffre exact des soldats allemands tués autour de Verdun, l'autorité militaire allemande ayant continuellement paru mettre un soin scrupuleux à le cacher aux habitants des campagnes voisines. Ainsi leurs convois de blessés ou de morts ne passaient presque jamais dans l'intérieur des villages.

Nos troupes rentrèrent dans Verdun à la nuit close, de six à sept heures, rapportant un nombre considérable de casques, de fusils et de sabres, mais ne ramenant qu'un seul prisonnier. La porte Chaussée ayant été fermée vers six heures, la foule dès lors n'avait pu se porter à leur rencontre au-delà des murs, mais elle stationnait épaisse et bruyante sur le pont Chaussée et dans les rues qui aboutissent à la vieille porte de ce nom. Les soldats sont acclamés à leur passage, mais à ces acclamations se mêlent des murmures et des propos menaçants contre le général Guérin.

<small>Emotion populaire.</small> L'absurde fable des trois canons pris le matin par les turcos est de plus en plus répétée, et un grand nombre de personnes ont la simplicité d'y croire. On accuse le général Guérin de connivence avec l'ennemi, on lui reproche de ne pas ordonner

plus souvent des sorties à la garnison, et, quand ces sorties ont lieu, de les faire échouer par des lenteurs et des retraites (1).

Si les circonstances eussent été moins graves, si l'ennemi n'eut pas été à nos portes, si cette émotion populaire n'eut pas été elle-même un danger pour la place, un observateur aurait pu étudier à son aise, comme les foules sont faciles à enlever, comme une idée vraie ou fausse les remue, comme le sentiment y prend vite la place de la raison! Mais, sans songer aux études de mœurs, tout citoyen vraiment sage, vraiment dévoué à son pays, n'avait en cette circonstance qu'un devoir à remplir, celui de ramener le calme dans toutes ces têtes outre mesure exaltées par un patriotisme sincère sans nul doute, mais pas toujours intelligent.

La nuit, loin d'être bonne conseillère, parut encore avoir augmenté l'effervescence de la veille. Dans la matinée, des ouvriers et des gardes nationaux sans armes se réunirent en grand nombre devant l'Evêché, où se trouvait l'ambulance que le général Guérin n'avait point encore quittée, vu la gravité et la longueur de sa maladie. Le but de cette mani-

---

(1) La plus étrange invention que la mauvaise foi ou l'ignorance fit courir en ville sur le compte du général Guérin fut celle-ci :

Madame la générale Guérin était Prussienne de cœur et de naissance, et elle avait je ne sais combien de frères et de beaux-frères officiers dans l'armée du roi Guillaume. Le général de Gayl, qui plus tard commanda les troupes allemandes autour de Verdun, était aussi quelque chose comme son cousin.

Madame Guérin est née Mademoiselle Pion, de Guenntrange, près de Thionville. Elle était enfermée avec sa fille, dans Metz, pendant que son mari défendait Verdun.

festation était de lui demander de céder son commandement au général Marmier qui avait les sympathies populaires. Le général Guérin refusa de recevoir et d'entendre aucun délégué de cette espèce d'émeute ; seulement les plus violents furent arrêtés, et les autres se dispersèrent au plus vite.

Mais le lendemain, au réveil, on trouva, dans divers quartiers de la ville, des affiches écrites et placardées par des mains inconnues, s'adressant surtout *aux soldats d'Afrique* et les appelant ouvertement à la révolte contre le Commandant supérieur, qui, leur disait-on, voulait de nouveau les livrer à l'ennemi. Ces placards étaient, sans nul doute, l'œuvre d'individus qui espéraient tirer un profit quelconque de la rebellion qu'ils provoquaient parmi les soldats, et des désordres qu'une telle rebellion militaire devait inévitablement amener en ville. Odieux était le dessein, lâches et odieux étaient les moyens employés pour le faire réussir! Les placards furent arrachés par la police et par quelques honnêtes gens indignés.

<small>Formation d'un tribunal militaire.</small> Cependant l'autorité militaire ne pouvait rester indifférente devant ces tentatives de désordres. Un conseil de guerre fut immédiatement établi *pour juger de tous les crimes et délits qui pourraient se commettre dans la place contre la sûreté de la République, contre la Constitution, contre l'ordre et la paix publics, quelle que soit la qualité des auteurs principaux et des complices.* Ce tribunal militaire, à la barre duquel pouvaient être appelés, non-seulement les soldats, mais encore tout parti-

culier incriminé dans ses actes ou dans ses paroles,
fit réfléchir certains esprits, car les tribunaux militaires ont un grand renom de sévérité. Cependant celui-ci, outre quelques infractions à la discipline commises dans la troupe, ne jugea guère que les hommes arrêtés à propos de la manifestation contre le général (1).

Nous aurions désiré qu'il s'occupât davantage d'une question très-grave, celle des relations entretenues avec l'ennemi par les espions de l'un et de l'autre sexe, que notre ville avait le malheur de renfermer. L'espionnage a enlacé, pendant toute cette guerre, notre infortuné pays et notre ville en particulier comme la pieuvre enlace ses victimes. Rien ne se faisait, rien ne se disait dans nos murs, qui ne fut immédiatement connu dans les lignes allemandes : le journal de Verdun y était porté régulièrement. L'autorité militaire armée de *l'état de siége* devait exercer là-dessus une surveillance beaucoup plus sévère qu'elle ne l'a fait, et punir les coupables suivant les rigueurs de la loi, ainsi que déjà précédemment le général avait menacé de le faire : la vraie population de Verdun lui en eut été reconnaissante. Mais son bon cœur le faisait reculer devant la légitime et terrible vengeance qu'il était en droit de tirer, au nom du salut public, de ces actes de trahison. Il l'a souvent manifesté devant les confidents de ses pensées (2).

(1) Voir la composition du tribunal militaire : *pièces justificatives* n° 10.
(2) Après la capitulation de notre ville, le général Guérin a lui-même demandé et obtenu, du gouvernement français, la grâce de quelques hommes condamnés à quelques mois de prison, par le conseil de guerre.

Un mot sur les sorties.

Nous avons énoncé tout à l'heure l'un des griefs le plus vivement articulé contre le général Guérin, par une partie de la population qui aurait voulu voir nos soldats sans cesse aux champs : avec une garnison aussi nombreuse que la nôtre, disait-on, les sorties ne sont pas assez fréquentes.

A ce propos qu'il me soit permis de faire quelques réflexions.

Lorsque l'ennemi occupe une position quelconque en rase campagne autour d'une place assiégée, position dont il profite pour nuire d'une manière toute particulière à la défense, ou bien sur laquelle il élève des ouvrages, des retranchements, des batteries, alors les sorties sont nécessaires. Elles sont nécessaires, car c'est là le seul moyen efficace de déloger l'ennemi, de gêner ses travaux, de les retarder ou de les détruire : le canon de la place ne suffit jamais à cette œuvre. Or, ce cas s'est présenté pour nous. Nous étions environnés de positions que les Allemands occupaient et sur lesquelles ils construisaient; la côte St-Michel, la Renarderie, Villers, Blamont, la côte St-Barthélemy. On les y a quelquefois attaqués, et toujours avec succès. Pouvait-on le faire plus souvent? Peut-être.

Mais quand la sortie a pour but l'attaque de villages occupés par l'ennemi, il y a deux choses à considérer : la possession de ces villages est elle nécessaire, oui ou non?

Si la possession de ces villages est absolument nécessaire à la sûreté de la place et facilite sa défense, alors on peut, on doit même les attaquer au risque de les détruire, en chasser l'ennemi et les garder coûte que coûte, surtout si la conservation de la ville assiégée importe à la réussite du plan général des opérations militaires.

Si au contraire la possession de ces villages n'offre que des avantages secondaires à l'assiégé ou à l'assiégeant ; s'ils ne dominent pas la place ; si l'assiégeant ne peut les utiliser ni pour y construire, ni pour y masquer ses batteries ; si l'assiégé, lors même qu'il les enlèverait, ne pourra les conserver à cause de leur éloignement, ou à cause de leur position topographique dangereuse ; si enfin on est sûr que le lendemain ils seront réoccupés par l'ennemi, qui se vengera peut-être d'en avoir été délogé en les détruisant, ou les incendiant, comme cela est arrivé autour de Metz (1), eh bien ! dans ces conditions, faire attaquer les villages voisins par la garnison serait un acte de guerre inutile et barbare. Inutile, puisque la défense de la place n'y gagnerait rien, et que l'assiégeant en souffrirait peu : barbare, puisque tout le résultat consisterait à réduire à la misère la population des campagnes, et à faire tuer à l'assiégé un grand nombre d'hommes qui peuvent sacrifier leur vie plus utilement ailleurs. Ces sortes d'attaques, en effet, ne peuvent qu'être excessivement meur-

---

(1) « Malheureusement, par représailles, les Prussiens incendièrent dans la soirée les villages dont nous les avions délogés. Ils avaient prévenu, du reste, que chaque fois que nous les troublerions dans leur quiétude, ils puniraient par l'incendie les innocents habitants des villages envahis.

» Pendant toute la nuit, les villages de Colombey, les Maxes, Peltre, Ladonchamp éclairèrent l'horizon de leur foyer. »
Campagne de 1870. — Armée du Rhin, par le d^r Ferdinand Quesnoy.

trières pour l'assaillant ; et le mal qu'il fait à l'ennemi compense rarement celui qu'il éprouve.

Telles furent sans doute les raisons qui, empêchant le Commandant supérieur de Verdun de céder à certaines instances, épargnèrent à Thierville, à Charny, à Bras, à Belrupt, à Haudainville, à Dugny, des attaques dont la conséquence eut été la ruine de ces villages.

En effet, à l'entrée de plusieurs de ces villages du côté de Verdun, les Allemands avaient ouvert des meurtrières dans les murailles des maisons et dans les clôtures des jardins ; ils avaient construit des barricades au débouché des rues, et, en avant de ces barricades, ils avaient creusé des tranchées, élevé des talus derrière lesquels ils pouvaient placer de nombreux tirailleurs s'ils étaient attaqués. A Dugny ce furent les habitants qui, sous l'œil et sur l'ordre de l'ennemi, travaillèrent à ces tranchées.

Puisque j'ai nommé Dugny, je crois devoir placer ici un fait, fort indifférent en soi peut-être, mais qui causa dans ce village une certaine tristesse.

L'arbre de Dugny.

Il y avait sur la gauche de la route, en venant à Verdun, à 15 ou 1,600 mètres du village, à une vingtaine de mètres de la route, sur le bord d'une carrière à moitié remblayée, un vieil et grand arbre, isolé et connu dans tout le pays sous le nom d'*Arbre de Dugny*. On le voyait de vingt-cinq kilomètres dans la vallée de la Meuse, du côté de St-Mihiel ; on le voyait aussi parfaitement de plusieurs points de nos remparts. Son origine se perdait dans le passé, comme celle de son vieux frère, le *gros peuplier* de Verdun. Peut-être était-il un de ces jalons plantés vers 1600, par ordre de Sully, qui a servi pour dresser la carte de France, et qu'on appelle encore, là où il en reste, des *Rosnis*, du nom de l'immortel ministre de Henry IV.

Ce *Rosni* déplaisait aux Allemands, parce qu'ils le supposaient un point de mire tout fait aux canons de Verdun. Vers les premiers jours d'octobre, ils ordonnèrent aux habitants de Dugny de le couper. Ceux-ci, qui avaient creusé des retranchements au profit de nos ennemis à l'entrée de leur village, refusèrent d'abattre de leurs propres mains leur vieil *orme*, et demandèrent grâce pour lui à l'officier allemand, comte de Kospott (1). Le comte de Kospott ne les obligea pas à porter la cognée au pied de l'arbre, mais il refusa de le laisser debout. Un soir, vers 10 heures, afin de ne point être aperçu de Verdun, une escouade de soldats allemands monta à l'*orme*. Deux heures après le vieux géant jonchait au loin la terre de ses débris noueux.

« Il vous arrivera malheur, si vous faites abattre » notre orme », avaient dit les habitants au comte de Kospott. Le lendemain cet officier se brisait la jambe d'une chute de cheval, dans les rues de Haudainville. Coïncidence étrange; malheureuse pour M. de Kospott, qui consola peut-être les gens de Dugny de la chute de leur vieil *orme* et sembla réaliser leur pronostic menaçant (2).

(1) Ce comte de Kospott était, nous a-t-on dit, l'oncle d'un autre M. de Kospott, officier d'ordonnance du général de Gayl.
(2) L'Auteur tient ces détails des habitants de Dugny.

Fausses nouvelles.

Pendant ces jours agités il nous vint du dehors un vent de bonnes nouvelles qui fit tourner les esprits vers d'autres pensées, d'autres désirs. On hésite à rappeler aujourd'hui, et on relit avec amertume et tristesse ces assourdissantes dépêches, signées Jules Favre ou Gambetta, qui nous annonçaient des victoires impossibles, et desquelles nous avons déjà dit un mot. Des deux qui nous arrivèrent le 3 octobre, apportées par des messagers secrets, la première dépassait toutes les bornes du vraisemblable, mais la seconde après tout était croyable (1).

Leurs auteurs inconnus voulaient-ils se jouer de la France, et rire de nos malheurs en donnant cet aliment à l'impérieux besoin de nouvelles que nous éprouvions, et à notre légitime et pardonnable crédulité? S'il en est ainsi, de tels mensonges, coupables toujours, empruntaient alors aux circonstances un caractère de méchanceté railleuse et de cruauté morale que l'on ne peut assez flétrir. Ou bien n'avaient-ils d'autre but que de soutenir par l'es-

---

(1) La première, affichée, disait-on, à St-Quentin le 25 septembre, était conçue en ces termes :
« Fritz, prince royal tué avec 130,000 hommes !
» Jeudi, 60,000 hommes tués par le général Trochu à Versailles.
» Les Français ont pris 80 pièces de canons !
» L'armée du Midi, passant par Belfort, va rejoindre Bazaine.
» Canrobert, marchant à petites journées sur St-Dizier, prend les
» hommes valides et leur distribue des armes.
» Le corps de Frédéric-Charles retrouvé en putréfaction ! »
La seconde, affichée à Troyes, le 26 septembre, portait :
» 10,000 Prussiens tués, et 8,000 hors de combat.
» 30,000 Bavarois rendus prisonniers.
» Prince Frédéric-Charles disparu. Prince de Nassau tué par les
» francs-tireurs. Bismark blessé. »

pérance le courage des populations qui luttaient encore contre l'envahisseur? Galvanisaient-ils notre malheureuse Patrie, comme on galvanise un cadavre pour lui faire produire encore quelques mouvements convulsifs? Toujours est-il que ces dépêches triomphantes qui tombaient, on ne sait d'où, au milieu d'une polulation ardemment désireuse de les voir réalisées, nous faisaient dire, tout en reconnaissant leur incroyable exagération : « il doit y avoir » pourtant quelque chose de vrai ! » Et là-dessus nous nous reprenions à espérer pour quelques jours, pour quelques heures parfois, jusqu'au moment où l'illusion tombait devant quelque réalité écrasante !

Ces passagères lueurs d'espérance étaient pour nous ce qu'est, aux yeux, l'éclair dans la nuit sombre. Elle illumine un moment les objets, puis après, l'obscurité semble redevenir plus profonde. Nous n'avons pas été les seuls éblouis par ces rapides éclairs qui sillonnaient de temps à autre le noir ciel de notre France, pendant la nuit longue et terrible de ses désastres. A Metz, à Strasbourg, pour ne parler que des plus infortunés, on répandit, à trois ou quatre reprises différentes pendant le blocus ou le bombardement de ces villes, des nouvelles analogues, des bruits de délivrance et de victoire, qui faisaient tressaillir les cœurs, et qui le lendemain étaient démentis.

Aucun évènement militaire important ne marqua chez nous les journées qui suivirent celle du 2 octobre.

Le 3, une reconnaissance, formée d'infanterie et

de cavalerie, se porta vers Regret. L'ennemi avait abandonné ce village quelques jours auparavant : mais de sa batterie de Blamont il envoya plusieurs coups de canons sur nos soldats, et même sur Thierville, sans causer nulle part grand dommage.

<small>Nous occupons Regret et Thierville.</small>

Le 4, un détachement de la garnison vint occuper le village de Regret. Ce village, formé d'une seule rue bâtie sur la route qui mène en ligne droite à Clermont, et à Bar en bifurquant sur la gauche, ne me semble avoir aucune importance militaire à cause de sa situation dans l'étroite vallée de la Scance, au pied de coteaux élevés qui le dominent à droite et à gauche. Il ne nous était même pas possible d'inquiéter de là les nombreux convois ennemis qui, à 3 ou 4 kilomètres plus loin, venant de la route de Bar remontaient à Fromeréville. Cependant sa position nous était utile, d'abord parce que nous forcions de la sorte les assiégeants à reculer leurs lignes, et ensuite parce que nous pouvions y trouver quelques fourrages dont notre cavalerie commençait à avoir besoin.

Le 5, cent vingt hommes de la ligne et quelques turcos furent aussi cantonnés à Thierville. Thierville, à 3 kilomètres de Verdun dans la large vallée de la Meuse, était un avant-poste autrement important que Regret pour la défense de la place. De là, on pouvait surveiller facilement la ferme de Wamaux, celle de Villers, et même Charny qui est éloigné de 3 kilomètres et uniquement séparé par la prairie; de là aussi, on pouvait mettre entre deux feux les troupes ennemies qui s'aventureraient sur la côte dite *des*

Heyvaux, côte qui sépare Thierville de Regret et sur laquelle nous verrons plus tard les Allemands établir leurs batteries, quand ils auront repoussé nos troupes de ces deux villages.

L'occupation de Regret et de Thierville amena un échange continuel de coups de fusils entre nos avant-postes, et les patrouilles et vedettes prussiennes. Le jour même, où le second de ces villages fut occupé, on tirailla tout l'après-midi sur la côte des Heyvaux, et nos soldats s'emparèrent de la batterie de Blamont, d'où l'ennemi avait, dès la veille, précipitamment retiré ses canons. Mais ils ne songèrent pas à la détruire (1); ils arrachèrent seulement quelques gabions et fascines pour y faire un abri à un petit poste de cinq hommes qu'on y laissait pendant le jour.

C'étaient presqu'uniquement des hommes appartenant aux compagnies *franches*, ou bien les meilleurs tireurs de la ligne, que l'on portait ainsi aux avant-postes. Leurs balles gênaient, on ne saurait davantage, les cavaliers allemands chargés du rôle dangereux de vedettes, qui se trouvaient à portée de chassepot. Nos prudents ennemis remplacèrent alors sur les hauteurs leurs cavaliers, trop visibles en action, par des fantassins; et à ces fantassins on creusa en terre des trous dans lesquels ils s'abritaient pendant leurs heures de garde. Chacun de ces trous contenait quatre hommes. Le déblai, formant talus de notre côté, ne permettait pas même d'apercevoir

---

(1) « Les Français occupent la batterie de Blamont et ne la détruisent pas ! » Signé Bergère. — *Journal de l'Observatoire de la tour.*
M. Bergère était capitaine d'artillerie.

la pointe de leurs casques, à moins qu'ils ne levassent la tête pour inspecter les environs (1).

Le 6, chacun resta dans les positions prises ou conservées la veille au soir ; nos soldats couronnant les côtes de Blamont et Lombut, et, à quelques centaines de mètres en face, sur les hauteurs opposées, les Prussiens blottis dans leurs trous-abris.

<small>Les vendanges.</small>
En délogeant ainsi l'ennemi de Blamont et en occupant Regret et Thierville, nous avions donné aux habitants de ces villages la facilité de faire les vendanges et autres récoltes d'automne, ce qui jusqu'alors n'avait pu avoir lieu.

Mais il était beaucoup moins facile de travailler dans les champs et dans les vignes vers Belrupt et sur le flanc de la côte St-Michel. Plusieurs fois on essaya de faire les vendanges de ces deux côtés, et presque chaque fois, les vedettes allemandes, qui s'échelonnaient sur la hauteur, tirèrent sur les ouvriers, parmi lesquels il y eut un ou deux blessés. L'ennemi craignait-il que des soldats vinssent se mêler aux vendangeurs ? c'est possible. Alors on prit le parti de vendanger l'outil d'une main, et le fusil à portée de l'autre. Cela réussit : après quelques balles échangées, les vedettes remirent leurs fusils sous leur bras, et nos vendangeurs achevèrent tranquillement leur travail.

En cette année 1870, les vins de Verdun, paraît-il, sont d'assez bonne qualité, mais de petite quantité, car les soldats allemands avaient, depuis un mois, levé de fortes dîmes sur nos vignes.

(1) *Journal de l'Observatoire de la tour.*

— 145 —

Pendant l'une des nuits qui suivit l'occupation de Regret par les Français, les Prussiens essayèrent un retour offensif, mais fort inutile. Nous avions là cent vingt hommes dont soixante-huit mobiles de la 3e compagnie du 2e bataillon, enfants de Bar : le reste appartenait au 57e. Les deux capitaines étaient MM. F. Collin, de la mobile, Javey, du 57e. Sous leur énergique commandement nos soldats firent si bonne contenance, de 6 heures du soir à 10 heures 1/2, que l'ennemi, trois ou quatre fois plus nombreux, dut renoncer à l'attaque, après avoir perdu quelques hommes.

Le 7, l'Observatoire de la tour, interrogé sur ce qui se passait autour de la ville signale uniquement, l'incendie de la Grimoarderie (1), nos soldats sur les hauteurs de Blamont, et un poste ennemi de vingt hommes à la Violarderie, ferme isolée au-dessus de celle de Villers.

Le 8, le *Courrier de Verdun* occupe seul l'attention publique par les lettres, l'ORDRE et les avis qu'il publie.

ORDRE
et
avis divers.

D'abord, en tête de ses colonnes nous lisons avec un certain étonnement les lignes suivantes :

« M. le Général commandant supérieur a fait
» parvenir, à M. le Maire de Verdun, la lettre
» ci-dessous qu'il a reçue en réponse à celle qu'il
» a écrite pour demander des nouvelles de MM. Clé-
» ment, en le priant de vouloir bien la faire insérer
» dans le *Courrier de Verdun* :

(1) Cette ferme tire son nom d'un M. de Grimoard qui, il y a une centaine d'années, commandait l'artillerie à Verdun.

« Commandement des troupes de Son Excellence
» le lieutenant-général de Bothmer.

Devant Verdun (1), le 7 octobre 1870.
» *Au Général commandant supérieur de la for-*
» *teresse de Verdun :*
» Monsieur le baron Guérin de Waldersbach,
» à Verdun,
» Je ne manque pas de répondre à votre honorée
» lettre datée d'hier relativement à la défense que
» j'ai faite à MM. Clément, parents de M. La Ramée,
» de retourner à Verdun.
» Je regrette vivement de ne pouvoir, même à
» présent, accorder ce retour. »

J'ai l'honneur d'être.

DE BOTHMER,
Lieutenant-général.

Pour expliquer cette lettre, nous devons dire que MM. Clément, frères, étaient allés à Etain dans la famille de l'un d'eux, au commencement de septembre, et y avaient été, paraît-il, retenus prisonniers par l'autorité militaire allemande.

Venait ensuite l'ORDRE du Général citant les noms d'un certain nombre d'officiers, sous-officiers et soldats de la garnison, qui s'étaient fait remarquer en diverses affaires par leur dévouement et leur valeur. Parmi les cités à l'ORDRE se trouve un volontaire de la garde nationale, M. Ruch, cafetier, « qui a
» fait preuve d'une grande bravoure et a été blessé
» grièvement le 2 cotobre » (2).

(1) *Devant Verdun,* c'est-à-dire Eix, à 9 kilomètres de Verdun.
(2) Voir aux *pièces justificatives* n° 11 les noms des cités à l'ORDRE.

L'Ordre à son tour était suivi de plusieurs *avis* de la Mairie. Dans l'un, le Maire faisait un nouvel appel au patriotisme des habitants, leur demandant de prêter des paillasses, matelas et couvertures pour le couchage des soldats. Dans l'autre, il avertissait ses concitoyens qu'une boucherie de viande de cheval allait être immédiatement ouverte au Marché-Couvert. La viande devait être livrée à 60 cent. le kilogramme. Cette boucherie eut parmi nous un succès complet : nous trouvâmes la viande de cheval excellente. Avec à peu près un millier de chevaux que renfermait la place, avec toutes les autres provisions que nous avons indiquées, nous pouvions encore, tout bloqués que nous étions, aller plusieurs mois sans souffrir de la faim.

Cependant les hardis voyageurs, qui de loin en loin pouvaient encore, au péril de leur vie, pénétrer dans nos murailles, ou bien quelques espions interlopes, qui servaient probablement et nous et l'ennemi, nous racontaient : que la gare de Lérouville était encombrée de projectiles venant de Toul ; que des réquisitions d'hommes, de chevaux et de voitures étaient faites par les Allemands dans les campagnes voisines de St-Mihiel et de Commercy ; que, sur toutes les routes aboutissant à Verdun, on ne voyait que canons et soldats.

Ces vagues rumeurs nous inquiétaient bien un peu. Sachant que Toul avait capitulé, nous nous attendions à voir arriver bientôt sur Verdun, et les batteries allemandes qui avaient bombardé la vieille cité Leuquoise, et les grosses pièces de remparts qui

On réunit contre Verdun les canons de Toul et de Sedan.

après l'avoir défendue étaient tombées aux mains de l'ennemi. Or, cette perspective n'avait rien de rassurant.

Dès les premiers jours d'octobre, en effet, l'autorité militaire allemande avait requis près de mille chevaux, trois à quatre cents voitures avec leurs conducteurs, dans la vallée de la Meuse, depuis Dugny jusqu'au delà de Commercy, pour aller chercher à Toul les canons de tous calibres qui étaient sur les remparts de cette place, et les projectiles que renfermaient encore ses magasins.

Disons en passant que la manière dont ces réquisitions d'hommes, de chevaux et de voitures se faisaient, avait souvent quelque chose de dur.

Lorsque l'autorité militaire allemande prévenait à l'avance les Maires des communes, généralement on s'entendait dans le village afin que chaque cultivateur fut requis seulement à son tour : dans ce cas, il avait quelques heures pour se préparer à partir. Mais quand cet avertissement n'était point donné, les soldats ennemis, chargés de faire les réquisitions, allaient parfois chercher eux-mêmes le cultivateur dans les champs et à sa charrue qu'ils dételaient ; et, comme il fallait toujours partir tout de suite, on lui laissait à peine le temps de rentrer à sa maison pour prendre quelque nourriture, quelques vêtements, pour embrasser ses enfants et dire adieu à sa femme.

Les réquisitionnés pour Toul arrivèrent en cette ville dans les journées du 6 et du 7 octobre, y chargèrent des canons et des projectiles de toutes espèces, reprirent le chemin de Verdun, en longeant les côtes par Boucq et Gironville, traversèrent Saint-Mihiel le 8 et arrivèrent le 10 en vue de la place, du côté de Fromeréville, après avoir passé par Dugny, Landrecourt, Moulin-Brûlé et Frana.

Le *Journal de l'Observatoire de la tour* est curieux en ces jours, pour les échanges de questions et de réponses faites entre le quartier général et les guetteurs.

« 1 heure 15. — *Urgence au Général.* Un convoi
» de 40 voitures composé de pièces de gros calibre,
» caissons et fourgons monte la côte venant de
» Germonville. Escorte peu nombreuse.

» 1 heure 30. — De quel côté se dirige ce
» convoi ? »

« 1 heure 35. — Le convoi se dirige du côté de
» Varennes (1).

» 2 heures 35. — Un nouveau convoi, dont on ne
» voit pas la fin, composé de chariots lourdement
» chargés et attelés la plupart de huit chevaux,
» venant de Germonville se dirige vers Marre. Ce
» convoi parait lourdement chargé sous un petit
» volume. »

« 2 heures 40. — Un bataillon d'infanterie prus-
» sienne venant de la côte de Marre, se dirige sur
» la ferme de Bamont, » sans doute pour aller à la rencontre du convoi qui arrive.

« 3 heures 15. — *Urgence de la Citadelle.* Le
» commandant d'artillerie prie M. l'Observateur de

---

(1) Le préposé à l'Observatoire pouvait croire en effet que le convoi se dirigeait sur Varennes, car pour aller à Marre, on suit pendant quelque temps la route qui mène à cette ville.

» redoubler d'attention, surtout à la chute du jour
» et demain matin pour voir si les Prussiens ne
» construisent pas d'ouvrages. Rien à faire, convois
» hors de portée du canon. »

« 4 heures. — Un nouveau convoi se dirige sur
» Marre. Tous les convois passés jusqu'alors se diri-
» gent sur ce village » (1).

Ces observations, faites à la tour de la Cathédrale, demandent peut-être quelques détails topographiques pour être parfaitement comprises.

Marche des convois ennemis.

Fromeréville, où se rendaient par Frana les convois venant de Toul, se trouve à 7 kilomètres de Verdun, dans une étroite vallée qui débouche sur celle de la Meuse, non loin de Villers-les-Moines. Une montagne élevée, que nous appelons côte de Blamont sur un point, et côte de Lombut sur l'autre, cache aux regards de Verdun tout ce qui se passe dans cette vallée, où serpente une autre route agréablement tracée au bord d'un ruisseau. Cette route part de Fromeréville, traverse le hameau de Lombut, aboutit également sur la prairie de la Meuse, coupe la grande route de Varennes, l'emprunte pendant peut-être deux cents pas, la quitte à droite et se dirige sur Charny, en passant par Villers et en longeant presque continuellement le pied des hauteurs que nous désignerons sous le nom de côte de Marre, et qui, après s'être fortement aplaties, viennent finir près de la Meuse, au village de Charny. Derrière ces hauteurs,

---

(1) Seul, l'Auteur de la présente Histoire possède le *Journal de l'Observatoire de la tour*, que souvent déjà il a cité et citera encore. Il le doit à l'obligeance de M. Jules Denizet.

dont nous découvrons parfaitement de Verdun le pied, le flanc et les sommets, est situé le village de Marre, qu'une bonne route relie à Charny et qui en est à peine éloigné d'une heure de marche.

Les convois ennemis descendaient donc, nous le répétons encore, de Frana à Fromeréville, suivaient la vallée jusque vers Lombut, puis, pour ne point entrer dans celle de la Meuse où ils auraient pu être vus de nos remparts, ils tournaient à gauche, descendaient dans la petite vallée de Germonville, passaient près de Bamont, marchaient sous bois, atteignaient la route de Varennes un peu au-dessous du sommet de la côte à Grésil, montaient cette côte, quittaient la route un peu plus loin sur la droite, descendaient à Marre et de Marre allaient à Charny, devenu le quartier général des troupes allemandes autour de Verdun, depuis que le général de Gayl avait remplacé le général de Bothmer.

Or, pendant tout ce trajet nous ne pouvions, même de la tour de la Cathédrale, apercevoir les convois que sur un seul point ; c'était quand ils quittaient la petite vallée de Germonville près de Bamont, pour prendre la route de Varennes et grimper la côte à Grésil. Mais alors il ne fallait plus songer à leur envoyer des coups de canons, ils étaient trop éloignés de nos remparts, ainsi que le faisait observer à la Tour le commandant d'artillerie. La côte à Grésil est à plus de 6 kilomètres de Verdun.

Du reste, supposé qu'ils eussent été à portée, nous aurions eu, dans la circonstance présente, à regretter peut-être un jour ces coups de canons. Sans doute, en tirant sur les convois dont nous venons de parler, nous pouvions y causer quelque désordre, les gêner, les retarder de quelques heures. Mais un si mince résultat valait-il les terribles périls auxquels nous aurions exposé les conducteurs qui étaient nos concitoyens et nos frères, et qui pouvaient être tués?

Cependant ces longues colonnes de voitures, signalées par l'Observatoire, ne formaient qu'une partie de l'immense convoi venu de Toul. La moitié en était restée à Fromeréville et y avait déchargé les canons et les munitions qui devaient nous attaquer de ce côté. Le reste avait filé, comme il a été dit auparavant, sur Marre et sur Charny. A Charny, les voitures passèrent la Meuse au gué, car les eaux étaient basses, et allèrent fort avant dans la nuit, coucher à Bras et à Vacherauville, où arrivèrent presqu'au même moment, mais venant du côté opposé, d'autres canons et d'autres projectiles. C'étaient dix-huit pièces de remparts, prises à Sedan avec leurs munitions, que les Allemands traînaient contre nous, à grands renforts de chevaux requis dans le pays. Huit de ces pièces suivirent la vallée de la Meuse par Sivry et Consenvoye; les dix autres, quittant cette vallée à Dun, passèrent par Damvillers quoique ce ne fut point le chemin direct pour venir de Sedan à Verdun (1).

Ainsi, l'ennemi avait donné rendez-vous autour de nos murailles à une forte portion de la grosse artillerie qu'il avait trouvée dans les deux villes, les plus proches de la nôtre, desquelles déjà il était

(1) Renseignements recueillis à Sivry et à Damvillers.

maître, Sedan et Toul. Ainsi, nous allions être bombardés par des canons et des projectiles français.

Il n'est peut-être pas inutile de citer, à propos de l'arrivée des convois de Toul, quelques extraits d'une lettre écrite à la *Gazette de Cologne* (1) par un soldat de l'armée allemande. Cette lettre est datée de Landrecourt.

« Hier nous avions un temps splendide, aujourd'hui
» c'est un automne détestable. La mauvaise saison
» nous a surpris pendant la nuit pour mettre obs-
» tacle à nos travaux. Cependant un énorme convoi
» de lourde artillerie vient de passer venant de Toul.
» Il se compose de pièces de 24 et de mortiers
» destinés à *faire danser* la population renfermée
» dans Verdun. Venait après un chargement de
» grenades, de bombes et de barils de poudre tout
» neufs, sortant des fabriques françaises aussi bien
» que les canons; les hasards de la guerre les ont
» enlevés à leurs propriétaires pour les livrer aux
» vainqueurs.

» Le bombardement a été retardé de quelques
» jours; mais mercredi prochain, grosses et petites
» pièces de canon ouvriront leurs gueules enflammées
» pour lancer le feu sur ce Verdun si *opiniâtre* et
» pourtant si digne de pitié !

» Les habitants de ce village (Landrecourt) re-
» gardent, les uns avec tristesse, les autres avec
» colère, les colonnes qui passent devant nous. On
» n'entend pas dire que la ville de Verdun soit
» disposée à se rendre de sitôt. En effet, d'une part

(1) *Gazette de Cologne* du 15 au 20 octobre. Édition pour l'armée.

» on espère, dans ces contrées, que la guerre se
» terminera bientôt, et que, les hostilités ayant cessé,
» les communications avec Verdun se rétabliront
» bien vite ; d'autre part les gens du pays ne
» tarissent pas sur la puissance de la forteresse de
» Verdun, sur ses murs si solides, ses remparts
» garnis de canons et sa garnison qui s'élève au
» chiffre de 10,000 hommes. Ce sont sans doute
» des fables.

. . . .

» En ce moment la forteresse paraît avare de ses
» projectiles ; il ne paraît pas dès lors qu'elle soit
» bien pourvue de munitions.

» L'inondation, dans la partie Sud de la ville,
» avoisinant la Citadelle, s'augmente de plus en
» plus : les eaux s'étendent au loin.

» Vous avez sans doute appris que le général
» de Bothmer est nommé commandant de la 18ᵉ
» division, et que le major-général de Gayl est chargé
» du commandement des troupes cantonnées devant
» Verdun. Puissent ses travaux réussir ! Puisse-t-il
» accomplir avec succès la tâche qui lui incombe ! »

Attaquer et prendre notre ville, telle était donc cette tâche que le correspondant de la *Gazette de Cologne* désirait si fort voir menée à bonne fin. Bien moins que lui, il est vrai, nous connaissions ce qui se passait autour de nous. Cependant deux hardis voyageurs, venant d'Autrécourt, nous avaient donné quelques renseignements qui confirmaient ceux de l'Observatoire, et nous devions nous attendre à un rude et prochain bombardement.

Vers le 7 octobre, sur le désir manifesté par notre administration municipale, le général Guérin avait donné l'ordre aux habitants de Glorieux, Jardin-Fontaine, Regret, Thierville et Belleville, d'amener à Verdun les fourrages dont ils pouvaient disposer, ainsi que leurs troupeaux que l'on ferait paître sous la protection du canon de la place. Les faubourgs obéirent à l'autorité militaire ; mais les maires de Belleville et de Thierville, et leurs administrés, se souciant fort peu d'enfermer derrière nos murailles leurs troupeaux et leurs fourrages, retardèrent autant que possible l'exécution des ordres du Général. Celui-ci, devant les préparatifs ennemis, fit enjoindre aux Maires de ces deux villages d'avoir à exécuter immédiatement ses ordres : il leur accordait, comme dernier délai, jusqu'au 12 octobre. Le 11, Thierville et Belleville tombaient au pouvoir des Allemands !

Nul incident n'avait du reste marqué cette journée du 11. Le soir, les postes des portes avaient été doublés comme d'habitude ; les factionnaires sur les remparts se promenaient silencieusement l'œil et l'oreille au guet, échangeant par intervalles, au milieu du silence de la nuit, le cri de : « *Sentinelles prenez* » *garde à vous* » ! Cri, qui aux jours de guerre a quelque chose qui impressionne ceux qui l'entendent, et aussi sans doute ceux qui le poussent, car l'ennemi peut être là. La nuit était calme et un peu sombre, et les promeneurs circulaient dans les rues, devisant des choses présentes, quand tout à coup, vers 8 heures 1/2, une vive fusillade retentit du côté de la porte St-Victor : des balles viennent siffler à nos oreilles jusqu'aux alentours du pont Sainte-Croix.

Prise de Regret, de Thierville et de Belleville.

En moins de dix minutes, les soldats sont sous les armes, les artilleurs à leurs pièces, les gardes nationaux ont pris leurs fusils, et chacun au plus vite court à son poste de combat, afin de répondre à l'ennemi sur tous les points où il se pourra présenter.

C'est vers St-Victor cependant que se porte toute l'attention du moment. Deux compagnies allemandes, de Haudainville ou de Belrupt sans doute, étaient venues, en silence et dans l'ombre, se porter hardiment à 40 mètres du rempart, au bord des glacis et de la route qui descend vers la porte Chaussée. Du rempart, les factionnaires avaient envoyé quelques coups de fusils auxquels l'ennemi avait répondu sur le champ. Mais, aux premiers coups de feu, les soldats, qui étaient de garde au poste extérieur de la porte St-Victor (1), pris d'une folle peur, avaient lâchement abandonné ce poste, et étaient rentrés en ville par la poterne, malgré l'énergique résistance du sous-officier qui les commandait (2).

Mais déjà les artilleurs et quelques gardes nationaux se trouvaient sur le rempart, depuis le bastion derrière la rue des Minimes jusqu'à la porte St-Victor. Immédiatement ils ripostent, les uns à

(1) Nous avons précédemment parlé de la construction de ce corps de garde dans la place d'armes, en avant de la porte St-Victor, et nous avons dit qu'il était à l'épreuve de la balle et entouré de palissades.

(2) *Rapport du Commandant du génie.* — Nous possédons seul ce remarquable Rapport, et nous y avons puisé tous les *détails relatifs aux travaux de défense de la place*. Nous l'avons obtenu de la bienveillance des bureaux du Génie, par l'entremise de M. le lieutenant-colonel Boulangé que nous remercions.

coups de canons, les autres à coups de fusils. Les obus ou les boîtes à balles, jointes à la mousqueterie, durent causer des pertes sérieuses dans les rangs ennemis, car aussitôt les Allemands repassèrent de l'autre côté de la route, dans le fossé de laquelle ils cherchèrent un abri, ainsi que derrière les palissades en ruines et les arbres tombés des jardins. Ce mouvement de recul devait leur permettre de tirailler plus à l'aise, et, aussi sans doute, de disparaître plus facilement quand ils auraient obtenu le résultat de leur démonstration.

En effet cette attaque de St-Victor, comme nous nous en doutions, n'était qu'une alerte destinée à détourner notre attention du point où devait se faire la véritable attaque.

On se battait de ce côté depuis une demi-heure à peine, que tout-à-coup l'horizon s'illumine à Belleville, à Thierville, à Regret, et que nous entendons distinctement les détonations saccadées d'une violente fusillade.

Quelques compagnies d'infanterie, qui avaient été portées au pas de course vers St-Victor, rebroussèrent chemin et revinrent du côté de la porte de France. Il était beau de voir ces hommes courir, en rangs pressés et sans mot dire, vers le danger ; d'entendre dans le silence de la nuit leurs pas sonores frapper en cadence le pavé de la rue, leurs armes se heurter, pendant qu'au loin éclatait le bruit de la fusillade.

Que se passait-il donc autour de nous ?

A Regret, deux compagnies prussiennes avaient enlevé nos grand-gardes sans tirer un coup de feu et s'étaient précipitées sur le village en poussant des hurrahs formidables. Nous avions là cent soixante hommes du 57e. Surpris par cette brusque attaque, ils perdent la tête et ne songent ni à se réunir, ni à se défendre isolément dans les maisons. Presque tous jettent leurs fusils et reprennent en courant la route de Verdun. La plupart étaient des échappés de Sedan ! Au moment où ils arrivaient à la porte de France, le général Guérin et quelques officiers supérieurs en sortaient dans l'intention de se rendre compte de la situation. Leur présence n'arrêta pas les fuyards dont quelques-uns, interpellés sur ce qu'est devenu leur capitaine, répondent avec un cynisme qui méritait d'être châtié : « Il ne marchait pas assez vite ; » nous l'avons *lâché d'un cran!* » (1)

En effet le capitaine Marduel ne marchait pas aussi vite, car il avait une vieille blessure à la jambe, mais il combattait mieux. Aidé de son sous-lieutenant, le jeune Phélix, de Verdun, il appelle à lui les sous-officiers, au nombre de six, qui vainement avaient essayé de rallier leurs hommes; un clairon se joint à eux; et tous, le fusil à la main, ils font face à l'ennemi. L'ennemi, ignorant sans doute leur petit nombre, s'arrête devant cette résistance héroïque; et nos neuf braves rejoignent lentement la place, poursuivis pendant quelques centaines de mètres par des coups de fusils auxquels, tout en reculant, ils répondent aussi longtemps que possible.

A Thierville, même négligence à se garder, même surprise, même résultat. La veille ou l'avant-veille,

(1) Récit d'un témoin.

on avait remplacé par une compagnie de mobiles (1), les soldats de la ligne qui avaient d'abord séjourné dans ce village. Pendant la journée, deux femmes d'origine allemande et de mœurs publiquement mauvaises (2), étaient sorties de Verdun et s'en étaient allées à Villers-les-Moines prévenir le poste prussien qu'il n'y avait à Thierville que des mobiles.

Ceux-ci étaient, comme à peu près tous, commandés par des officiers, étrangers à la vie du soldat en campagne et ignorant les mesures de précautions qu'une troupe d'avant-poste doit prendre devant l'ennemi. Aussi avaient-ils négligé, du moins c'est ce qu'affirmaient les gens de Thierville, de placer des grand-gardes du côté de l'ennemi. Seulement un poste de huit à dix hommes, avec le factionnaire à trois pas, était établi à chaque extrémité de l'unique rue du village et devait surveiller la route de Varennes, et le chemin qui va à Charny par la prairie.

Du reste la campagne leur paraissait calme et silencieuse. Les officiers dînaient chez un cultivateur ; et les mobiles, logés chez les habitants, heureux de se retrouver auprès d'un foyer, parlaient sans doute, avec leurs hôtes, de leurs familles absentes, du village natal et de ses joies brusquement échangées contre les ennuis de la garnison et les dangers de la guerre.

Tout-à-coup, un immense hurrah, des clameurs

---

(1) La 2ᵉ du 2ᵉ bataillon. Cette compagnie était composée des jeunes gens du canton de Gondrecourt.

(2) Ces femmes de rien, et qui ont été connues, ne furent pas punies. Elles sont peut-être encore aujourd'hui à Verdun.

effrayantes mille fois répétées, auxquels se mêle le bruit des coups de fusils, semblent envelopper le village tout entier. C'étaient encore les Prussiens.

La plaine, qui sépare Thierville de Charny et de la côte de Marre, n'a au loin ni un buisson, ni un arbre, ni le moindre creu qui puissent cacher la marche d'une troupe. Aussi les trois colonnes allemandes destinées à l'attaque, et fortes à peu près de cent cinquante hommes chacune, ayant quitté Charny dans l'après-midi, s'étaient avancées presqu'en rempant à terre, lentement mais sûrement et avec des précautions inouïes. Déjà elles touchaient, l'une, aux murs des jardins vers le milieu du village dans sa longueur, les deux autres, à chaque extrémité, aux postes des mobiles, que pas un cri de : « *qui vive ?* » n'était encore venu les inquiéter.

En un clin-d'œil, nos postes sont enveloppés, désarmés et faits prisonniers, puis les trois colonnes ennemies, poussant leurs cris de guerre, se précipitent en même temps dans le village, sur trois points différents. Une vingtaine de mobiles et un soldat du 80e, qui se trouvaient dans les rues, cherchent à se réunir et veulent se défendre : de braves jeunes gens du village s'arment aussi de tout ce qui leur tombe sous la main pour repousser l'envahisseur. Vains efforts : le soldat du 80e est tué; un des mobiles, blessé à mort, expire quelques instants après (1), ainsi que l'un des jeunes gens qui

---

(1) Le soldat du 80e et le mobile sont enterrés dans le cimetière de Thierville. On ne connait pas à Thierville le nom de ce mobile; il est étrange que sa famille l'ait abandonné dans ce village sans un souvenir.

avaient couru aux armes (1). Quelques femmes même sont blessées dans le tumulte.

Les officiers de la mobile avaient eu à peine le temps de tirer leur sabre et de descendre dans la rue, que déjà ils étaient enveloppés et faits prisonniers. La défense devenait impossible de la part de jeunes soldats surpris, débandés et sans commandement. Quelques minutes après, ils s'échappaient presque tous par les jardins qui, touchant aux maisons, ouvrent sur les champs du côté de Verdun, et regagnaient la place tout hors d'haleine et sans armes.

La surprise de Thierville ne coûta aux Allemands que deux ou trois hommes hors de combat; à nous, elle coûta, outre les trois morts dont nous avons parlé, trois officiers et dix-sept mobiles qui furent emmenés prisonniers à Charny.

Nos fuyards rentraient encore en ville que l'une des compagnies *franches* sortait au pas de course, et arrivait à deux ou trois cents mètres du village, sur le point de rencontrer la portion des troupes allemandes qui avait poursuivi les mobiles. Mais, à l'allure des nouveaux arrivants, l'ennemi reconnut bientôt que ce n'étaient plus les mobiles qu'il avait en face, et revint au plus vite s'embusquer derrière les murailles des jardins de Thierville. Quelques pierres enlevées à la hâte improvisèrent des créneaux et des meurtrières, et, de cet abri, les Allemands accueillirent nos soldats à coups de fusils. On tiraille de part et d'autre pendant une demi-heure sans aucun

(1) Ce jeune homme de Thierville se nommait Emile Sirajacques.

résultat. La compagnie *franche* eut bien volontiers marché en avant, et attaqué les jardins et le village, mais on ne connaissait pas le nombre des ennemis, il faisait nuit noire, et l'on pouvait tomber dans une embuscade. Le commandant fit sonner le ralliement et les Volontaires reprirent à leur tour le chemin de Verdun sans être poursuivis (1).

A l'heure où Thierville et Regret étaient enlevés, l'ennemi descendait aussi dans le village de Belleville dont la plupart des habitants étaient déjà endormis, car ils n'avaient pas de soldats français à leur foyer. Un poste de vingt gardes nationaux gardait seul le village. À la vue des Prussiens, dix fois plus nombreux, les gardes nationaux, abandonnant leur corps de garde et leurs fusils, se sauvent chez eux. Que pouvaient-ils faire de mieux? Un seul, un brave vigneron, voulut résister et reçut sept coups de baïonnettes (2). Cette surprise nocturne, le bruit des armes, les cris des envahisseurs, leur brusque entrée dans les maisons, font perdre la tête à quelques femmes, qui, affolées de terreur, les vêtements en désordre, accourent à Verdun, et viennent frapper à la porte en criant au secours! Elles sortaient d'un danger pour en braver un autre : de loin on les prit un instant pour des soldats ennemis, et les soldats du bastion de la porte Chaussée leur envoyèrent quelques balles, qui par bonheur ne portèrent pas.

Pendant que ces tristes évènements se passaient

(1) L'Auteur a recueillis tous ces détails près des habitants de Thierville.

(2) Eugène Paquin mort des suites de ses blessures.

autour de notre ville, une foule considérable et anxieuse stationnait, à l'intérieur, devant la porte de France. La vue de nos soldats, dont un grand nombre était sans armes, rentrant à la débandade produisit sur elle une profonde et très-pénible impression. Pourquoi ne se sont-ils pas battus ? On serait allé à leur secours ? Telle était la question que nous nous posions presqu'avec colère.

Cette soirée du 11 octobre eut pour résultat de nous enlever les trois seuls villages avec lesquels, depuis un mois, nous conservions encore quelques relations. Le lendemain matin nous vîmes un poste allemand placé au *Pont-des-Gendarmes*, à proximité du champ de manœuvres, et un autre sous la voûte formée par le chemin de fer, au-dessus de la route, à la Galavaude ; tous deux à demi portée de chassepot. Nous ne pouvions plus dès lors faire trois pas hors de la ville sans nous exposer à recevoir une balle : aussi les portes se fermèrent-elles pour plusieurs jours sur les habitants.

La journée du 12 fut à Verdun d'un calme absolu, mais lourd et triste pour nous, comme l'est pour la nature le calme qui précède les orages. En effet tout paraissait tranquille autour de nous : nous entendîmes à peine un ou deux coups de canons ; on ménageait les projectiles. L'Observatoire de la tour lui-même, ne prit, ce jour-là, aucune note, ni sur les mouvements de l'ennemi, ni sur ses travaux d'attaque. A la veille du formidable bombardement qu'ils allaient diriger contre nous, les Prussiens, afin de ne pas nous donner l'alarme, n'avaient-ils donc pas encore remué une seule pelletée de terre sur les emplacements, où, le lendemain à l'aurore, quatorze batteries devaient être dressées?

Le soir, vers 7 heures 1/2, ils étaient en nombreuses colonnes sur la côte St-Michel, travaillant à ces batteries, et y faisant travailler les gens de nos campagnes, « quand ils entendirent le bruit des
» tambours et des clairons qui battaient et sonnaient
» la retraite dans Verdun. Des soldats se mirent
» alors à fredonner à mi-voix et en riant les fanfares
» françaises, que le silence de la nuit laissait distinctement arriver jusqu'à eux; puis se montrant
» du doigt le point de l'horizon d'où elles partaient,
» ils semblaient se dire les uns aux autres, que
» bientôt allait jouer, pour les Verdunois, une autre
» musique. Une heure ou une heure et demie après
» ce bruit, ce fut le bruit d'une fusillade qui retentit
» du côté de Verdun : les Prussiens, en l'entendant,
» se mirent à pousser des hurrahs et à battre des
» mains, comme s'ils criaient bravo! bravo!

» Mais tout-à-coup un obus envoyé de la place,
» qui vint tomber et éclater au milieu d'eux coupa
» court aux applaudissements. Un second et un troisième qui suivirent de près, les font tous se
» coucher à terre : on aurait dit une volée de
» perdrix qui se rase dans un champ labouré, quand
» un épervier passe au-dessus d'elle. Mais bientôt
» les obus de Verdun devinrent si fréquents que les
» Prussiens coururent chercher un abri, plus loin,
» dans des bois qui se trouvaient à gauche (1). »

(1) Récit d'un témoin oculaire requis pour conduire les canons et les projectiles ennemis sur la côte St-Michel.

Cette fusillade, entendue de la côte St-Michel, avait lieu au pied de nos remparts, en avant de Glorieux et de Jardin-Fontaine que les Allemands venaient d'attaquer.

<small>Les Prussiens occupent Glorieux et Jardin-Fontaine.</small>

Le faubourg de Glorieux se trouve à 400 mètres à peine des glacis de la Citadelle, à l'entrée de la vallée de la Scance. Ses deux rues parallèles sont formées, l'une par l'ancienne route de Clermont à Paris, et l'autre par la nouvelle route de Bar et Clermont, qui passe par Regret et Baleycourt.

Jardin-Fontaine, sur la route de Varennes, est tout à fait en face, et à un demi kilomètre au plus de la porte de France.

La possession de ces deux faubourgs près de nos murailles, devait donner des avant-postes à l'ennemi, déjà maître de Regret et de Thierville, et lui offrir des abris pour ses soldats et ses mortiers, dans l'attaque projetée du lendemain.

Aussi, deux compagnies, qui la veille avaient servi de réserves à celles qui s'étaient emparées de Regret (1), reçurent l'ordre dans la soirée d'enlever Glorieux, tandis que les troupes maîtresses de Thierville pénétraient dans Jardin-Fontaine. Nous n'avions pas un soldat dans ces deux faubourgs. L'occupation de Jardin-Fontaine fut accomplie sans la moindre difficulté. Celle de Glorieux, se fit presqu'aussi facilement comme l'indique une lettre trouvée quelques jours après sur un sous-officier prussien :

« La 10ᵉ compagnie prend la droite de la route,

---

(1) C'étaient les 11ᵉ et 12ᵉ compagnies du régiment d'infanterie n° 65 qui avaient pris Regret.

» écrivait-il, et la 9ᵉ la gauche. Nous marchions
» dans les terres labourées à droite de la route qui
» conduit à Verdun, et nous arrivâmes jusqu'au
» village, sans rencontrer l'ennemi.

» La colonne de tirailleurs court aussi vite que
» possible vers la sortie du village et y arrive sans
» avoir tiré un coup de fusil. »

Quelques jeunes gens de Glorieux cependant voulurent se défendre dans la maison de campagne des séminaires qui est entourée, de deux côtés, par un ruisseau, et, des deux autres, par un mur de clôture. Une colonne prussienne, commandée par un lieutenant, nommé Finck, y pénètre et en « occupe
» l'Eglise où trois francs-tireurs s'étaient embusqués
» pour tirer sur nous, » continue la lettre précitée.

Mais les francs-tireurs échappent aux perquisitions des Allemands « qui visitent la maison d'une chambre
» à l'autre, et du haut en bas. »

« Cependant les coups de feu continuaient toujours
» sur le sous-officier Brand avec sa patrouille. Une
» seconde perquisition a lieu, et ne produit pas plus
» de résultat que la première. Alors nous attendons
» qu'on tire sur nous. Deux coups de fusils partent
» d'une porte ouverte ; la section s'élance vers cette
» porte, et moi je poste huit hommes autour de la
» maison, pour faire prisonniers les francs-tireurs.

» La porte qui avait été refermée fut enfoncée à
» coups de crosses, et aux cris de hurrah ! Nous
» entrons, mais malheureusement les francs-tireurs
» n'y étaient plus : ils avaient seulement laissé six
» fusils et deux pistolets, lesquels pistolets nous

» portons, moi et mon lieutenant, comme sou-
» venir » (1).

Maîtres de Glorieux et de Regret, les Allemands eurent alors la fantaisie de pousser une pointe jusqu'aux glacis de nos remparts : mais, mal leur en prit. La ligne, la garde nationale, la mobile, des volontaires même avec leurs fusils de chasse, tout le monde était aux remparts, car les quelques coups de feu tirés à Glorieux nous avaient donné l'éveil. On laissa l'ennemi approcher autant qu'il le voulut ; puis, lorsque ses nombreux tirailleurs furent à petite portée, on les couvrit d'une grêle de balles. Bientôt, à la mousqueterie le canon vint mêler sa grosse voix. Nos artilleurs, comme nos soldats, prenant pour point de mire la lueur des coups de fusils tirés par les soldats ennemis, leur envoyèrent une trentaine d'obus à balles (2) qui firent au milieu d'eux les plus terribles ravages, tellement, qu'au dire d'un de leurs officiers, ils crurent que nous avions des mitrailleuses sur nos remparts.

Aussi battirent-ils bientôt en retraite, se cachant, comme ils le pouvaient, derrière les gros arbres qui bordent les deux côtés de la route depuis la porte de France jusqu'à Jardin-Fontaine.

Ils ramenèrent avec eux, à Thierville, un nombre considérable de morts et de blessés. Leurs morts, et une partie de leurs blessés, chargés sur plusieurs voitures, furent dirigés, la nuit même, du côté de Varennes. Dix-sept autres blessés, sans doute les

(1) *Courrier de Verdun* du 21 octobre 1870.
(2) Un obus à balles renferme de 80 à 100 balles.

plus grièvement, furent déposés dans l'ambulance qu'ils avaient improvisée à Thierville : l'un d'eux y mourut quelques heures après (1).

Chez nous, les pertes avaient été nulles. Les balles des Allemands, passant par dessus les sacs à terre qui, sur le parapet du rempart, garantissaient la tête de nos tireurs, mouchetèrent seulement quelques maisons et brisèrent quelques tuiles à leur toiture.

Dans ce dernier épisode de l'attaque de nos faubourgs, nos ennemis firent preuve de courage, mais aussi d'imprudente témérité.

L'alerte que nous venions de subir n'était pas faite pour rassurer la population de Verdun. Cette fois l'ennemi était bien définitivement à nos portes! Malgré l'absolu silence qui succéda, vers 10 heures 1/2, au bruit du combat, des postes d'artilleurs de la garde nationale, de la ligne et de la mobile couchèrent sur la paille, auprès de leurs pièces. En ville, beaucoup de gens, qui couchèrent dans leur lit, dormirent mal.

Les Allemands, de leur côté, passèrent aussi la nuit autour de leurs batteries pour en achever les travaux, et en garnir de canons les nombreuses embrasures. Mais, avant de raconter la furieuse attaque qu'ils nous réservaient pour le lendemain matin, disons quels préparatifs ils avaient faits de longue date, et quelle position occupaient leurs batteries autour de Verdun.

Les deux points sur lesquels les Allemands avaient

(1) Cette ambulance était placée chez M. A. Ledard, dans l'ancienne maison Mozon, sur la route.

concentré leur matériel de guerre, sous Verdun, étaient Bras et Fromeréville.

Bras, dont nous avons déjà souvent parlé, est un beau village, à 7 kilomètres de Verdun, traversé dans toute sa longueur par la route qui mène, en bifurquant à Vacherauville, soit à Montmédy par Damvillers, soit à Sedan par Stenay. Sa position au bord de la Meuse, en un point où la vallée est très large et nullement boisée, y garantissait nos ennemis de toute surprise de la part de la ville assiégée, déjà du reste fort éloignée. D'autre part, des ponts volants, un gué et le bac ordinaire les mettaient en faciles relations avec Charny, leur quartier général. En quinze minutes, un cavalier pouvait aller et venir d'un village à l'autre.

Préparatifs du bombardement à Bras et à Fromeréville.

Aussi, les Allemands avaient-ils fait de Bras un centre d'approvisionnements de toutes sortes. Les réquisitions levées dans les villages des environs y étaient amenées : on y avait emmagasiné des blés, des farines, de l'avoine, des foins. Un troupeau, allant quelquefois à deux cents têtes de bétail, fournissait continuellement des viandes fraîches à leurs soldats. Des milliers de pioches, pelles, hoyaux et autres outils destinés à remuer la terre, y étaient réunis. Des quantités énormes de gabions (1), des monceaux de fascines étaient empilés en avant du village, près du Petit-Bras. Depuis plusieurs semaines les Allemands coupaient, dans les bois voisins de

(1) Le gabion est une espèce de panier rond, large, haut et rempli de terre, que l'on pose de chaque côté des embrasures pour garantir les artilleurs à leurs pièces et soutenir les terres.

Fleury, les brins et petits arbres dont ils avaient besoin, et les tressaient ou les fagotaient à loisir. Cela me rappelle que certains habitants de Verdun ayant appris, par quelques rodeurs, qu'on entendait dans la forêt le bruit des coups de haches et de cerpes, en avaient conclu que les Prussiens faisaient des échelles pour monter à l'assaut de nos murailles !

Enfin, le 10 et le 11 octobre, Bras était devenu un véritable parc d'artillerie. Outre leurs propres canons que les Allemands y avaient amenés pendant le mois de septembre, il y arriva ces jours là, comme nous l'avons déjà indiqué, de nombreux canons de Toul et de Sedan. De Toul, vinrent cinq pièces de 24 et quatre énormes mortiers; de Sedan, vinrent dix-huit pièces dont six ou sept de 24, et le reste de 12. Ces pièces étaient, on s'en souvient, d'origine française.

Pour alimenter un si grand nombre de bouches à feu, et pour les alimenter sans relache pendant deux jours et demi, comme cela fut fait, il fallait d'immenses munitions de guerre. Aussi, des centaines de chariots, requis dans nos campagnes, et chargés de bombes et d'obus, de nombreux caissons et fourgons militaires, la plupart provenant de nos armées, stationnaient non loin de l'artillerie.

Ajoutons que pour soulager autant que possible les souffrances du soldat, et panser les blessures du champ de bataille, deux ambulances avaient été établies; l'une dans la maison d'école des filles, et l'autre à la gendarmerie. Il y avait même dans un autre bâtiment une salle pour les amputations.

A Bras se trouvait encore, dans l'une des salles de la gendarmerie, le bureau du télégraphe prussien. Ce télégraphe, venant d'Etain, passait par Fleury, se dirigeait sur Charny et Marre pour se relier plus loin, sans nul doute, à une ligne télégraphique allant sur Versailles. Les habitants de Bras avaient été requis pour aller couper des sapins au bois Lemoine, entre ce village et Vacherauville, afin d'en faire des poteaux. Puis, ces sapins se trouvant trop courts, ils avaient dû couper les jeunes et grands arbres qui bordaient la route jusqu'à Belleville (1).

Pendant toute la journée du 12, une activité extrême régna dans Bras; tous les chariots de réquisitions, tous les caissons et les fourgons furent dirigés sur la côte St-Michel, conduisant des canons, des obus, des bombes, des gabions, des fascines, des rails de chemin de fer, et tous les outils nécessaires pour creuser et remuer la terre. Les voituriers français furent eux-mêmes forcés d'aider à ces préparatifs qui devaient avoir un résultat si terrible pour notre ville (2).

Quand la nuit fut venue, les Prussiens employèrent trois ou quatre cents hommes à établir leurs batteries, dont l'emplacement avait été déterminé à l'avance, et où ils avaient, sans doute, fait déjà quelques travaux préliminaires à l'insu de nos guet-

(1) Renseignements recueillis à Bras.
(2) En général, dans les villages où passaient les convoyeurs français au service des Prussiens, ils étaient accueillis avec bonté. Cependant à Bras un de ces convoyeurs, aussi honorable que qui que ce soit, mouillé jusqu'aux os, se vit refuser, chez un riche habitant, une place au foyer de la cuisine, auprès duquel il désirait faire sécher ses vêtements.

teurs de la Tour. On creusa des fossés, on éleva des épaulements, on ouvrit des embrasures, on posa les gabions et autres fascinages, on confectionna des abris avec des rails, avec des rails aussi on blinda quelques pièces (1), on fit des magasins à projectiles, enfin on amena les canons et on les mit en batteries. Le lendemain, à 6 heures moins 1/4 du matin, les travaux étaient achevés, les batteries armées et les canonniers à leurs pièces.

Fromeréville était sur la rive gauche de la Meuse ce que Bras était sur la rive droite, c'est-à-dire quelque chose comme un centre d'opération pour les Prussiens.

Ce village est situé, nous l'avons déjà dit, au fond de l'étroite vallée qui débouche sur celle de la Meuse, presqu'en face de Charny. Son territoire, sur le flanc des côtes qui l'entourent, n'est ni riche ni fertile; aussi, les habitants furent-ils grandement endommagés par l'occupation allemande et surtout par le passage d'une partie de l'armée du Prince royal, venant du côté de Bar et allant sur Sedan, par Varennes.

A partir du 23 septembre, Fromeréville reçoit une garnison allemande qui varie de six cents hommes à quinze cents. Cette garnison comprend, outre l'infanterie qui appartenait au 65e de ligne prussien, quelques pièces d'artillerie et un escadron de hussards. Leur premier soin est de créneler les maisons du village qui sont du côté de Verdun.

Quinze jours après notre bombardement du 26

(1) Ces rails avaient tous été enlevés dans le tunnel de Tavannes.

septembre, arrivèrent à Fromeréville les trois à
quatre cents voitures amenant de Toul les engins
de guerre que nous savons. Celles qui n'allèrent pas
à Bras furent rejointes, presqu'à heure fixe, par un
autre convoi de deux cents voitures venant de
Sedan par Béthelainville et sans doute aussi par
Montfaucon.

Pendant trois jours, le 10, le 11 et le 12 octobre,
chaque soir, vers le coucher du soleil, les convoyeurs,
tous français, réunis sur la place du village, mirent
les chevaux aux voitures chargées de canons, de
boulets, de gabions, de pioches; et, sous l'escorte
de soldats ennemis, gravissant péniblement les côtes
qui entourent Fromeréville, les conduisirent sur les
terrains de Blamont, des Heyvaux, de St-Barthelemy
et jusque dans Glorieux. Arrivés là, ils déchargeaient
le matériel, cachés par les ténèbres aux regards de
nos artilleurs (1).

Pendant la nuit du 12, une vingtaine d'hommes
du village furent requis pour aider les Allemands à
construire leurs batteries, qui, là aussi, furent
prêtes le 13, à 6 heures moins 1/4 du matin.

Maintenant, que nous connaissons les préparatifs
des Allemands en vue de l'attaque qui devait avoir
lieu, au jour et à l'heure que nous venons de dire,
il nous faut indiquer exactement le nombre et la
situation de leurs battteries sur les terrains déjà

(1) Beaucoup de chevaux et un grand nombre de voitures furent
abandonnés dans Fromeréville par les convoyeurs, qui s'échappèrent
pendant ces jours aux mains des Allemands.

L'auteur doit tous ces détails à l'obligeance de M. Mestier, instituteur
à Fromeréville.

Situation et nombre des batteries allemandes autour de Verdun :

à la côte St-Michel.

nommés, c'est-à-dire à la côte St-Michel, à la Fontaine du Roi de Prusse, à Blamont, aux Heyvaux, à la côte St-Barthélemy, et dans le faubourg de Glorieux.

La côte St-Michel fait face à Verdun du côté du Nord-Est sur une longueur d'au moins un kilomètre. Elle domine complètement la ville, et son sommet, à sa plus grande distance, n'est pas éloigné de nos remparts de plus de 2,500 mètres (1). Elle forme comme un rameau de la chaîne de montagnes qui défend la rive droite de la vallée de la Meuse.

Le point par lequel elle se soude à cette chaîne vers Tavannes, à l'Est, entre Eix et Damloup, est accidenté de ravins et couvert de bois. Ces bois, interrompus seulement par le chemin de Fleury et par les quelques terres cultivées qui le bordent, se prolongent sur le sommet de la côte jusque vis-à-vis Verdun, et finissent, à 2,200 mètres de la place, par un bois de sapins qui a rendu de grands services à nos ennemis (2). A partir de ce bois jusqu'au bord de la Meuse, à Wamaux, où elle vient s'annihiler en s'abaissant insensiblement, la côte St-Michel est tout entière en culture ou en vignoble. La route de Sedan la coupe dans sa largeur au sortir de Belleville. Un chemin solide et parfaitement empierré, venant de Fleury et regagnant cette route, règne sur son sommet dans toute sa longueur : de nos

---

(1) Maison Pêtre, 2,400 mètres. Chapelle de Mme Fossée, 2,000 m. Bois de M. Hennequin, 2,200 m. — *Distance pour l'artillerie.*

(2) Bois de M. Hennequin. La maison, attenant à ce bois, qui servait de poste aux Prussiens, fut brûlée le 4 octobre par deux individus de Verdun qui crurent faire acte de patriotisme en allant y mettre le feu.

remparts on ne peut voir ce qui passe sur ce chemin, aussi a-t-il été grandement fréquenté par les soldats allemands.

En 1792, les Prussiens avaient déjà trouvé cet emplacement fort commode pour bombarder Verdun. En 1870, leurs petits-fils y établirent six batteries dans le même but.

La 1re batterie se trouvait à peu près à 100 mètres du bois Hennequin ; elle était armée de six pièces et obliquait un peu à droite afin de pouvoir diriger à volonté son feu sur la ville basse et sur la ville haute.

La 2e, aussi armée de six pièces, était à 50 mètres de la précédente.

A 200 mètres plus loin, un peu en arrière, une batterie de quatre mortiers sans embrasures.

A 150 mètres des mortiers, mais en remontant vers la crête de la côte, quatre pièces de 24 formaient la 4e batterie.

La 5e, aussi de quatre pièces de 24, était à 50 mètres plus loin et séparée par une distance pareille de la 6e et dernière, la plus rapprochée de Belleville, qui comptait six pièces prussiennes, c'est-à-dire se chargeant par la culasse (1). Ces deux dernières batteries étaient destinées par leur position à attaquer la Citadelle.

Ces six batteries, ayant des magasins à poudre et à projectiles creusés à quelque distance en arrière, étaient placées sur une seule ligne parallèle au

(1) Voir, pour la position des batteries, le plan de Verdun et des environs, joint au présent ouvrage.

chemin qui règne sur le sommet de la côte et duquel nous avons parlé. Ce chemin, distant de 20 à 60 mètres, devait être d'une grande utilité pour le service, quoique cependant il fut devant la gueule des canons.

Dans chaque batterie, entre chaque pièce, des rails de chemin de fer serrés l'un contre l'autre, recouverts d'une forte épaisseur de terre, et appuyés d'un bout sur la crête intérieure du parapet de la batterie, et de l'autre bout touchant à plat terrain, formaient une voûte presqu'impénétrable sous laquelle les hommes aux pièces trouvaient un abri contre nos boulets. Pour se donner plus d'espace ils avaient creusé et déblayé le dessous de ces voûtes à une assez grande profondeur. La première de ces batteries, celle proche du bois Hennequin, était blindée, c'est-à-dire que les embrasures elles-mêmes étaient recouvertes de rails et de terre.

à la Fontaine du Roi de Prusse.

Nous avons dit précédemment que pour le bombardement du 26 septembre, les Prussiens avaient construit deux petites batteries à la Fontaine du Roi de Prusse, sur le flanc d'une montagne derrière la côte St-Michel, au moins à 4,000 mètres de la place (1).

(1) Le *Courrier de Verdun*, en rendant compte de l'attaque du 26 septembre, ne pouvait, dès le lendemain, connaître l'existence d'une batterie à la *Fontaine du Roi de Prusse*. Il a cru, d'après les premiers dires, à l'établissement de batteries allemandes sur la côte St-Michel et à Montgrignon. Ceux qui depuis ont suivi les renseignements du *Courrier* ont commis la même erreur.

Au bombardement du 26 septembre, les Allemands n'avaient aucune batterie ni à Montgrignon, ni à la côte St-Michel, ni à la Grimoarderie (Grimoirie).

— 177 —

Cette double batterie avait été réarmée de quatre pièces prussiennes pour le bombardement du 13 octobre, et tirait sur nous par dessus la côte Saint-Michel (1).

Sur la rive gauche de la Meuse, une première batterie était placée à Blamont. De celle-là, comme de celle placée à la Fontaine du Roi de Prusse, nous avons parlé à propos de l'attaque du 26 septembre. Armée de six canons prussiens, ses obus passaient par dessus les batteries de la côte des Heyvaux.   à Blamont.

La côte des Heyvaux, qu'on appelle aussi, je crois, les *Fins-de-Thierville*, sépare la vallée de la Scance de celle de la Meuse, et le village de Regret de celui de Thierville. Elle commence par un léger renflement de terrain entre Glorieux et Jardin-Fontaine, à quelques cents mètres de la Citadelle, et va, en s'élevant insensiblement vers l'Ouest, se rattacher à la côte de Blamont qui est beaucoup plus haute, et de laquelle elle forme comme un rameau poussé dans la direction de Verdun.   à la côte des Heyvaux.

Dans sa partie la plus proche de Verdun, la côte des Heyvaux est plantée, sur ses flancs et sur sa crête, de jardins touffus, de haies, de vignes et de maisonnettes qui offraient aux patrouilles et aux vedettes ennemies d'excellentes retraites pour surveiller, sans être vues, tout ce qui se passait jusque sur les talus et dans les embrasures de nos remparts.

Là où les plantations et les jardins finissent sur

(1) Le *Journal de l'Observatoire de la tour*, seul, nous donne ce renseignement — « Fontaine du Roi de Prusse, quatre pièces. » — Le 13, nos artilleurs ne pouvaient se douter que cette batterie tirât sur eux.

le plateau de la côte, c'est-à-dire à 2,000 mètres à peu près de la place; sur un terrain uni et facile à creuser ; à quelques pas d'un chemin qui se dirige vers Blamont, se trouvaient les deux batteries allemandes, armées chacune de six pièces (1) et construites comme toutes les autres dans les meilleures conditions possibles de solidité et d'abri. Ces deux batteries avaient pour objectif la Citadelle, mais leurs boulets pouvaient parfaitement dépasser ce but et venir tomber à droite et à gauche sur la ville.

<small>à la côte St-Barthélemy.</small>

De presque tous les bastions de la Citadelle et même de la ville on découvrait les batteries de Blamont et des Heyvaux, mais celle construite à la côte St-Barthelemy n'était visible que d'un seul bastion de la Citadelle. Cette côte de St-Barthelemy est parallèle à celle des Heyvaux, dont elle est séparée par l'étroite vallée de la Scance. Comme sa voisine, elle se détache à l'Ouest de la chaîne de montagnes qui forme la vallée de la Meuse sur la gauche, et se dirige comme elle sur Verdun à l'Est. Seulement elle se prolonge davantage et son extrémité, fort escarpée, est à moitié enveloppée dans un repli du fleuve qui coule à ses pieds. C'est sur cette extrémité, sur ce promontoire de difficile accès, que fut construit le vieux Mag gaulois des Claves (2), puis le Castrum

---

(1) Après le bombardement du 13 octobre, les Prussiens construisirent encore trois autres batteries aux Heyvaux.

(2) Le *Mag*, dans la langue celtique, signifiait l'enceinte fortifiée par la nature et un peu par la main des hommes, où les Gaulois à demi sauvages renfermaient le butin fait dans leurs courses en pays ennemi et se défendaient eux-mêmes contre les attaques du dehors.

Claves était le nom des premiers habitants du Verdunois.

Histoire de Verdun et du pays verdunois par M. l'abbé Clouet.

ou fort romain de Virodunum autour duquel, sur les rives de la Meuse, se groupèrent bientôt de nombreuses habitations qui devinrent plus tard la ville de Verdun. Aujourd'hui, la Citadelle, l'Evêché, la Cathédrale, et trois ou quatre rues qui forment la ville haute, occupent seuls l'emplacement du Verdun primitif et forment par conséquent la pointe de la côte St-Barthélemy.

Cette côte, dans sa partie non habitée, était autrefois couverte de grands bois. Ces grands bois ont fait place depuis des siècles à de frais et ombreux jardins qui viennent jusqu'à trois ou quatre cents pas des remparts de la Citadelle, et embellissent au loin, du côté des champs, les flancs et le plateau de la montagne sur lequel règne un chemin bordé de haies hautes et épaisses. Tout au sortir des jardins, c'est-à-dire à peu près à 2,000 mètres de la Citadelle, se trouve une maison de ferme, appelée la maison Pierron qui servit souvent de poste aux Prussiens et souvent aussi fut frappée par les boulets de la place. A 200 mètres de cette maison, sur la droite en descendant dans le fond de la vallée, sur le versant nord de la colline, au-dessous et à dix pas du chemin parallèle à la route qui va à Regret, était construite la batterie allemande, aussi armée de six pièces avec embrasures, abris pour les hommes et magasins à projectiles.

Plus cachées encore aux regards de nos artilleurs, étaient les trois batteries de mortiers que les Allemands avaient établies dans Glorieux. La première, de deux pièces, se trouvait à droite de la route de

à Glorieux.

Bar et Clermont, au pignon de la maison Gardeur, dans un trou profond destiné à recevoir le fumier des étables. Les deux autres, aussi de deux pièces chacune, étaient creusées derrière des maisons, au milieu des jardins situés entre cette route et le ruisseau de la Scance. Pour le service de ces six mortiers, les Prussiens avaient établi leur magasin de projectiles dans une maison à droite sur la route, et appartenant aux Ponts et chaussées.

Ainsi, de la côte St-Michel à la côte St-Barthélemy, Verdun était entouré de cinquante-quatre pièces de canons, et de dix mortiers, répartis en quatorze batteries (1).

Bombardement des 13, 14 et 15 octobre.

Le jeudi, 13 octobre, à 6 heures moins 1/4 du matin, une fusée, lancée dans les airs du sommet de la côte St-Michel, donna sur toute la ligne prussienne le signal de l'attaque. Immédiatement fut poussé « le hurrah pour Sa Majesté le roi du » feu » (2) ; puis une bordée épouvantable, dont le fracas ressemblait à celui que produit un roulement de tonnerre long et saccadé, couvrit l'horizon d'un nuage de fumée et jeta sur la ville et sur la Citadelle, avec des sifflements aigus, une pluie de bombes et d'obus. C'était la première seconde de cet ouragan de fer qui devait durer cinquante-cinq heures !

Il faisait à peine jour : une partie des habitants

---

(1) L'Auteur de la présente Histoire est allé, immédiatement après la capitulation de Verdun, visiter toutes les batteries allemandes, et compter leurs embrasures. Il a indiqué autant qu'il est possible, les points sur lesquels elles se trouvaient. Ni le 26 septembre, ni les 13, 14 et 15 octobre, aucune batterie n'a été construite ailleurs, pour nous bombarder.

(2) *Gazette prussienne*, 1ᵉʳ novembre 1870.

sommeillait encore : le réveil fut soudain et le lever rapide. Il n'y avait plus d'illusions à se faire : le bruit continu de la canonnade; celui des projectiles éclatant à droite et à gauche, dans les rues, sur les places, contre les maisons qu'ils déchiraient, nous indiquaient assez que cette fois l'ennemi avait donné à son attaque des proportions formidables.

Devant le péril qui menaçait, chacun songea à son devoir. Les postes de l'artillerie, qui avaient passé la nuit dans les bastions de la ville et de la Citadelle, sautèrent sur leurs pièces et firent feu. Les artilleurs de la garde nationale, de la mobile et de la ligne ne tardèrent pas à les rejoindre sur les remparts. La compagnie des sapeurs-pompiers se réunit sur la place Ste-Croix, pour de là courir, elle aussi, à son poste de combat qui ne devait pas être le moins périlleux, c'est-à-dire aux incendies que nous allions voir se produire bientôt. Les fantassins et les cavaliers, n'ayant rien à faire dans ce duel d'artillerie qui commençait, furent destinés à porter secours où besoin serait. Quant aux femmes, aux enfants, à tous ceux qui n'étaient point appelés aux armes, chacun chercha sa sûreté comme il lui convint.

Journée du 13.

Certes, si jamais nous entendîmes *parler la poudre* ce fut au moment où nos artilleurs répondirent, presqu'en même temps, de tous les bastions de la place. Plus de cent pièces tonnaient de part et d'autre, et leurs détonations se doublaient, à peu près chaque fois, de celles de leurs projectiles qui éclataient.

La Citadelle était bien en réalité le point le plus vigoureusement attaqué par l'ennemi.

Tandis que des nuées de tirailleurs, répandus dans les jardins en face, couvraient de balles ses parapets et cherchaient à démonter nos artilleurs à leurs pièces, trois batteries de la côte St-Michel la prenaient à revers; les canons des quatre batteries de Blamont, des Heyvaux et de Saint-Barthélemy la balayaient dans sa longueur, et les mortiers de Glorieux l'écrasaient sous leurs bombes.

Aussi, dès le début de l'attaque, la vieille caserne St-Vannes, vénérable débri de la riche et illustre abbaye de ce nom (1), fut criblée de bombes et de boulets, comme si elle eut servi de cible à toutes les batteries allemandes. Les voûtes épaisses du beau cloître ogival qui orne la cour intérieure et sur lequel repose une partie des bâtiments, furent elles-mêmes ébranlées et se lézardèrent en plusieurs endroits (2).

Les soldats surpris dans les chambrées, se préci-

---

(1) L'abbaye des Bénédictins de St-Vannes fut fondée en l'an 952, par Béranger de Saxe, évêque de Verdun, dans le « bourg St-Venne », alors très-populeux et comprenant, non-seulement tout le terrain actuel de la Citadelle, mais encore Glorieux. Vers 1625, quand on construisit la Citadelle, les habitations particulières « en mont St-Venne », furent toutes détruites pour faire place aux établissements militaires : l'abbaye seule fut épargnée en raison de la splendeur de son église. De l'ancien bourg St-Vannes, il ne resta que Glorieux dans la vallée de la Scance.

La caserne occupe les anciens bâtiments du couvent appropriés à cette nouvelle destination. Elle forme trois côtés d'un carré dont l'église faisait autrefois le quatrième.

(2) Le cloître intérieur de la caserne, moins beau cependant que celui du grand séminaire, mérite encore de fixer l'attention des connaisseurs, si toutefois les pluies et les neiges de deux hivers, n'ont point achevé l'œuvre de ruine commencée par les bombes et les obus des Allemands.

pitent au dehors pour éviter d'être tués par les éclats de projectiles, ou écrasés sous les ruines : quelques-uns sont blessés, mais le tumulte est tel que tout d'abord on ne s'en aperçoit point. Tout à coup les pétillements de l'incendie se mêlent au bruit de la canonnade. Des soldats alors veulent retourner sur leurs pas, pour enlever les camarades blessés qui n'avaient pu suivre : le feu leur barre le passage, car il est pour ainsi dire partout à la fois. Bientôt en effet, les flammes, succédant à de noirs tourbillons de fumée, s'échappent de toutes parts, des croisées et de la toiture, pareilles à des langues gigantesques qui viennent par moment lécher, avec une sorte de furie, la vieille tour carrée de St-Vannes dont la masse semble les braver (1). Après quelques heures, les toitures s'effondrent et étouffent l'incendie qui n'avait plus d'autres aliments.

Mais sous leurs décombres demeurent ensevelis deux soldats du 57e, dont les restes calcinés furent retirés le lendemain par leurs camarades. Avaient-ils été dès l'abord tués par les obus? Ou bien, seulement blessés mais incapables de fuir, ont-ils été brûlés vivants? Terrible et douloureuse question?

A l'heure même où le feu dévorait la caserne Saint-Vannes, il éclatait aussi dans le magasin à

(1) Cette vieille tour St-Vannes, seul reste encore debout de la belle et vaste église de ce nom, date de 1200. Elle est du style roman, comme l'étaient l'autre tour et le portail. Les moines les conservèrent, à cause de leur beauté quand, au XVe siècle, ils construisirent leur nouvelle église ogivale. Abandonnée depuis 1792 et tombant en ruines, « cette majestueuse basilique disparut de notre sol en 1830-31, au » regret des amis des arts et de l'antiquité, » dit M. l'abbé CLOUET dans son *Histoire de Verdun*.

fourrages, rue St-Louis, presqu'en face du quartier de cavalerie. Les chasseurs accourus avaient d'abord essayé de disputer aux flammes quelques bottes de foin pour leurs chevaux. Mais l'incendie, à chaque instant ravivé par les bombes, devint bientôt si violent qu'il fallut renoncer à l'espoir de sauver quelque chose. Les quatre grands murs noircis restèrent seuls debout (1). En tirant sur ce point, l'ennemi avait sans doute pour but de priver notre cavalerie de ses fourrages. Les maisons voisines furent heureusement très-peu endommagées.

Cependant tous les boulets et toutes les bombes de Blamont, des Heyvaux, de St-Barthélemy et de Glorieux n'étaient point uniquement pour la Citadelle ou pour le magasin militaire de la rue St-Louis. Un grand nombre, passant par dessus notre forteresse, allaient frapper l'Evêché où se trouvait une ambulance, la Cathédrale, le Grand-Séminaire, le quartier de la Madelaine et maints endroits de la ville haute sur laquelle pouvaient converger aussi les feux de la côte St-Michel.

Le reste de la ville, c'est-à-dire toute la partie de la ville basse située sur la rive gauche de la Meuse, et sur la droite jusque vers l'Hôtel-de-Ville, se trouvait directement attaquée par trois des grandes batteries de la côte St-Michel et par la double batterie de la Fontaine du Roi de Prusse. Mais les points sur lesquels l'ennemi semblait tout spécialement concentrer son feu étaient la caserne Saint-

(1) Le 21 août 1844, ce magasin à fourrages avait été déjà complètement incendié.

Paul, le Palais de justice et la Sous-Préfecture, le Collége et sa belle Eglise, les rues Chaussée, St-Pierre et le bout de la rue Mazel de ce côté, la rue des Capucins et la maison de St-Maur, enfin tous les ouvrages de défense qui vont du bastion derrière les Minimes à la porte de France.

Les premiers obus qui tombèrent sur Saint-Paul chassèrent les mobiles et les soldats du 80e des trois étages de la caserne, véritable point de mire pour les artilleurs prussiens, et les forcèrent à se réfugier avec leurs armes au rez-de-chaussée que le parapet du rempart mettait un peu à l'abri. Le détachement du 80e de ligne, caserné au Collége, fut de même obligé de chercher, dans ce vaste établissement, les endroits les moins exposés, sans pouvoir en trouver de parfaitement sûrs. Au moment où les hommes quittaient à la hâte un dortoir emportant aussi leurs armes, un obus vint tomber sur un lit abandonné depuis quelques minutes à peine, et en émietta le sommier, le matelas et la couchette de fer. Parmi ceux qui étaient encore là au moment de l'explosion, personne ne fut blessé.

Vers 10 heures, quelques incendies, promptement éteints par les habitants du quartier, se manifestèrent dans les rues Mazel et Chaussée. Mais ce fut encore à la Citadelle que le plus dangereux éclata dans l'après-midi.

Le feu avait à peine cessé à la caserne St-Vannes qu'il prenait en face, dans les vieux bâtiments où se trouvaient les magasins de l'artillerie, ses ateliers et ses bureaux. Les militaires, que leur service

n'appelait point au rempart, furent admirables de courage et de dévouement. Pendant près de deux heures, sous une grêle de projectiles qui en blessèrent quelques-uns, ils travaillèrent à sauver tout ce qu'il était possible d'enlever, notamment la provision de boulets pour pièces rayées. Ces boulets n'inspiraient il est vrai aucune crainte d'explosion, car ils n'étaient pas encore remplis de poudre, mais l'action du feu pouvait les détériorer et les rendre impropres à servir. « Cette opération très-périlleuse
» demanda un grand dévouement de la part du
» capitaine Matha, de l'artillerie de la mobile, de
» M. Renaud, garde principal du génie, et du sergent
» de pompiers qui dirigèrent le sauvetage (1).

A ces ruines matérielles, causées par les boulets et les incendies, il nous faut ajouter, pour la part de la Citadelle, dans la première journée du bombardement les pertes suivantes. Nous eûmes, outre les deux hommes brûlés dans la caserne St-Vannes, neuf soldats tués et vingt-trois blessés, soit par les balles soit par les éclats de projectiles, sur le rempart et dans les divers services exigés à l'intérieur de la Citadelle (2).

(1) Rapport du commandant du génie.
(2) Nous donnerons, après le récit des trois journées de bombardement, le tableau plus détaillé des pertes faites à la Citadelle en tués et en blessés.

L'ambulance provisoire de la Citadelle, sous la direction de M. le docteur Robin, était placée dans des casemates nouvellement construites mais inachevées. Les blessés y recevaient les premiers soins ; puis, quand le feu se ralentissait, on les transportait dans les ambulances de l'Evêché, du Petit-Séminaire, ou à l'hôpital St-Nicolas.

Plusieurs obus et bombes tombèrent à diverses reprises sur les casemates-ambulances. On employa immédiatement un grand nombre de soldats à combler avec de la terre les trous énormes faits par les projectiles.

Mais si nos artilleurs ne pouvaient rendre aux Allemands tout le mal qu'ils nous faisaient en incendiant nos établissements militaires et nos maisons, ils n'en mettaient pas moins à la riposte une énergie qui ne se démentit pas un instant, ni ce jour, ni les jours suivants. Leurs boulets, admirablement dirigés, allaient chercher et frapper l'ennemi invisible autour de ses batteries, lui tuant plus de monde que nous n'en perdions nous-même.

Vers midi une détonation plus forte domina un moment les cent voix des canons. Il nous sembla que nos maisons tremblaient, et dans tout le pays, à plusieurs lieues à la ronde, la commotion fut telle que les gens de la campagne nous ont dit avoir cru qu'une partie de Verdun sautait. A la même seconde, on vit distinctement des hommes, les bras étendus, et un cheval, lancés dans les airs (1), retomber aussitôt dans un énorme nuage de fumée bleuâtre qui s'élevait lentement au sommet de la côte Saint-Michel. Un obus parti de nos bastions avait frappé en plein dans un magasin à projectiles derrière les batteries allemandes de cette côte, y avait mis le feu, et avait fait éclater d'un seul coup plus de deux cents obus ou bombes. L'imagination peut à peine se représenter les terribles et désastreux effets qu'une pareille explosion a pu produire, s'il s'est trouvé sur ce terrain un certain nombre de soldats ennemis.

Plusieurs bastions de la place peuvent peut-être s'attribuer l'honneur d'un si beau coup de canon ; car au milieu de la fumée du combat, dans ce

(1) Attestation d'une personne qui l'a vu.

terrible va-et-vient de projectiles qui sillonnaient les nues, il était difficile de connaître la direction même d'un seul. Cependant, d'après des renseignements que nous croyons exacts (1), ce serait un obus parti de la pièce de 12 du bastion 3, derrière la poudrière St-Paul, qui aurait eu l'heureuse chance de frapper si juste. Cette pièce avait été pointée par A. Petit, de Verdun, sous-officier au 4e d'artillerie.

Les Allemands, paraît-il, avaient, dans les campagnes voisines, donné à nos canonniers la réputation d'excellents pointeurs : « Verdun, méchante ! » disaient souvent leurs soldats. Tous les avantages de position étaient pourtant de leur côté. La ville entière et la Citadelle leur offraient un vaste champ sur lequel ils pouvaient, sans aucun tâtonnement, croiser tous leurs feux. Nos artilleurs, au contraire, voyaient à peine, sur la côte St-Michel, le sommet des épaulements de quelques-unes de leurs batteries, construites toutes en contre-bas de la crête de la montagne. Les embrasures des batteries des Heyvaux et de Blamont étaient seules visibles de la Citadelle ; mais les mortiers de Glorieux étaient, nous l'avons dit, complètement cachés. Quant à la batterie de la côte St-Barthélemy, elle avait été admirablement placée par l'ennemi de manière à n'être directement battue, ni par les ouvrages de St-Victor, ni par ceux de la Citadelle, qui ne pouvaient diriger sur elle que des feux de revers sans précision. Un seul canon de 24, placé à l'angle du bastion 65 de la Cita-

(1) Renseignements donnés par un officier de l'artillerie de la garde nationale.

delle, lui répondit en face pendant les trois jours.

A la tombée de la nuit, le tir de la place devint moins fréquent, et finit par cesser tout-à-fait : nos artilleurs avaient besoin de prendre un peu de repos. Du reste, dans l'obscurité, il ne leur était pas possible de pointer leurs pièces sur un but quelconque, et leurs coups, tirés au hasard, eussent été des coups perdus.

L'ennemi, lui aussi, ralentit son feu, mais sans le discontinuer. Chaque cinq ou six minutes, un éclair fugitif illuminait l'horizon tour à tour sur la côte St-Michel et à Glorieux ; une sourde détonation le suivait ; puis, à la même seconde, quelque chose comme une traînée de feu, parfaitement visible à cause de l'obscurité, décrivait dans les airs une courbe rapide, avec un bruit strident, lugubre, parfois plaintif, et s'abattait sur la ville, ou sur la Citadelle.

Il est vrai que les artilleurs prussiens avaient plus que les nôtres la facilité de pointer : ils n'avaient qu'à laisser la gueule de leurs canons et de leurs mortiers tournée du côté de Verdun, ils étaient presque toujours certains d'atteindre leur but et de nous faire du mal. Bientôt cette facilité leur fut rendue plus grande encore par les divers incendies qui, éclatant dans la rue St-Pierre et sur la place de la Madelaine, leur servirent continuellement comme de cibles sur lesquelles ils ne cessèrent de tirer, tout le temps que la flamme les leur indiqua.

Ce fut en travaillant à éteindre un de ces incendies que le commandant du génie, M. Boulangé, accouru de la Citadelle avec une escouade de sapeurs de son arme, fut atteint à la tête d'un éclat d'obus.

La nuit fut fort lugubre et fort agitée pour tout le monde. On ne dormit guère à Verdun cette nuit là.

Journée du 14. Le 14, au matin, la canonnade redoubla de violence de la part des Allemands. Nos artilleurs, qui pour la plupart, avaient couché près de leurs pièces, sous les abris de combat, ne firent pas attendre la riposte, et l'effrayant duel recommença.

« Le sifflement, le bruissement, le mugissement, » le bourdonnement et l'éclatement des coups étaient » affreux : mais plus affreux encore devait être l'état » des habitants dans la ville, » écrivait en Allemagne un militaire prussien de garde sous la voûte formée par le chemin de fer, au-dessus de la route, à la Galavaude, « si près de la forteresse, qu'il pouvait » voir les Français charger leurs pièces sur les » remparts. (1). »

Les mères, les filles, les sœurs, les épouses tremblaient en effet pour les jours des êtres chéris qui se trouvaient sur les remparts, exposés, d'une minute à l'autre, à être broyés par la pluie de fer qui tombait autour d'eux. Ceux-ci, de leur côté, oubliant leurs propres dangers, se demandaient avec anxiété, si leur pauvre ou riche mobilier n'était point, à cette heure, brisé, détruit ; si leur maison était encore debout ; si le feu ne la dévorait point ; si un projectile meurtrier n'était point venu frapper un membre de leur famille au foyer, dans la rue, ou dans les réduits qui à beaucoup servaient de refuge.

(1) L'*Observateur de Francfort*, du 6 novembre 1870.

Cependant, ces tristesses et ces terreurs n'avaient, ni d'une part ni de l'autre, rien qui sentît le découragement et la faiblesse. On souffrait, mais on souffrait fièrement et presque le sourire aux lèvres.

Dans les quartiers directement attaqués, la population non militante était descendue dans les caves les plus solidement voûtées dont on avait, à la hâte et tant bien que mal, bouché les soupiraux avec des quartiers de bois, des fagots et de la terre, afin de se mettre à l'abri des éclats de projectiles. Beaucoup à l'avance y avaient caché ce qu'ils avaient de plus précieux, l'argenterie, les papiers; on y avait même entassé du linge, de la literie et des meubles (1).

Quelques-unes de ces caves, où plusieurs familles s'étaient réunies, présentaient, nous a-t-on dit, l'aspect le plus pittoresque. Des lampes, souvent fumeuses, y remplaçaient la lumière du jour; on y vivait en commun; les repas se composaient du peu que chacun avait enlevé de chez soi; on y causait de ce qui pouvait se passer au dehors; on y couchait tout habillé sur des matelas jetés à terre. Quand le fracas de la chute, le bruit rapproché de l'explosion indiquaient qu'une bombe ou un obus était tombé sur la maison ou dans le voisinage, les hommes couraient à l'endroit frappé, au hasard de recevoir un nouveau projectile; et, au milieu de la poussière

---

(1) Dès les premiers jours de l'invasion les notaires de Verdun et de l'arrondissement avaient caché leurs minutes dans les souterrains de l'Evêché.

Pendant le bombardement du 24 août, le Président du tribunal civil, M. Ed. Poirel, aidé du concierge, avait lui-même descendu les registres de l'état-civil de Verdun dans les caves du Palais de justice.

des décombres, de la fumée de la poudre, ils cherchaient du regard si rien ne commençait à brûler, afin d'éteindre l'étincelle avant qu'elle ne fut devenue flamme. Dans ce but, la plupart des habitants avaient porté, sur leurs greniers et aux étages supérieurs, des seaux et baquets remplis d'eau. Que d'incendies ces mesures de précautions ont prévenus ou étouffés dès de début !

Mais quittons les caves et remontons à la lumière. La ville se présente aujourd'hui comme hier sous les aspects les plus tristes.

Les bombes et les obus y pleuvent de tous côtés ; nous entendons, mêlé au bruit de l'artillerie, le roulement des voitures du train qui conduisent à chaque bastion les munitions de guerre dont ils ont besoin. Ces braves soldats du train parcourent les rues de la ville en tout sens, sans se préoccuper du danger incessant qui les menace. Près de la caserne St-Paul, un soldat du 80e est tué en portant la soupe à ceux qui sont aux postes. Un peu plus loin, un brave mobile est broyé par un obus en faisant volontairement la corvée à la place d'un camarade (1). Une malheureuse femme mère de cinq enfants, a les deux jambes brisées aussi par un obus, en voulant traverser la place Madelaine, et meurt quelques instants après (2). Enfin, sur cette même place, le feu se déclare dans les maisons qui dominent la rue Saint-Pierre, puis au milieu de cette rue elle-même, dont deux ou trois maisons à gauche en montant, sont

(1) Ce mobile était de Commercy.
(2) Marie Mélia, âgée de 37 ans, épouse de Mathieu Daniéri.

complètement brûlées, malgré les secours les plus empressés.

A la Citadelle, mêmes scènes de dévastations et de mort. Dès le matin, les bombes avaient mis le feu sur divers points de la ligne de maisons, en face du magasin de l'artillerie incendié la veille et de la grande salle d'armes. Ces maisons, vieilles pour la plupart, renfermant les bureaux du génie, les ateliers du peloton hors rang, des logements d'officiers et des cantines, flambèrent comme du bois sec. On parvint cependant à sauver la presque totalité des archives du génie ; mais les malles et effets, que les officiers du 57e avaient laissés au dépôt, en partant pour l'armée du Rhin, furent complètement brûlés (1).

Nos pertes en hommes, quoique moins considérables que la veille, furent encore nombreuses. Nous eûmes treize soldats blessés ; trois succombèrent le jour même ou le lendemain. Une troisième victime, dont la mort impressionna plus vivement les soldats que ne l'aurait fait celle même d'un camarade, fut la jeune femme de l'employé du télégraphe. Une bombe s'abat sur le cavalier du bastion 65 sous lequel se trouvait le bureau télégraphique, s'enfonce dans les terres qui le recouvrent, brise la voûte et tue cette jeune femme à côté de son mari qu'elle avait voulu suivre dans ce poste périlleux, autant pour partager ses dangers que pour y trouver un asile. Son corps cependant ne portait aucune blessure

---

(1) Quelques officiers du 57e, ou les familles de ceux qui ont péri dans les batailles, ignorant cette circonstance, ont depuis vainement réclamé leurs effets.

extérieure; seulement, ses lèvres se mouillaient d'une écume rosée (1).

Cependant, malgré l'extrême violence du feu de l'ennemi, qui n'épargnait, on le voit, nul recoin de la Citadelle, nos artilleurs de la mobile et de la ligne, officiers, sous-officiers et soldats rivalisaient de courage et restaient solides à leurs postes.

Parmi les plus intrépides, au dire de tous, nous devons citer le commandant Commeaux (2). Son cigare aux lèvres, sa canne sous le bras, il ne cessait d'aller de bastion en bastion, plaisantant sur les boulets qui passaient au-dessus de sa tête ou éclataient autour de lui, et disant à chacun quelques-uns de ces mots militaires et énergiques qui ragaillardissent le soldat devant le danger.

Ce jour-là nos artilleurs furent obligés de brûler eux-mêmes les maisons de Glorieux, derrière lesquelles étaient cachés les mortiers ennemis dont les bombes avaient allumé les incendies de la Citadelle.

Ce jour là aussi l'ennemi sembla vouloir élargir son champ de dévastation.

Les batteries des Heyvaux allongèrent leur tir, et leurs obus, dépassant la Citadelle et même la ville entière, tombèrent jusque dans le bastion 29, derrière la rue des Minimes, dont les braves défenseurs, pris à dos, n'échappèrent à la mort que grâce à des hasards providentiels.

(1) Cette jeune femme, mariée depuis quelques mois à peine, était âgée de 20 ans et se nommait Françoise Martin, épouse de Julien-Eugène Leray, chef du bureau télégraphique de la Citadelle, pendant le siége.

(2) M. Commeaux avait été nommé chef d'escadron dans l'artillerie avant le siége, par décret impérial daté du 17 août 1870.

C'est de ce bastion (1) que furent lancés, paraît-il, les deux obus qui frappèrent à la gueule deux canons allemands, sur la côte Saint-Michel. « Deux pièces ont
» été atteintes dans la bouche, dit le correspondant de
» l'*Observateur de Francfort*, de sorte que les ca-
» nons ont éclaté en tuant ou blessant presque tous
» les hommes qui les servaient » (2).

Comme la veille, vers 5 heures du soir, les Allemands cessèrent peu à peu de tirer. Pendant trente ou trente-cinq minutes le canon fit silence des deux côtés.

Tout aussitôt les habitants furent sur le seuil de leurs maisons; puis ils s'enhardirent à aller plus loin; puis ils voulurent voir les dégats survenus dans le voisinage.

On semblait heureux de se revoir; on se serrait la main; on se félicitait d'avoir échappé aux dangers; on s'interrogeait si quelque malheur n'était arrivé à des personnes connues ou aimées; contents de respirer au grand jour, on cherchait enfin à se persuader que le péril était passé, et que les Allemands, découragés de leur inutile attaque, allaient peut-être éteindre leur feu.

A la même heure, les Allemands, de leur côté, avaient les yeux tournés sur Verdun, cherchant s'ils n'y verraient point arborer, en un point quelconque de nos tours ou de nos bastions, l'aveu de la faiblesse, le signe que l'on demande grâce, le drapeau blanc de la capitulation. « La ville brûlait à beaucoup de places

---

(1) Commandé par M. Félix Chadenet, lieutenant dans l'artillerie de la garde nationale sédentaire.

(2) L'*Observateur de Francfort* du 23 octobre 1870.

» et le drapeau blanc ne se montrait pas, » dit, avec un dépit mal déguisé, le correspondant de la *Gazette Prussienne* (1).

Mais le calme fut de courte durée. Tout-à-coup, de la côte St-Michel, part un obus qui vient s'abattre, avec le bruit que nous connaissions, à l'extrémité de la rue St-Paul, du côté de la Sous-Préfecture, et l'un de ses éclats emporte le bras à une jeune fille de 11 à 12 ans qui se trouvait là. On la conduisit immédiatement à l'ambulance où elle mourut. Mais immédiatement aussi la rue fut déserte, et chacun rentra chez soi ou plutôt dans les caves.

Les artilleurs de la garde nationale, qui avaient un instant quitté leurs pièces pour aller chercher quelques vivres et prendre des nouvelles de leurs familles, revinrent en courant aux bastions pour recommencer le feu.

Il recommença terrible du côté des ennemis.

A 9 heures du soir, la Halle aux grains et le café Ruch, sur le quai de la Comédie, la Synagogue, en face de la Sous-Préfecture, plusieurs maisons, à l'extrémité de la rue St-Pierre à gauche en montant, les remises de St-Maur et d'une maison voisine étaient en flammes.

La population, pour éteindre ces incendies, fut sans cesse admirable de dévouement et d'abnégation.

Tout du reste avait été prévu afin de porter des secours aussi prompts que possible aux maisons atteintes.

(1) *Gazette Prussienne* du 1er novembre 1870. (Extrait de la *Gazette de Cologne*).

Chacune des cinq compagnies de l'infanterie de la garde nationale sédentaire, inutile aux remparts, fournissait une section de cinquante hommes à peu près, ce qui faisait deux cent cinquante hommes. Chaque section était commandée par un lieutenant ou un sous-lieutenant, et les cinq par un capitaine. On était de service 24 heures. Le centre de la réunion était la place Sainte-Croix : les hommes se tenaient par groupes nombreux dans trois ou quatre maisons voisines. Quand un sinistre éclatait quelque part, une section se joignait aux sapeurs-pompiers et courait au feu.

Le Maire de la ville et le capitaine des pompiers dirigeaient de l'Hôtel-de-Ville les secours sur les points attaqués et parfois s'y portaient de leur personne (1). Le Président du tribunal civil, le Procureur de la République (2), les Adjoints (3), le Capitaine de gendarmerie (4) et nombre d'hommes honorables par leur position sociale, donnaient l'exemple.

Les officiers de la mobile et de la ligne faisaient aussi bravement leur devoir, et l'autorité municipale remarquait particulièrement le capitaine F. Collin de de la 3e compagnie de la mobile de Bar, pour son active et intelligente organisation du service autour des incendies. Enfin, des femmes elles-mêmes, de courageuses jeunes filles se tenaient à la chaîne avec les gendarmes, les soldats de la ligne et de la mobile,

(1) M. le docteur Pierron, capitaine des sapeurs-pompiers.
(2) M. Lardenois, aujourd'hui procureur de la République à Epinal.
(3) MM. A. Buvignier et Cicile-Brion.
(4) M. Pothé, capitaine commandant la gendarmerie de Verdun.

pendant que les sapeurs-pompiers et les sapeurs du génie cherchaient à circonscrire et à noyer le feu.

Quand un éclair à l'horizon, suivi d'un sifflement connu, indiquait l'approche d'un projectile, car à cette heure l'ennemi ne tirait que sur les incendies, toute la foule alors se jetait à terre pour éviter les éclats, puis on se relevait aussitôt pour recommencer dix minutes après le même mouvement.

Il est merveilleux que nous n'ayons eu personne de tué dans ces divers incendies. Un capitaine de la mobile (1), et deux ou trois sapeurs-pompiers furent seuls légèrement atteints par des éclats de pierre ou de bombes (2).

Toute cette nuit, Verdun, vu des hauteurs voisines, dût paraître un immense foyer. Les flammes éclairaient magnifiquement la nuit sombre : à dix lieues à la ronde on apercevait leurs lumineux reflets colorant les nuages de teintes pourprées et ardentes. Une foule de gens des campagnes avaient couru sur tous les points culminants des environs, pour être témoins de ce spectacle grandiose : spectacle, que le fracas des canons et la vue des projectiles filant dans l'espace, rendaient terrible, épouvantable. Et certes, le cœur de plus d'un dût se serrer et leur âme frémir, à la pensée qu'il y avait là, dans cette fournaise, sous cette pluie de fer et de feu, des frères, des amis !

Ces impressions ne s'effacent pas. Nos ennemis eux-mêmes les ressentirent.

(1) M. Louis, maire de Nonsard.
(2) L'un des sapeurs-pompiers, le sieur Jacques Mase, dit Collignon, plus grièvement atteint, fut décoré de la médaille militaire.

« J'étais tout en avant, dit un journal allemand
» que j'ai déjà cité tout-à-l'heure (1), au bout d'une
» demi-heure, un immense incendie s'éleva dans la
» ville; la colonne de flammes se mit à frapper le
» ciel : terrible et beau spectacle ! En s'avançant de
» cent pas, on entendait distinctement le craquement
» des poutres et le pétillement du feu.

» Bientôt sonna le tocsin de la cathédrale ; des voix
» se firent entendre, dans le silence de la nuit; puis
» la cloche se tût; puis encore trois coups distincts ;
» puis un moment de repos. Tout-à-coup, un porte-voix
» fit entendre au loin les cris de : *Au secours ! au se-*
» *cours !* lentement articulés, auxquels étaient ajoutés
» quelques mots en français que malheureusement
» nous ne pouvions comprendre (2). Ce signal se
» répéta trois fois. J'aurais bien voulu savoir si c'était
» un signal pour les paysans, un appel à la révolte,
» ou quelque chose de pareil.

» Pendant ce temps, nos pièces ne cessaient pas de
» lancer dans la ville des bombes incendiaires. Chaque
» cinq minutes, on les voyait décrire leur courbe éle-
» vée, semblables à des étoiles filantes, se diriger
» vers la ville et y tomber. Une lueur, un coup sourd,
» puis une terrible détonation, lors de l'explosion des
» projectiles. Cela dura toute la nuit.

» Nous avions naturellement barricadé le viaduc

---

(1) L'*Observateur de Francfort* du 6 novembre 1870.

(2) Ces mots, dits dans son porte-voix par le guetteur des incendies, à la Tour, étaient ceux-ci : « *Au feu à la rue St-Pierre ! Au feu à la Halle aux blés !* etc. »

» du chemin de fer (1), du côté de Verdun. J'avais fait
» placer une échelle contre la barricade, et j'y passai
» la nuit, contemplant ce spectacle d'une affreuse
» beauté ».

A Verdun, on passa cette nuit, comme on avait passé les précédentes, à éteindre les incendies, à sauver et à cacher ce que l'on pouvait de son mobilier. Nos artilleurs cessèrent le feu, et les gardes nationaux purent aller un moment dans leurs familles.

A la Citadelle, les soldats de toutes armes travaillèrent à réparer les brèches faites par les boulets ennemis aux épaulements et aux embrasures des batteries. Enfin, les fourgons menèrent, dans tous les bastions de la Place, une ample provision de bombes et d'obus, pour réparer la dépense occasionnée par le tir du jour et pourvoir au combat présumé du lendemain.

Ce fut aussi pendant cette nuit, que furent enterrés, dans le jardin de l'Evêché, la femme Mathieu Daniéri, blessée mortellement quelques heures auparavant, et le jeune mobile tué le matin. Ils rejoignaient d'autres morts dans ce cimetière improvisé.

Le matin même, vers cinq heures, Monseigneur avait, de ses mains, donné la sépulture chrétienne à trois soldats décédés à l'ambulance à la suite de blessures reçues ce jour là. Le charitable et courageux prélat, accompagné d'un prêtre et des gens de sa maison, finissait à peine de réciter les prières de l'Eglise sur leurs restes mortels, que des balles vinrent siffler aux alentours, et qu'une bombe éclata sur une

(1) Passant au-dessus de la route à la Galavaude.

maison voisine. Une croix de bois a été plantée sur leurs fosses : elle y sera bientôt remplacée par un petit monument religieux, fait avec les nombreux éclats de projectiles ramassés dans les bâtiments et les dépendances du Palais épiscopal (1).

« Le matin, à la naissance du jour, le bombardement » recommença dans toute sa furie (2) » pour mollir vers 8 heures, et reprendre peu après avec une sorte de rage de la part de l'ennemi : rage guerrière que nos artilleurs éprouvaient également. Etourdis par le bruit des canons, pris de cette quasi-ivresse que donne l'odeur continuelle de la poudre, soutenus par un courage qui s'exaltait à mesure que l'attaque devenait plus rude et leur résistance plus longue, il leur semblait que leurs pièces tiraient trop lentement; ils eussent voulu écraser les batteries allemandes sous une avalanche de fer. Ce n'étaient plus des détonations distinctes, c'était un roulement infernal enveloppant Verdun de fracas, de fumée et de boulets.

Cette fois encore, ce fut la Citadelle qui demeura

Journée du 15.

---

(1) Nous croyons pouvoir donner les noms des soldats enterrés dans le jardin de l'Evêché.
Jules Rousselot, âgé de 22 ans, du 57ᵉ, natif de Villers-Poterat, canton de Semur (Côte-d'Or).
Reynaud, du 1ᵉʳ régiment du train d'artillerie, échappé de Sedan.
Eugène-Bernard de Guerville, âgé de 27 ans, du 57ᵉ, natif de Saint-Etienne-de-Rouvray (Seine-Inférieure). « Eclat d'obus; énorme blessure. Apporté vivant à l'ambulance. Transporté le soir à l'Evêché, où » il est mort pendant la nuit. » *Rapport* de M. Robin, médecin à la Citadelle.
Charles-Joseph Royer, natif de Commercy, âgé de 22 ans, mobile du 2ᵉ bataillon.

(2) L'*Observateur de Francfort* du 6 novembre 1870.

l'objectif principal des Allemands. Trente-huit à quarante pièces vomissaient en vain sur elle la mort, et la destruction ; nos artilleurs n'en demeuraient pas moins inébranlables sous le feu. A huit heures 40 minutes, l'observatoire de la Tour y envoyait la dépêche suivante qui encourageait encore la résistance : « La » batterie de Blamont a trois embrasures détruites. » Dites à la Citadelle de continuer le feu » (1).

Cependant nous y perdions du monde. Quatorze soldats y étaient blessés, quelques-uns très-grièvement, et cinq tués.

Parmi ces derniers se trouvait M. d'Audignac, lieutenant d'artillerie de marine, échappé de Sedan, et servant avec son grade, depuis son arrivée à Verdun, dans la 3e batterie de l'artillerie de la mobile. Ce brave officier venait de pointer lui-même, vers la batterie de Saint-Barthélemy, la pièce de 24 du bastion 65, et, debout sur l'affût, il regardait l'effet de son boulet, quand tout-à-coup il tombe comme foudroyé. Un obus lui avait broyé et enlevé la tête (2).

(1) Il fallait être hardi pour se tenir, à cette heure, à l'observatoire de la tour de la Cathédrale, car les obus y arrivaient parfaitement. Un des fuseaux de la forte balustrade en pierre qui couronne la tour a été brisé par un obus.

Les signataires de la dépêche ci-dessus sont MM. Villet, ingénieur civil, et Mortureux, sous-officier d'artillerie.

La veille aussi, sous le feu de l'ennemi, MM. Prosper Pein, P. Dony, volontaires, et S. Meunier, sous-officier d'artillerie, étaient montés à la Tour et avaient échangé des dépêches avec la Citadelle.

(2) René d'Audignac, âgé de 27 ans, né à Provins (Seine-et-Marne), fils d'un ancien directeur des contributions indirectes. Engagé volontaire, à 17 ans, dans l'artillerie de terre, passe bientôt à l'artillerie de marine où il est nommé sous-lieutenant en 1867.

Le lieutenant d'Audignac était allié à la famille de M. d'Ervillé, ancien receveur des finances à Verdun.

Son frère, lieutenant au 7e régiment provisoire, a fait aussi la campagne de 1870-71.

Les projectiles prussiens commençaient aussi à bouleverser les épaulements et autres ouvrages en terre, sur divers points autour de nos batteries et notamment dans les bastions 65 et 66, où quelques affûts furent endommagés et où les terres éboulées encombrèrent quelques embrasures. Un moment même, dans ces deux bastions, le feu de plusieurs pièces fut suspendu : presque tous les servants étaient ou blessés ou tués. Là, se signala un courageux sergent du génie qui fit le métier de canonnier, à la place d'un sous-officier d'artillerie qui venait de tomber, la jambe gauche fracassée par un éclat de bombe, auprès de deux artilleurs tués par le même projectile (1).

Cet acharnement des ennemis contre la Citadelle ne les empêchait pas d'envoyer à la ville sa large part de bombes et d'obus, « pour intimider les ha-
» bitants, afin qu'ils exercent une pression sur le
» Commandant, » dit le correspondant de la *Gazette de Cologne* (2).

A cette heure en effet les Allemands semblaient vouloir nous abîmer et en finir avec cet opiniâtre Verdun dont les habitants, depuis deux jours et demi, voyaient leurs maisons crouler et brûler sans crier merci !

Mais, c'était le coup de la fin : seulement ils le

---

(1) Rangé, Jules-Félix, sergent du génie, décoré pour sa belle conduite dans les journées des 13, 14 et 15 octobre.
Le sous-officier blessé était Varnot, du 8ᵉ d'artillerie, échappé de Sedan, servant dans l'artillerie de la mobile.

(2) Cité par la *Gazette prussienne* du 1ᵉʳ novembre 1870.

donnaient terrible, dans l'espérance que peut-être une minute de découragement nous disposerait à accueillir la proposition que leur général se préparait à nous faire : « Aujourd'hui, à midi moins un quart, » un parlementaire invitera encore une fois la for- » teresse à se rendre, » annonçait, à l'*Observateur de Francfort*, une lettre datée du 15 octobre au matin, *devant Verdun*.

« Mais cette sommation restera vraisemblablement » sans succès, ajoute l'auteur de cette lettre, car le » général baron Guérin a l'ordre de se défendre jusqu'à » la dernière munition » (1).

Du reste nos ennemis étaient bien eux-mêmes forcés d'en finir, pour le moment ; leurs munitions de guerre, dont ils avaient fait une si prodigue dépense, étaient épuisées. « Le bombardement n'a pu continuer à cause » du manque de munitions », dit encore un autre journal allemand (2).

Nous savons, en effet, qu'à la dernière heure les Allemands, pour prolonger cette terrible lutte le plus longtemps possible, chargèrent leurs canons, au risque de les détériorer, avec toute espèce de ferrailles pouvant briser et tuer. On a retrouvé dans la Citadelle, dans les cours du Collége et en plusieurs autres endroits de la ville d'énormes morceaux de fer et de fonte, des bouts de rails, d'essieux et de bras de voiture brisés.

« Tout-à-coup nos pièces se turent, continue

(1) L'*Observateur de Francfort*, du 23 octobre 1870.
(2) *Gazette prussienne* du 1er novembre 1870. (Extrait de la *Gazette de Cologne*.)

» l'*Observateur de Francfort*; l'artillerie avait cessé
» de tirer *avant que le drapeau blanc ne parut!*
» Le bombardement avait été inutile (1). »

Il n'était pas loin de midi quand les Allemands cessèrent leur feu. Nos artilleurs continuèrent encore à leur envoyer quelques boulets ; puis de toutes parts le silence se fit. Ce silence devait-il durer longtemps ? nous ne le savions pas. Chacun, selon ses goûts et ses besoins, songea à en mettre les instants à profit, si courts dussent-ils être. *(Les canons se taisent.)*

Nous respirions déjà depuis une heure, quand du bastion St-Paul sur la Meuse, nous entendîmes les appels d'un trompette du côté de Belleville ; et aussitôt trois cavaliers, dont un portait un drapeau blanc, débouchèrent sur la route au-dessus de ce village, descendirent au galop, et vinrent s'arrêter près des premières maisons en ruines de la Galavaude. C'était le parlementaire que nous envoyait le général de Gayl. *(Un Parlementaire Prussien.)*

Un officier français, avec quelques soldats, sortit de la ville, par la porte Chaussée, alla recevoir l'officier allemand, lui banda les yeux et, lui donnant le bras, le conduisit chez le général Guérin.

Pendant ce temps, les cavaliers, qui avaient escorté le parlementaire, restaient en selle sur la route, et regardaient curieusement nos fortifications, y cherchant sans doute la trace de leurs boulets. Du bastion St-Paul, on leur cria en allemand de faire demi-tour et de regarder vers la plaine : tels sont les usages de la guerre. Les deux cavaliers répondirent qu'ils n'entendaient pas. Alors, pour appuyer l'invitation, nos

(1) L'*Observateur de Francfort* du 6 novembre 1870.

artilleurs leur montrèrent leurs chassepots, et aussitôt les cavaliers nous tournèrent le dos.

Chez le général, il ne fut d'abord question que d'un échange de prisonniers : le parlementaire paraissait n'avoir d'autre mission officielle que celle-là. Cependant il était autorisé, dit-il, à entrer en pourparlers relativement à la reddition de la Place, si le général français lui faisait des ouvertures à ce sujet. Le général français ne lui en dit mot ; mais il lui remit, pour le général allemand, une lettre dont nous reparlerons, et l'échange seul fut conclu.

Après le départ du parlementaire, vingt-deux prisonniers allemands furent conduits, sous escorte, de l'autre côté de Belleville où les attendaient, sur la route, nos mobiles pris le 11 à Thierville. « Dans le cours de » l'après midi, j'eus encore l'intéressant spectacle de » l'échange des prisonniers, » dit le correspondant, souvent cité, de l'*Observateur de Francfort* (1).

Aspect de la Ville et de la Citadelle.

Il n'est guère possible à qui ne l'a point vu de se représenter l'aspect de la ville de Verdun après le terrible bombardement que nous venons de raconter.

La partie de la ville à droite de la Meuse avait peu souffert. Quelques trous dans les toitures, quelques murailles ébréchées, quelques vitres cassées, voilà presque tout le dégât qu'on y rencontrait.

Mais la Ville haute, l'Evêché, la Cathédrale et le Grand-Séminaire, la rue Chaussée, la rue Mazel, les rues St-Pierre et St-Paul surtout, la Caserne, le Palais de justice, la Sous-Préfecture, le Collège, sa belle Eglise et la grande Bibliothèque, la place d'Armes

(1) L'*Observateur de Francfort* du 6 novembre 1870.

et la rue des Capucins, la rue Chevert et les environs de St-Maur, en un mot tous les quartiers de la ville situés sur la rive gauche de la Meuse semblaient bouleversés par un tremblement de terre.

Pas une maison qui n'eut été frappée. A l'intérieur, les appartements confondus, les plafonds tombés, les cloisons enlevées et les meubles en éclats gisant partout ; à l'extérieur, d'énormes trous, des ouvertures béantes à presque toutes les murailles, à presque toutes les toitures ; vingt maisons dévorées par l'incendie, desquelles il ne restait plus que quelques poutres charbonnées, encore suspendues aux murs noircis et crevassés par l'action du feu : telle était l'œuvre des bombes et des obus. Beaucoup de familles se trouvaient sans asile, ou devaient demeurer longtemps exposées aux rigueurs de la saison (1).

Les rues étaient encombrées de débris de toutes sortes amoncelés ou épars, bois, pierres et terres provenant des maisons à moitié démolies.

Les habitants, le cœur navré, regardaient ces scènes lamentables de dévastations ; mais, nul ne croyait que nous ayons payé trop cher la gloire d'avoir résisté à une si furieuse attaque : nul, même parmi les plus abimés, ne songeait, devant son foyer détruit, à demander qu'on lui épargnât dans l'avenir de nouveaux désastres : nul enfin, n'aurait voulu sauver ce qui restait de Verdun, non point au prix d'une

(1) Pendant plus d'un an, au moindre rayon de soleil, le pavé de nos rues scintillait de mille feux comme s'il eut été semé de diamants. Ce scintillement était produit par un nombre infini de petits éclats de verre provenant de toutes les croisées brisées pendant le bombardement.

lâcheté, jamais on ne l'eut commise, ni même au prix d'une faiblesse, tout le temps que Verdun debout pouvait, dans sa sphère d'action fort restreinte, aider à la grande, à la sainte cause de la défense de notre chère Patrie (1).

On avait souffert, on s'était battu, il y avait eu des victimes et des ruines matérielles, eh bien! on était prêt à souffrir et à se battre encore; en était prêt à offrir à la guerre de nouvelles victimes, aux incendies de nouvelles proies à dévorer, aux bombes et aux obus d'autres maisons à démolir.

A la Citadelle, les remparts étaient à peu près intacts; de loin en loin un point blanc indiquait une pierre brisée par le choc d'un obus. Les ouvrages en terre avoisinant les canons avaient été beaucoup plus maltraités. Mais ce qui faisait peine à voir, c'était l'intérieur de la forteresse. Là, tout était ruines. Nous avons dit quels furent les nombreux bâtiments détruits par les flammes. Leurs murailles, que le feu n'avait point nivelées, étaient trouées, percées à jour en vingt endroits par les obus, et menaçaient de s'écrouler au moindre heurt. Restaient seuls debout, le pavillon des officiers et le vieux bâtiment à arcades près de la porte, la grande caserne à l'épreuve de la bombe, le vaste bâtiment qui sert de salle ou de magasin d'armes, les casernes, et enfin l'antique tour de St-Vannes. Mais, sauve la tour qui ne reçut qu'une légère égra-

(1) S'il s'est trouvé à ce moment des lâches dans notre Ville, ils ont eu l'honnêteté de se taire. On pourrait cependant en nommer un qui, ayant le courage de sa peur, disait à M. le docteur La.... « Il faudrait se » rendre. Plus nous résisterons, moins bonnes seront les conditions de » l'ennemi! »

tignure faite par un obus, tous ces édifices, la caserne et la salle d'armes surtout, portent encore sur leurs grands murs ébréchés, les traces nombreuses et profondes du choc des projectiles. L'épaisseur des murs et la solidité de leur construction les a seuls préservés d'une ruine totale.

Les officiers d'artillerie estiment à vingt ou vingt-cinq mille le nombre des bombes et obus lancés par les Allemands sur la Citadelle et sur la Ville. Nos artilleurs, ne tirant pas la nuit et ne pouvant tirer utilement de tous les bastions de la Place, leur en ont envoyé à peu près dix à douze mille. Longtemps encore après la capitulation, on voyait sur le terrain où furent les batteries allemandes, à droite, à gauche, en avant, en arrière de ces batteries, des milliers de larges trous indiquant la chute de nos projectiles : la terre en était labourée, bouleversée.

Au moment où j'écris ces lignes (1), quatre batteries sont encore debout sur la côte Saint-Michel ; il n'y manque que les canons qui n'y sont plus nécessaires, et les gabions dont les pauvres de la ville et de la campagne ont usé pour se chauffer en hiver. Toutes les autres batteries sont nivelées, et le fer de la charrue y a remplacé le bronze des batailles.

Nos pertes en hommes ont été considérables :

A la Citadelle, nous avons perdu vingt soldats tués, ou morts de leurs blessures deux ou trois jours après, plus la jeune femme Leray. Quarante-six soldats y ont été plus ou moins grièvement blessés.

<small>Nos pertes en hommes.</small>

En ville, nous n'avons eu que douze blessés et cinq

(1) Février 1872.

tués, sans compter la femme Mathieu-Danieri. N'est pas morte la jeune fille blessée le 14 (1).

(1) Nous n'avons pu connaître les noms de tous les soldats tués pendant les trois jours de notre bombardement, ou morts de leurs blessures dans les ambulances, quelques jours après.

Voici ceux que nos renseignements nous mettent à même de pouvoir citer. La ville de Verdun doit en garder le souvenir.

1° D'Audignac, René, lieutenant d'artillerie de marine, tué le 13 octobre.
2° Blanc, Claude-Joseph, âgé de 24 ans, sergent au 1er régiment du génie, mort de ses blessures le 23 octobre.
3° Rousselot, Jules, du 57e de ligne, âgé de 22 ans, blessé et mort le 13 octobre.
4° Reynauld, du 1er régiment du train d'artillerie, blessé et mort le 13 octobre.
5° Destage, du 57e de ligne, tué raide le 13 octobre.
6° Picot, du 57e de ligne, tué raide le 13 octobre.
7° De Guerville, Eugène-Bernard, du 57e de ligne, âgé de 27 ans, blessé et mort le 13 octobre.
8° Dulong, du 2e régiment d'artillerie, tué raide le 13 octobre.
9° Mazet, du 89e de ligne, subsistant au 57e, tué raide le 13 octobre.
10° Royer, Charles-Joseph, mobile, natif de Commercy, âgé de 22 ans, tué raide le 14 octobre.
11° Hervier, Alexis, du 1er régiment du train d'artillerie, âgé de 27 ans, mort de ses blessures le 22 octobre.
12° Pinchon, du 57e de ligne, blessé et mort le 14, en arrivant à l'hôpital St-Nicolas.
13° Gervais, du 74e de ligne, subsistant au 57e, tué raide le 15 octobre.
14° Goguet, Adolphe, mobile, âgé de 22 ans, natif de Lacroix-sur-Meuse, mort de ses blessures le 24 octobre.
15° Landry, du 27e de ligne, subsistant au 57e, mort de ses blessures le 23 octobre.
16° Jean, Célestin, du 57e de ligne, âgé de 31 ans, mort de ses blessures le 20 octobre.

Nous ignorons donc les noms des deux soldats brûlés et de cinq tués à la Citadelle, d'un artilleur blessé à mort le premier jour, à la porte Chaussée, et du soldat du 80e tué le deuxième jour.

Treize de ces soldats, apportés morts à l'hôpital St-Nicolas, y sont enterrés dans le jardin, au pied de la muraille du chœur de la chapelle, à droite.

Le décès de plusieurs d'entre eux n'a point été déclaré à la Mairie, et par conséquent n'est point porté sur les Registres de l'Etat-civil.

Perte des Allemands.

Nous connaissons nos pertes en hommes, pendant ces trois terribles journées, mais il nous est difficile de savoir quelles furent celles des Allemands.

Voici ce que disent quelques-uns de leurs journaux que nous avons pu nous procurer.

« Le major d'artillerie Hellfeld et son aide-de-camp
» ont été dès le premier jour blessés par des éclats
» d'obus. Nos pertes, durant le bombardement de
» Verdun, s'élèvent à environ cent vingt hommes
» tués ou blessés, parmi lesquels un major d'artil-
» lerie blessé, deux officiers d'artillerie tués. De notre
» régiment nous avons aussi deux capitaines hors de
» combat. Le même projectile leur a coupé à chacun
» une jambe : l'un est mort, l'autre a été amputé
» et on ne sait s'il survivra » (1).

Les *notes* d'un sous-officier trouvées à Glorieux, notes que nous avons déjà citées, donnent les noms de ces deux derniers officiers.

« Le 14, à 9 heures, notre compagnie avait subi
» de grandes pertes. Le chef de notre compagnie,
» avec le capitaine de la 10ᵉ compagnie, Marès (2),
» eurent chacun une jambe emportée. Le lieutenant
» Pfeiffer mourut quatre heures après. Outre l'officier,
» nous avons eu quatre hommes tués dans la 9ᵉ com-
» pagnie. Dans la 10ᵉ, quatorze hommes et l'officier

---

(1) L'*Observateur de Francfort* du 23 octobre et du 6 novembre 1870.

(2) Le capitaine Marès est mort quelques jours après à l'ambulance l'Etain.

Le corps du lieutenant Henry Pfeiffer, d'abord enterré sous un grand arbre près de la fontaine de Baleycourt, repose aujourd'hui au Jardin-les-Soupirs.

» ont aussi été tués ou blessés. Le même obus avai[t]
» blessé six hommes mortellement.

» En même temps que nous plaignions tous notr[e]
» pauvre capitaine obligé de mourir, nous avions un[e]
» très-mauvaise position, parce que nos artilleur[s]
» n'arrivaient pas à leur but, et envoyaient sur nou[s]
» les boulets destinés à la ville : aussi nous nous
» sommes portés plus à droite » (1). Ces deux compagnies étaient postées à Glorieux et dans les jardin[s] en face de la Citadelle, ce qui explique leur mauvais[e] position, et le bruit répandu que leurs officiers avaien[t] été tués par leurs propres artilleurs.

La *Gazette Prussienne*, donne à peu près les mêmes détails, auxquels elle ajoute les noms de quelques officiers blessés ou tués, noms que nous craignons fort de mal traduire et de mal écrire :
« Nos pertes sont peu considérables : deux officiers,
» les lieutenants Lauer et Brenning tués ; trois autres
» blessés, qui sont le major von Hellfeld, le capitaine
» Meinardus, et le lieutenant Perlage. De tous les
» canons, six pièces démontées. De l'artillerie, soi-
» xante-trois morts ou blessés » (2).

Mais ce qui ressort de ces correspondances adres-

---

(1) Voir le *Courrier de Verdun* du 21 octobre.

(2) *Gazette prussienne* du 1er novembre 1870 : extrait de la *Gazette de Cologne*.

Le lieutenant Otto Brenning tué le 13, et le lieutenant Lauer tué le 14, tous deux du 3e d'artillerie, sont inhumés dans la même fosse au Jardin-des-Soupirs avec quatre canonniers, sans doute de leur batterie.

Au mois de mars 1871, l'autorité militaire prussienne a fait ramener à Verdun, et inhumer au Jardin-des-Soupirs, les corps d'un grand nombre de soldats allemands tués pendant le siége et enterrés, à droite et à gauche, dans les champs autour de Verdun.

sées aux journaux allemands par des hommes faisant partie de l'armée assiégeante, c'est la conviction exprimée par tous leurs auteurs, que Verdun ne capitulera pas de sitôt et qu'il leur faudra longtemps encore bivouaquer autour de nos remparts.

<small>L'ennemi estime que la Place tiendra longtemps encore.</small>

« La grande distance (2,400 pas) et l'inexactitude
» du tir des lourds calibres français ne nous per-
» mettent pas de tenter une attaque d'infanterie.
» Après ce qui a eu lieu et d'après la tenue de la
» garnison de Verdun, principalement du Comman-
» dant, on n'ose pas espérer la possession de la ville,
» car la voie que nous avons suivie jusqu'alors n'a
» guère réussi. Un siége régulier et des canons prus-
» siens du plus gros calibre seront nécessaires (1).

» Malgré le bombardement, la garnison de Verdun
» n'est pas du tout disposée à se rendre (2).

» Le bombardement a été inutile ; de nouveau nous
» avons devant nous un long temps avant qu'il puisse
» recommencer, et une mauvaise perspective d'avant-
» postes et de gardes, de gardes et d'avant-postes (3).

» L'ennemi répond régulièrement à notre feu : ses
» pièces de 24 surtout tirent bien. Quoique notre
» attaque soit devenue plus énergique, je ne crois
» pas qu'il nous soit facile de nous emparer de la ville
» si les habitants ne poussent pas à une capitulation,
» et si nous ne nous y prenons pas autrement. Il
» pleut presque tous les jours et tous les jours nous
» sommes en factions ou bien aux retranchements.

(1) *Gazette prussienne* du 1ᵉʳ novembre 1870.
(2) *Gazette de Cologne* du 22 octobre 1870.
(3) *L'Observateur de Francfort* du 6 novembre 1870.

» Dans la terre détrempée, aucune de ces occu-
» pations n'est très-propre. Que Dieu améliore la
» situation » (1).

Nous citerons, pour finir, un dernier extrait d'un journal allemand duquel nous regrettons de ne pas connaître le titre (2). Ce journal publiait à l'époque de la guerre une série d'études historiques sous le titre de : LES FORTERESSES FRANÇAISES. Le long article consacré à VERDUN est une histoire abrégée, mais très-exacte et très-intéressante de notre vieille Cité. Il débute par quelques lignes sur la force défensive de nos frontières, de Calais à Belfort, puis il continue ainsi :

« Une bonne partie de cette chaîne de forteresses
» a dû déjà céder devant nos armes et se rendre.
» Cependant différentes courageuses places tiennent
» toujours et tiendront encore longtemps *si la catas-*
» *trophe de Metz et celle non moins probable de*
» *Paris* ne viennent dans peu décider de leur sort :
» sort qui sera décidé alors malgré tous les beaux
» discours et la résistance à outrance que l'on prêche
» pour se donner une fiche de consolation.

» Parmi ces places, *que nous avons jusqu'ici*
» *inutilement assiégées, le vieux* VERDUN *compte*
» *avant toutes.* Il est considéré en France comme
» une forteresse de 1re classe (3), mais à peine doit-il
» prétendre à ce rang, quelqu'énergiquement qu'il se

---

(1) Voir le *Courrier de Verdun* du 8 novembre 1870.

(2) Quand ce journal nous est tombé sous la main, le titre en était arraché.

(3) Verdun est, je crois, place forte de 2e classe.

» défende et quelque forts que paraissent ses remparts
» garnis de bouches à feu ».

Vient ensuite la notice historique qui donne surtout de curieux détails sur le bombardement de 1792, sur les *Vierges de Verdun* et sur les prisonniers anglais renfermés dans nos murs de 1803 à 1814. Après quoi l'auteur termine son étude par les réflexions suivantes :

« Les Bourbons, aussi bien que Louis-Napoléon,
» acheminèrent leur attention vers les travaux de
» fortification de la place de Verdun. Cela n'a pas été
» sans résultat comme le prouvent *les efforts, infruc-*
» *tueux jusqu'à présent, que nos troupes ont faits*
» *pour s'emparer du petit nid devant lequel elles*
» *campent depuis plusieurs semaines, sans pouvoir*
» *l'amener à capituler* » (1).

Certes, je n'ajouterai pas un mot à ces paroles si honorables pour nous, dans lesquelles l'ennemi rend hommage à notre vaillante résistance : elles terminent trop bien le récit du rude bombardement que notre Ville a supporté les 13, 14 et 15 octobre 1870.

Le 16 octobre, la ville de Verdun parut peut-être plus triste encore que la veille. C'était un Dimanche : muettes restèrent les cloches dans les hautes tours de la Cathédrale, et muets les canons sur les remparts. L'émotion du combat ne surexcitant plus les âmes, elles étaient tout entières à l'impression produite par la vue de nos désastres.

(1) Comme il se pourrait faire que quelqu'un fût désireux de lire ce précis historique de la ville de Verdun, écrit sans doute par l'un de ses assiégeants, en face de ses remparts, nous le donnerons en entier aux *Pièces justificatives* n° 12.

Le soir, une demi-feuille de papier, représentant un n° du *Courrier de Verdun*, fut répandue à profusion dans la Ville et lue par tous avec autant d'avidité que de légitime orgueil. Après quelques lignes inspirées à son Rédacteur (1) par le plus noble patriotisme, ce n° du *Courrier* ne contenait que la lettre suivante, que le général commandant supérieur de la Place avait écrite la veille et qu'il avait remise au parlementaire allemand pour le général major de Gayl, commandant les troupes prussiennes autour de Verdun :

Lettre du général Guérin au général de Gayl.

« Général,

« En réponse à votre honorée lettre de ce jour,
» j'ai l'honneur de vous informer que j'accepte avec
» empressement l'échange de prisonniers que vous
» me proposez, à savoir dix-sept prisonniers français
» contre douze prisonniers allemands (2).

» J'ai le regret de vous annoncer que le sous-officier
» Luders du 96ᵉ régiment, Krüger du 12ᵉ régiment de
» dragons, Auguste Von der Heite du 56ᵉ régiment
» de landwerh et le comte Hohenthal du 1ᵉʳ régiment
» de dragons de la garde ne se trouvent pas parmi les
» prisonniers que nous avons à Verdun.

» J'aurai l'honneur de vous envoyer douze prisonniers allemands avec un parlementaire, à 4 heures,
» à l'entrée de Belleville.

» Suivant votre désir, je vais faire photographier
» les deux tombes des deux officiers prussiens tués à

---

(1) M. Armand RENVÉ.
(2) Le registre d'écrou de la prison, que j'ai entre les mains, porte 22 prisonniers allemands rendus le 15 octobre.

» Charny et je vous ferai remettre à la fin des hostilités
» les photographies.

» Général, je profite de cette lettre pour vous ex-
» primer le sentiment qui pénètre chez moi sur la
» manière dont vous avez attaqué la ville de Verdun ;
» j'avais pensé jusqu'à ce jour que la guerre entre la
» Prusse et la France devait être un duel entre les deux
» armées et j'étais loin de m'imaginer que des habi-
» tants inoffensifs, des femmes et des enfants, verraient
» leur fortune et leur vie si injustement engagées dans
» la lutte. Si vous pensez, Général, que cette manière
» d'agir de votre part, que je me dispenserai de qua-
» lifier, peut contribuer en quoi que ce soit à hâter la
» reddition de la Place, vous êtes dans une profonde
» erreur ; car ce que les habitants ont souffert jusqu'à
» ce jour n'a contribué, vous pouvez me croire, qu'à
» augmenter chez eux l'abnégation que commandent
» leur position et leurs sentiments patriotiques.

» Ni la pluie des bombes et des boulets, ni les
» privations auxquelles la garde nationale et l'armée
» peuvent être exposées, ne les empêcheront de faire
» leur devoir jusqu'au dernier moment. Leur plus
» grand désir serait de se mesurer corps à corps avec
» les troupes prussiennes. Permettez-moi de vous dire,
» Général, que c'est sur la brèche que nous vous
» attendons et que nous espérons que vous sortirez un
» jour de derrière les montagnes qui vous tiennent
» cachés à nos coups.

» Recevez, Général, etc.

» *Le Général commandant supérieur,*
» Bon **GUÉRIN DE WALDERSBACH.** »

Cette lettre, que la grande histoire conservera, était trop l'expression de nos sentiments pour que le Maire de la Ville n'en remercia point, au nom des Verdunois, le vaillant soldat qui l'avait écrite avec son cœur et qui l'eut signée de son sang.

« Verdun, le 15 octobre 1870.

» Mon Général,

» J'ai l'honneur de vous retourner la lettre que vous
» avez eu l'extrême obligeance de me communiquer.

» Je crois de mon devoir de vous exprimer les
» remerciments de la population toute entière pour
» le langage noble et élevé avec lequel vous avez
» rendu les sentiments patriotiques dont elle est
» animée.

» Recevez, mon Général, l'assurance de mes
» sentiments les plus distingués et les plus respec-
» tueux.

» *Le Maire,*
» BENOIT. »

Le bastion d'Audignac.

Ce fut aussi le 16 octobre que la garnison rendit les honneurs funèbres au lieutenant d'Audignac. Suivant les usages militaires relatifs aux officiers d'artillerie tués à une pièce, usages confirmés par un décret ministériel, le Commandant supérieur donna l'ordre que son corps fut enterré le long du magasin de siége, face droite, dans le bastion 65, qui portera désormais le nom de bastion d'Audignac, afin de conserver, aussi longtemps que nos remparts seront debout, le souvenir du courageux officier qui y fut tué et dont la dépouille mortelle y repose. « Sur sa tombe,
» dit un témoin de la triste cérémonie, notre brave

» commandant Commeaux prononça quelques paroles
» émues qui trouvèrent un écho dans le cœur de
» tous ceux qui avaient connu notre cher lieutenant
» d'Audignac » (1).

Le lendemain fut lu, dans toutes les compagnies, l'Ordre du Général, accordant à la garde nationale et à l'armée, mais particulièrement à l'artillerie, des décorations, grades et citations pour leur belle conduite pendant les journées des 13, 14 et 15 octobre.

Ces diverses récompenses, données par le Général à quelques-uns seulement, étaient un hommage rendu en leurs personnes à la vaillance de tous (2).

Des Ordres particuliers du Général signalèrent aussi à leurs camarades la probité de deux sapeurs du génie au milieu du désordre des incendies (3), en même temps qu'ils flétrissaient d'autres soldats qui avaient volé divers objets dans les maisons brûlées.

Cependant, la terrible épreuve des jours derniers, quoique nous en fussions sortis, n'était nullement faite pour nous rassurer par rapport à l'avenir. Au contraire, elle paraissait plutôt à nos yeux comme un utile avertissement de nous tenir sur nos gardes et de nous préparer encore à de pareilles éventualités. Les troupes allemandes, en effet, nous serraient toujours

Ordres du Général.

(1) Notes de M. Bancelin, fils, sous-officier d'artillerie de la mobile.
Voir les paroles du commandant Commeaux, *Pièces justificatives* n° 13.

(2) Voir aux *Pièces justificatives* n° 14 les noms de tous ceux qui ont été mis à l'Ordre.

(3) Le sapeur Waldersberger a rendu une cassette contenant 4,000 francs et le caporal Oury a rendu 10 francs, trouvés dans une maison incendiée de la rue St-Pierre.

d'aussi près, et toujours leurs batteries, debout sur nos hauteurs, nous montraient la gueule menaçante de leurs canons.

C'est pourquoi tous les services de la Place, chacun selon ses attributions, songèrent à se mettre en état de recommencer et de prolonger la lutte.

<small>Mesures militaires.</small> Les mesures militaires les plus importantes étaient prises depuis longtemps. On n'eut pour le moment qu'à réparer quelques brèches faites par les obus prussiens sur les talus des remparts, surtout dans le voisinage des batteries; à construire une traverse le long de la courtine 65-66, pour la protéger contre les batteries de la côte St-Michel qui la prenaient en flanc; enfin à se garantir un peu mieux, aux divers bastions, contre le feu de l'ennemi en élevant davantage ou en prolongeant certains ouvrages en terre.

Nous ignorions toujours si, une nuit ou l'autre, les Allemands ne tenteraient pas une surprise sur un point quelconque de la Place. La porte St-Victor et la Citadelle paraissaient les côtés les plus propices à un coup de main de la part de l'ennemi.

On se souvient que les soldats de garde au poste extérieur de la porte St-Victor, pris d'une folle peur, se sauvèrent en ville, devant la fausse attaque des Prussiens, le 11 au soir. Ce poste, ainsi que toutes les galeries de contrescarpe (1) du front de St-Victor,

---

(1) L'*escarpe* c'est le rempart lui-même. La *contrescarpe* c'est le talus du fossé opposé à l'*escarpe* et sur le bord duquel aboutissent les glacis. Ce talus du fossé du côté du glacis, ou *contrescarpe*, peut être maçonné et perpendiculaire. Dans ce cas, que les glacis soient minés comme à St-Victor, ou non minés comme à la Citadelle, on pratique souvent des galeries derrière cette maçonnerie, pour les mines ou tout autre usage militaire. Ces galeries se nomment *galeries de contrescarpe*. Il y a aussi des *galeries d'escarpe*, c'est-à-dire derrière le rempart lui-même.

furent occupés chaque nuit par les compagnies *franches*, zouaves, turcos et chasseurs. Quant à la garde de toutes les poternes, donnant sur les fossés de la Place, elle fut confiée à des sous-officiers et à des soldats du génie. On pouvait compter sur la vigilance et sur l'énergie de ceux-là.

La Citadelle fut l'objet de précautions analogues. L'ennemi occupait Glorieux et Jardin-Fontaine : ses postes avancés étaient placés, la nuit, à 200 mètres des glacis, dans les jardins : la nuit aussi, on avait vu des soldats allemands venir, sous le feu de nos sentinelles, faire des reconnaissances jusque dans les fossés ; dès lors, là encore il fallait être sur ses gardes. C'est pourquoi, on fit descendre chaque nuit une partie de la garnison de la Citadelle dans les galeries qui règnent le long des fossés et qu'on appelle, en style du métier, galeries d'escarpe, de contrescarpe et de contregardes.

Cette mesure, non-seulement pourvoyait à la sécurité de la Place de ce côté, mais encore elle donnait, pour le cas d'un nouveau bombardement, un refuge excellent aux soldats actuellement sans abris et obligés de coucher pêle-mêle, sur un peu de paille, dans des locaux ruinés.

La situation défectueuse où se trouvaient à ce moment nos troupes devait en effet attirer l'intérêt et l'attention.

La garnison de la Citadelle se trouvait la plus maltraitée par le bombardement. Beaucoup de couchages avaient été brûlés : beaucoup de soldats avaient perdu leurs effets et n'avaient sauvé que leurs armes : enfin

On pourvoit au logement des troupes.

le logement manquait. Le génie fit aussitôt couper, un peu partout, dans la ville, une quantité de grands arbres au moyen desquels on blinda toutes les ouvertures de la caserne-casemate inachevée, et toutes les fenêtres du rez-de-chaussée de la grande caserne voûtée, la seule qui eut échappé à l'incendie ; les fenêtres des étages supérieurs furent bouchées avec des sacs à terre. Puis dans ces deux bâtiments, et dans quelques autres restés debout, on casa les soldats en les serrant un peu.

En ville, l'infanterie n'était pas mieux logée. La caserne St-Paul où étaient les mobiles, les quelques salles du Palais-de-Justice et le Collége qu'occupaient de forts détachements du 80e étaient devenus presqu'inhabitables. Les mobiles pourtant restèrent dans leur caserne, et les soldats au tribunal. Seulement on retint pour eux, en cas d'un nouveau bombardement, certains endroits voûtés et les caves de plusieurs bâtiments publics, car on ne pouvait les laisser une seconde fois dans leur caserne déjà trouée, et si bien exposée aux boulets de la côte St-Michiel. Mais une forte portion des trois cents hommes du 80e, cantonnés au Collége, dût chercher un abri dans tous les coins de l'établissement où l'on pouvait placer un matelas, une paillasse : les souterrains qui sont sous l'Eglise leur servirent aussi de dortoirs, jusqu'au moment où les eaux de la Meuse, s'y infiltrant, les en chassèrent.

Ces eaux, arrêtées au-dessus de Verdun, avaient atteint un niveau très-élevé. Le Pré-l'Evêque non-seulement était inondé, mais elles refluaient à près de trois kilomètres vers Belleray. Leur poussée contre les barrages, qui les empêchaient de suivre leur courant, était énorme : celui près du quartier St-Nicolas avait fléchi et risquait d'être emporté d'un jour à l'autre par cette masse d'eau qui, en s'écoulant, nous eut privés de notre défense de ce côté. Pour obvier à un tel danger, on consolida ce barrage au moyen des rails du chemin de fer enlevés à la gare.

L'argent est le nerf de la guerre, et le soldat se bat d'autant mieux qu'il est bien payé, bien vêtu, bien nourri. Or, dès le mois d'octobre, les caisses de l'armée comme celles de la Ville étaient vides malgré les 155,000 francs avancés à l'Etat, quelques semaines auparavant, par notre Municipalité. Cependant, il fallait payer la solde des troupes, leurs vivres, et les divers services civils relevant de l'Etat et du département de la Meuse. S'adresser au dehors était chose matériellement impossible ; Verdun devait donc se suffire à lui-même et pourvoir à toutes ses dépenses par ses propres ressources. *Mesures financières.*

C'est pourquoi le Général, en vertu de ses pouvoirs exceptionnels, « ordonna à M. le Maire de verser dans
» la caisse du Receveur particulier des finances de
» l'arrondissement de Verdun la somme de deux
» cent quarante mille francs.

» Au cas, disait-il dans sa lettre de réquisition,
» où cette somme de 240,000 francs ne pourrait être
» réalisée en espèces, la ville de Verdun est autorisée
» à émettre, et au besoin requise d'émettre, du papier-
» monnaie divisionnaire et jusqu'à concurrence de
» trois cent mille francs. »

L'émission du papier-monnaie, malgré le discrédit que ce nom lui vaut, était nécessaire. On ne pouvait plus en effet songer à recourir à l'emprunt, non pas certes que l'argent eut disparu de Verdun, il y en avait, et beaucoup, pas un sou n'étant sorti de nos murs depuis le mois d'août, mais cet argent s'était caché : on voulait se réserver un secours pour un avenir qui menaçait d'être plein d'embarras. La Municipalité n'hésita donc pas à mettre en circulation, à partir du 24 octobre, la somme demandée de 300,000 fr. en bons de caisse de 25 cent., de 1 fr., 5 fr. et 20 fr. (1).

Cette masse de papier-monnaie avait pour *garantie de remboursement* en espèces, aussitôt que les circonstances le permettraient : 1° l'Etat et le Département, au nom desquels agissait le Général commandant supérieur, 2° la ville de Verdun qui affectait à cette garantie ses bois et ses immeubles, et 3° enfin le *cautionnement supplémentaire* consenti par nos hospices civils sur les biens et les valeurs qu'ils possédaient.

(1) Ont été émis les bons, dont le détail suit, détachés de registres à souche et signés par le receveur municipal, M. Jennesson, dont l'activité et l'habileté financière ont rendu de grands services à notre Ville pendant le siége et surtout pendant l'occupation prussienne avant la paix.

24,000 bons de 25 cent., soit 6,000 fr.
30,000 bons de 1 fr., soit 30,000 fr.
29,000 bons de 5 f.., soit 145,000 fr.
10,000 bons de 20 fr., soit 200,000 fr.

En tout, 93,000 bons représentant une somme de 381,000 francs sur laquelle 362,450 francs ont été versés dans la caisse du Receveur des finances pour assurer le service militaire.

Ce qui donne un total de 547,450 fr. avancés par la Ville à l'Etat.

— 225 —

[de] telles garanties devaient inspirer la confiance [aux] plus soupçonneux. Aussi notre papier-monnaie [fut-il accepté] sans hésitation et eut cours immédiatement en ville (1).

Ce fut aussi vers le milieu du mois d'octobre que [que]lques citoyens, dévoués à la défense de la Ville, [org]anisèrent dans nos murs les deux compagnies de [vol]ontaires que nous appellerons les *Carabiniers* et [les] *Cadets Verdunois*.

Les *Carabiniers Verdunois* avaient commencé [que]lque temps auparavant à se former sous le nom [de] Compagnie-Franche des Volontaires de Verdun, [com]pagnie parfaitement distincte de celle des Francs-[tire]urs. Après le grand bombardement, ils prirent [le n]om de Carabiniers Verdunois.

Carabiniers Verdunois.

[I]ls demandèrent et obtinrent d'être tous armés du [fusi]l chassepot, formèrent entre eux une caisse, ayant [pou]r but de subvenir aux frais généraux que nécess[it]ent toutes les sociétés, et élurent eux-mêmes leurs [offi]ciers dans l'assemblée générale du 22 octobre, [réu]nie à cet effet (2). La compagnie des *Carabiniers [Ve]rdunois* comptait un actif de cinquante hommes

(1) Après la capitulation, la municipalité attacha un intérêt de cinq [pou]r cent à notre papier-monnaie, afin surtout de le faire accepter par [les g]ens des campagnes et de faciliter ainsi nos transactions avec l'exté[rieu]r.

[C]e papier-monnaie a été retiré de la circulation, par la Ville, dans le [cou]rant de l'année 1871.

(2) Furent élus : capitaine commandant la compagnie, M. Jules [Ma]zel, négociant à Verdun ; lieutenant, M. Pierre, propriétaire au [b]ourg de Regret.

[C]haque carabinier était porteur d'un *livret* contenant son état-civil, [son] signalement, les règlements et peines disciplinaires de la Compagnie.

15

portant les armes, tous jeunes et vaillants, presq[ue]
tous chasseurs intrépides et adroits tireurs.

Cadets Verdunois. Les *Cadets Verdunois*, furent aussi appelés Pupill[es] de la garde nationale, mais nous leur conservons [le] nom de Cadets, en souvenir de la compagnie d[es] Jeunes Cadets de Verdun qui existait déjà dans not[re] ville en 1725 (1).

La compagnie de 1870 fut organisée par M. Eugè[ne] Loison, officier de la garde nationale, qui en prit [le] commandement. Elle ne devait être composée que [de] jeunes gens de la ville, de 16 à 20 ans, assez for[ts] pour tenir un fusil, mais pas encore assez âgés po[ur] entrer dans la garde nationale; voulant se battr[e] mais point désireux de s'enrôler dans l'armée activ[e]. Le capitaine Loison mit beaucoup de zèle et d'ac[ti]vité à donner à ses jeunes Cadets les premier[s] éléments de l'instruction militaire, dans des exercic[es] multipliés. C'était chose utile que de les former d[e] bonne heure au métier des armes et d'en faire de[s]

(1) Sur les hauteurs qui dominent les villages de Belrupt et de Hau[](dainville, à une demi-lieue de Verdun, étaient plantées cinq tentes fo[rt] blanches et fort coquettes, formant un simulacre de camp. On en v[it] sortir, à l'approche du cortége royal, une troupe de jeunes gens, dans l[a] plus belle tenue du monde : surtout de camelot rouge, cocarde et plum[e] au feutre, nœuds de ruban à l'épaule, et mousquet au bras : c'était l[a] compagnie des Jeunes-Cadets de Verdun. Ils se portèrent rapidement su[r] le passage de Sa Majesté, et la saluèrent de leurs acclamations, en incli[]nant devant elle leur drapeau, sur lequel était écrite cette devise e[n] rapport avec leur jeunesse : *La valeur n'attend pas le nombre de[s] années*. Marie Lesczynska souriant à leur enthousiasme, leur rendit l[e] salut par un geste gracieux de la main.

Journal historique du voyage de la Reine depuis Strasbourg jusqu'[à] *Fontainebleau*, par le chevalier DAUDET.

La Reine Marie Lesczynca à Verdun en 1725, par l'abbé GABRIEL, dans l'Almanach de Bar. — 1870.

soldats avant que la loi ne les appelle sous les drapeaux.

Cinquante à soixante jeunes gens formaient la compagnie des Jeunes Cadets de Verdun. Nous les verrons bientôt à l'œuvre, sur la côte St-Michel.

Enfin, une dernière mesure de surveillance, dont l'initiative appartient encore à ce que j'appellerai l'élément civil de la défense de la place, fut l'organisation « aux portes de la Ville de postes de gardes » nationaux ayant pour but de recueillir le plus de » renseignements possibles, soit sur les positions de » l'ennemi, soit sur la situation des environs de » Verdun, soit enfin sur tout ce qui peut avoir intérêt » aux circonstances actuelles » (1).

Postes de surveillance aux portes de la ville.

Ce service de surveillance aux portes existait déjà depuis plus d'un mois, mais il n'était ni assez régulier, ni assez contrôlé. A partir du 16 octobre, deux volontaires, se relevant chaque deux heures, stationnaient continuellement à chacune des trois portes de France, Chaussée et Saint-Victor, depuis l'ouverture jusqu'à la fermeture. Ces trois portes, à moins de circonstances graves qui obligeaient de les tenir fermées pendant le jour, s'ouvraient à 6 heures du matin et se fermaient à 6 heures du soir. Les ponts demeuraient levés toute la nuit. La porte Neuve sous la Citadelle fut presque continuellement fermée pendant le siége.

Les deux gardes nationaux de service interrogeaient tous les voyageurs venant de la campagne et consi-

(1) Texte de l'*autorisation du Général* accordée à M. Denizet qui, tout le temps du siége, déploya une remarquable activité pour la défense.

gnaient sur un cahier les renseignements qu'ils recueillaient. Si ces renseignements en valaient la peine on les transmettait au Général, et le voyageur lui-même, accompagné d'un gendarme de planton, était conduit à la subdivision pour les donner de vive voix à l'autorité militaire.

Du reste les voyageurs à interroger étaient peu nombreux, car il était difficile de tromper la surveillance des vedettes allemandes et d'arriver jusqu'à nos portes. Les sentiers les plus détournés étaient gardés à vue, et si l'on parvenait à passer c'était à force de ruses, d'adresse et d'agilité. Ainsi des parents de mobiles par exemple demandaient aux officiers allemands cantonnés dans les campagnes, des laisser-passer pour un village voisin, comme Belleville, Thierville, Charny, puis, s'écartant de leur route, parvenaient à pénétrer dans nos murs. Nous avions même des hommes intrépides qui faisaient le métier de facteurs. On leur donnait un franc par lettre, et quand ils en avaient réuni un certain nombre, ils sortaient la nuit et les portaient en Belgique, en France, ou dans le voisinage. Avec quelle impatience on attendait leur retour et les réponses dont ils étaient chargés!

« On raconte, est-il dit dans un article de la
» *Revue des Deux-Mondes,* l'odyssée d'un paysan des
» faubourgs qui parvint à franchir le cordon de
» sentinelles en se faisant accompagner jusqu'à une
» certaine distance par sa petite fille; puis, tantôt se
» détournant, tantôt revenant sur ces pas, parcourut
» environ deux cent soixante lieues pour éviter les

» postes prussiens ; pénétra dans Paris pendant le
» blocus ; y apporta à M. X. Marmier, le célèbre
» voyageur, des dépêches du général Marmier, son
» frère ; réussit à en sortir, et même à rentrer à
» Verdun » (1).

On nous a dit que vers cette époque plusieurs ballons, les uns montés, les autres seulement chargés de lettres et lancés à la grâce de Dieu et des vents, étaient tombés dans les environs de Verdun. Nous aurions été heureux qu'ils vinssent s'atterrir à notre portée. Nous avions tant besoin de savoir ce qui se passait autour de nous ! Les rares journaux que nous recevions de Belgique et de France ne suffisaient guère à cette soif de nouvelles.

Cependant, le général Guérin rêvait une revanche contre l'ennemi qui nous avait si rudement bombardés pendant trois jours. Il fit appeler à l'hôtel de la subdivision le commandant Commeaux, de l'artillerie, et lui confia que son dessein était d'enlever le général de Gayl.

<small>Projet d'enlever le général de Gayl.</small>

Trois cents hommes d'élite s'approcheraient, au milieu de la nuit et dans le plus profond silence, du village qui lui servait de quartier général ; surprendraient et tueraient, sans tirer un coup de fusil, les postes et les sentinelles sur leur passage ; occuperaient toutes les rues de manière à pénétrer dans les maisons au premier signal et y feraient prisonnière la garnison prussienne surprise et disséminée de tous côtés, ou bien la fusilleraient si elle cherchait à se

---

(1) *Revue des Deux-Mondes*, 15 novembre 1871. — LA GUERRE EN LORRAINE.

— 230 —

défendre. Pendant ce temps dix officiers et une vingtaine de sous-officiers, choisis parmi les plus braves et armés jusqu'aux dents, envelopperaient la maison où se trouverait le général allemand, poignarderaient ses plantons et ses factionnaires, iraient à lui et le sommeraient, avec la courtoisie due à son grade, de rendre son épée. On pourrait exécuter ce magnifique et hardi coup de main en une heure de temps et rentrer à Verdun, dont la garnison serait sous les armes et prête à marcher au secours de l'expédition, avant que les garnisons allemandes des villages voisins ne fussent averties.

<small>Obstacles à l'exécution de ce projet.</small>

Tel était le projet. On recula devant les difficultés que présentait son exécution. Ces difficultés en effet étaient sérieuses, mais peut-être pas insurmontables.

La première était dans le peloton d'honneur chargé d'enlever le général allemand, peloton que l'on voulait former avec les officiers et les sous-officiers les plus fermes, de sorte qu'on enlevait ainsi aux compagnies leurs meilleurs chefs. Cette difficulté pouvait disparaître en composant ce peloton avec beaucoup moins d'officiers et de sous-officiers, et en leur joignant quelques soldats éprouvés.

La seconde était l'incertitude où l'on se trouvait relativement au village dans lequel le général de Gayl passait la nuit, car il couchait tantôt à Bras, tantôt à Charny. Pour sortir de cette incertitude, ne pouvait-on pas avoir deux hommes sûrs, intrépides et dévoués, dût-on payer au poids de l'or les risques auxquels ils s'exposeraient d'être fusillés, qui, partant l'un de Charny, l'autre de Bras, vinssent, à jour indiqué et à la même heure, vers minuit, avertir le général Guérin de l'endroit où le général de Gayl couchait cette nuit et, conséquence naïve, de celui où il ne couchait pas? Alors, certains du but, on serait parti, immédiatement après l'avis reçu, avec les soldats de l'expédition prévenus à l'avance et attendant sous les armes.

Enfin, la dernière difficulté, qu'on se dirigeât sur Bras ou sur Charny, était la présence des troupes prussiennes, cantonnées à Belleville et au bois Lecourtier d'un côté, et de l'autre à Thierville; troupes auxquelles on devait éviter par dessus tout de donner l'éveil.

Si on se dirigeait sur Bras, il fallait gravir le flanc de la côte St-Michel, passer sous le bois Hennequin, surprendre et poignarder en silence toutes les vedettes qu'on pourrait rencontrer sur ce point, descendre dans la vallée, passer non loin de la Fontaine du Roi de Prusse, et tourner le bois Lecourtier. C'était, il est vrai, dangereux de laisser ainsi deux forts détachements sur ses derrières, mais on devait compter sur Verdun et sur le succès.

Si on se dirigeait sur Charny, Thierville à son tour barrait le passage.

Ou bien, on passerait à gauche, entre ce village et la côte des Heyvaux, en traversant Jardin-Fontaine que les Prussiens avaient abandonné (1); mais alors on risquait d'être aperçus d'un côté par les factionnaires de garde aux batteries des Heyvaux, et de

(1) Les Prussiens avaient abandonné Jardin-Fontaine et Glorieux dans la nuit du 16 au 17 octobre, vers 3 heures du matin.

l'autre par ceux placés presqu'en face à l'extrémité de Thierville.

Ou bien, on passerait à droite et l'on irait prendre les bords de la Meuse à une certaine distance en deçà de Thierville, bords que l'on suiverait jusqu'à une certaine distance au-delà, jusqu'au pont de Wamaux par exemple, de façon à se tenir toujours écarté du village et des vedettes prussiennes d'au moins 5 à 600 mètres. Mais, en tournant ainsi Thierville, on rencontrait un nouvel obstacle dans le ruisseau de la Scance, qui venant de Regret, Glorieux et Jardin-Fontaine, se recourbe vers Thierville, passe à l'extrémité du village et de là se jette perpendiculairement dans la Meuse en face de Montgrignon (1). Or, il fallait absolument traverser ce ruisseau, tout près de la Meuse ; ce qui n'était point aisé, car les eaux en étaient profondes à cause des pluies qui n'avaient cessé de tomber depuis quelques temps. Pouvait-on demander cela aux troupes ? Etait-il prudent, était-il même possible d'essayer l'expédition avec des hommes mouillés jusqu'à la ceinture par une froide nuit de fin d'octobre ? Je laisse répondre les gens du métier.

---

(1) Il y a 8 à 900 ans que le ruisseau de la Scance venait droit de Glorieux à Verdun, passait près de la porte de France et de St-Maur, longeait le côteau sur lequel fut bâti la rue St-Pierre et se jetait dans la Meuse à travers les terrains où se trouve aujourd'hui le Collége.

Le nom de St-Nicolas *de la Gravière* donné à l'hôpital, qui existait là avant la construction du Collége en 1570, rappelle le souvenir de l'endroit où la Scance se jetait dans la Meuse. Son lit se retrouve et se peut suivre encore aujourd'hui le long des bâtiments de St-Maur et au travers des jardins attenant aux maisons de la rue St-Pierre, à droite, en montant.

Toujours est-il que tous ces obstacles et ces difficultés empêchèrent le général Guérin de mettre à exécution un projet qui fut encore pendant plusieurs jours son rêve le plus cher, et que nous aurions été si heureux et si fiers de voir tenter et réussir.

Ce projet abandonné, on songea dès lors à une attaque contre les deux batteries des Heyvaux.

Le 19 octobre, vers le soir, le général Guérin réunit à l'hôtel de la subdivision les deux commandants de l'artillerie et du génie, ainsi que le capitaine Juneau des compagnies *franches*. Dans ce conseil de guerre, après avoir discuté les mesures à prendre pour mener l'entreprise à bonne fin, on résolut de former un détachement d'environ cent quatre-vingts hommes composé de cent et quelques soldats des compagnies *franches*, de trente sapeurs du génie et de vingt-cinq artilleurs. « Puisque vous avez les sapeurs du génie » avec vous, dit le Général au capitaine Juneau qui » devait commander l'expédition, vous pouvez mar- » cher sans appréhension » (1).

Le départ fut fixé à 4 heure du matin, et le secret le plus absolu fut promis et fidèlement gardé. A 10 heures du soir, le commandant Commeaux choisit lui-même sa section d'artilleurs chargés de l'enclouage des canons. A la même heure, le commandant Boulangé se rendit à la Citadelle, pour former son détachement qu'il composa de trente-trois sapeurs et de quatre sergents du génie tirés au sort, car tous les sous-officiers voulaient être de la partie. Le capitaine Juneau de son côté fit prendre les armes à ses

(1) *Rapport* du Commandant du génie.

<small>Nuit du 19 au 20 octobre.

Premier enclouage des canons ennemis.</small>

hommes ; et à 1 heure du matin, artilleurs, sapeurs du génie, zouaves et chasseurs à pied se trouvaient réunis à la porte de France, ne sachant encore sur quel point on allait les diriger.

A la porte de France se trouvaient aussi les Commandants du génie et de l'artillerie, avec le Chef d'état-major du général, qui donnèrent, chacun dans ses attributions, les ordres nécessaires.

Les troupes furent divisées en deux colonnes : la première sous le commandement du capitaine Juneau, la seconde sous celui du sous-lieutenant Petit, ancien chef des francs-tireurs et actuellement attaché aux compagnies *franches*. Une section de soutien fut mise aux ordres du sous-lieutenant Delabroix, ancien sergent-major au 3e zouaves, échappé de Sedan (1). Deux hommes intrépides, l'un et l'autre du faubourg de Regret et connaissant parfaitement le terrain sur lequel on allait opérer, MM. Pierre, propriétaire, et Mouteaux, sergent-major au 2e tirailleurs algériens, échappé de Sedan, se chargèrent de guider chacun une colonne vers les batteries allemandes.

Le temps était affreux et la nuit sombre; la pluie tombait à verse, et, poussée par le vent du nord, venait fouetter les soldats au visage. Arrivées en avant de Glorieux, les deux colonnes se séparent.

L'une, conduite par le sergent-major Mouteaux, oblique à droite, monte la *Grande-Ruelle*, et rejoint le chemin qui règne sur le plat de la côte. L'autre,

---

(1) Voir le *Rapport* du capitaine Juneau au *Courrier de Verdun* du 21 octobre 1870, et le *Supplément à ce Rapport*, même Journal du 24 octobre suivant.

conduite par le volontaire Pierre, pousse jusqu'à l'extrémité du faubourg, prend aussi sur sa droite *le chemin sous les Heyvaux*, en face de la maison de campagne des Séminaires, et le quitte un instant après pour gravir le flanc du coteau.

On rampe plutôt qu'on ne marche : les vignes, les haies et les arbres des jardins, qui couvrent le flanc et le sommet des Heyvaux dans sa partie la plus rapprochée de Verdun, masquent nos troupes aux regards de l'ennemi ; mais on évite le moindre bruit d'armes et de voix qui pourrait lui signaler notre approche. Enfin, vingt-cinq minutes après, on arrive sur un terrain découvert. La colonne de droite est à 120 mètres en face de la batterie du côté de Thierville : au *Qui vive?* d'un factionnaire prussien, on répond en allemand de façon à le tromper et on marche toujours. La colonne de gauche se trouve à 10 mètres sur le flanc de la batterie du côté de Regret, et n'a pas encore été aperçue.

Celle-ci donne le signal au cri à jamais français de : *En avant!* poussé par tous à pleines poitrines, et l'on bondit sur la batterie. Le factionnaire fait feu presqu'à bout portant sur le guide Pierre qui lui répond en lui enfonçant sa baïonnette dans la poitrine, et en le clouant littéralement à terre ; mais lui-même tombe aussitôt frappé d'un coup de crosse qui ne fait que l'étourdir, et se relève quelques instants après pour continuer à se battre.

A la même minute, notre cri de guerre, qu'on entendit de Verdun, avait été poussé par la colonne de droite, pendant qu'elle courait au pas de charge, sans tirer un coup de fusil, sur la batterie en face d'elle qui répondait par un coup de canon : heureusement le projectile passa au-dessus de nos hommes.

En un clin-d'œil, nos soldats sont au milieu des batteries. Les postes ennemis surpris sautent sur leurs armes, pas assez vite cependant pour empêcher un sapeur-mineur (1) de leur enlever un faisceau de fusils, et de désarmer de la sorte quatre ou cinq hommes. Après quelques coups de feu échangés, on ne prend pas le temps de recharger ses armes, et bientôt une affreuse mêlée s'engage sur les deux points attaqués. On se heurte, on se saisit à bras le corps, on se défend, on frappe à coups de crosses et de baïonnettes. Mais dans cette lutte terrible, où la bravoure personnelle compte pour quelque chose ; au milieu des ténèbres de la nuit ; sur un terrain détrempé par les eaux ou glissant, l'adresse et l'agilité de nos soldats, unies à leur vaillance, l'emportent bien vite sur la courageuse opiniâtreté allemande.

Après une demi-heure à peine de combat, l'ennemi se retirait vers Blamont, laissant sur le sol sanglant une trentaine de soldats morts ou mourants. Six seulement, dont un blessé, rendirent leurs armes, ce qui prouve que si l'attaque avait été rude, vigoureuse avait été la résistance. Au milieu de la mêlée, nos artilleurs avaient encloué les douze pièces en batteries, six dans chaque batterie, et enlevé les écouvillons et les leviers de manœuvres. Un sergent

---

(1) Ce sapeur du génie s'appelait Curtet : il reçut la médaille militaire pour ce fait d'armes.

du génie avait sauvé la vie à un soldat ennemi désarmé, en détournant une baïonnette qui allait le frapper en pleine poitrine.

Mais, il était temps pour nos colonnes de battre en retraite. Le coup de canon et le bruit de la fusillade avaient mis sur pied les garnisons de Thierville et de Regret, et déjà on les entendait dans le lointain accourir au secours des leurs.

A 3 heures 1/2, les soldats victorieux rentraient dans la Place. Nous avions payé ce brillant fait d'armes par la perte de deux hommes : le clairon Delgendre dont on rapporta le cadavre, du 19e bataillon de chasseurs, échappé de Sedan, tué près du capitaine Juneau, et le chasseur Bernard du 8e, disparu, tué ou fait prisonnier. Nous n'avons eu que quatre blessés (1). « Pendant un moment, dit le
» capitaine Juneau, dans son rapport au Général,
» j'ai soutenu, avec le clairon et le sergent Fuch, le
» choc d'une grande partie du poste ennemi. Ce
» n'est que grâce au secours que m'a amené le
» caporal Rhill que j'ai pu me dégager après avoir
» tué deux ennemis qui me serraient de trop près,
» et fait un prisonnier. »

Quelques jours après, un ORDRE du Général nommait sous-lieutenant le jeune Mouteaux (2); donnait la croix de chevalier de la Légion-d'Honneur à MM. Juneau, Pierre et Gosselin, ce dernier maréchal-des-logis au 4e d'artillerie; conférait la médaille mili-

---

(1) Samoel, du 8e bataillon, Boos et Pujo, du 3e zouaves, et Rincheval, caporal-fourrier.

(2) A peine âgé de 23 ans.

taire à plusieurs sous-officiers et soldats, et en citait un grand nombre d'autres comme s'étant spécialement distingués (1).

Citations particulières étaient faites de MM. Commeaux, chef d'escadron d'artillerie, et Boulangé, lieutenant-colonel du génie. « Remarquables par leur
» bravoure, leur courage et leur dévouement dans
» toutes les attaques qui ont eu lieu, ils ont organisé
» les détachements destinés à la sortie » (2).

Les jours suivants ne furent marqués par aucun évènement militaire. Les Prussiens réparèrent les désordres causés dans leurs batteries par nos soldats, cherchèrent à désenclouer leurs canons et renforcèrent d'une soixantaine d'hommes la garnison de Thierville (3). De notre côté, le génie fit élaguer ou

---

(1) L'Ordre du Général *semble* indiquer *vingt-et-une* pièces enclouées, si on additionne le nombre de pièces dont il attribue l'enclouage à chaque artilleur cité. Mais il n'est pas possible d'admettre ce chiffre de *vingt-et-un*, par la raison bien simple « qu'il n'y avait aux Heyvaux que douze
» pièces, six du calibre de 24 dans une batterie, et six du calibre de 12
» dans l'autre » ainsi que l'affirme l'Observatoire de la Tour, en répondant, le 16, à une demande du Général. Affirmation renouvelée par le même Observatoire, le 18, c'est-à-dire la veille de la sortie : « Dans
» les batteries des Heyvaux douze pièces. »

Le capitaine Juneau, qui y était, n'est pas lui-même certain du nombre. « Le résultat de cette sortie, dit-il, dans son rapport, est, *je crois, de*
» *seize pièces enclouées.* »

Chaque artilleur nommé est cité pour avoir plus énergiquement contribué à enclouer le nombre de pièces que l'Ordre lui attribue et non point pour les avoir enclouées seul.

(2) Voir aux *Pièces justificatives* n° 15, le nom des cités à l'Ordre.

(3) « 6 h. 46 m. du matin. — Cent cinquante Prussiens travaillent activement dans les batteries des Heyvaux. Rien de nouveau sur les côtes St-Barthélemy et St-Michel. »

« 7 h. du matin. — Une colonne de soixante hommes environ se dirige sur Thierville. »

abattre les taillis, massifs d'arbres et abris aux environs de Glorieux et de Jardin-Fontaine où se cachaient les tirailleurs prussiens pour fusiller tout ce qui montrait sa tête au-dessus des remparts de la Citadelle. Cette opération se fit sans résistance de la part des Allemands dont les avant-postes échangèrent à peine quelques balles avec l'escorte de nos travailleurs.

On employa la mine pour faire sauter cinq ou six baraques de jardins, ce qui fit dire au correspondant de la *Gazette de Cologne* : « Aujourd'hui, l'après-
» midi, deux faubourgs de Verdun, Jardin-Fontaine
» et Glorieux, ont sauté par les mines » (1). On nivela aussi les décombres des maisons renversées, et on abattit les pans de murailles restés debout, au faubourg Pavé, en face du bastion 4 ou St-Paul, sur la Meuse.

Le 21, deux jeunes gens (2) trompant la surveillance des Prussiens, apportèrent en ville la nouvelle de la mort de M. Violard, ancien notaire à Charny, fusillé trois jours auparavant par ordre de l'autorité militaire allemande (3).

On se souvient qu'il avait été accusé d'avoir prêté son cheval et sa voiture pour aller à Verdun prévenir les francs-tireurs de la présence à Charny de deux officiers allemands, dont nous avons raconté la mort.

Jeté en prison, et traduit devant un conseil de guerre siégeant à Bras, M. Violard nia jusqu'au

---

(1) *Gazette de Cologne* du 22 octobre 1870.
(2) Les fils Tronville, de Thierville, et Duchêne, de Charny.
(3) M. Violard fut fusillé le mardi, 18, à 6 ou 7 heures du matin.

dernier moment qu'il eut prit une part, même indirecte, au coup de main des francs-tireurs de Verdun. Ses protestations d'innocence ne furent pas acceptées. Des témoins furent entendus ; mais nous ne connaissons pas leurs dépositions, malgré les démarches que nous avons faites pour nous procurer les pièces du procès, et nous ignorons si ces dépositions ont influé sur la sentence fatale qui frappa Violard (1). Les Allemands, paraît-il, l'ont à plusieurs reprises affirmé dans le pays ; mais jusqu'alors rien ne nous oblige à les croire.

Condamné à être passé par les armes, Violard marcha au supplice avec le courage d'un brave, le stoïcisme d'un philosophe et la résignation d'un chrétien. Son frère et un prêtre (2) l'accompagnèrent jusque sur le terrain de l'exécution. Il fut fusillé entre Bras et Vacherauville, à cent pas de la route, au pied d'un petit coteau qui touche à ce dernier village. Sa fosse, à l'avance, avait été creusée au pied de l'arbre contre lequel il s'adossa pour recevoir la mort. Il y a un an, cet arbre, taillé à plat à hauteur de tête, portait encore les traces des balles allemandes dont quelques-unes traversèrent la poitrine de la victime. M. Violard avait 60 ans. La nouvelle de sa mort causa une douloureuse impression dans Verdun, où il était connu.

(1) Je possède une lettre autographe du général de Gayl, adressée à M. Gérard, maire de Charny, lettre dans laquelle le général, aujourd'hui commandant de division, dit : « qu'il a remis tous les actes de son ci-» devant corps d'armée à S. Exc. le général de Bonin lequel, sur sa » demande, expédiera, à M. le maire de Charny, une copie du jugement » du conseil de guerre concernant M. Violard. »

(2) M. l'abbé Husson, curé de Bras.

En même temps que cette nouvelle nous venait du dehors, des bruits de trahison, heureusement erronés, circulaient parmi nous. En certains endroits de la Ville, disait-on, et à certaines heures de la nuit, des lumières apparaissent changeant de places et variant de couleurs de la plus étrange façon. Parfois même, des fusées s'échappent du milieu de tels groupes de maisons, et montent dans les airs à des hauteurs suffisantes pour être vues au loin. Ces fusées, ces lumières sont sans nul doute les signaux d'un traître qui se met en communication avec l'ennemi. La Ville haute surtout était véhémentement accusée. Etait-ce un instinctif souvenir de 1792? A cette époque aussi on avait accusé les habitants de la Ville haute de se servir de lanternes, placées sur les toits de leurs maisons, pour diriger le tir des batteries prussiennes de la côte St-Michel!

Fondés ou non, de tels soupçons inquiétaient et irritaient la population. Les postes de la garde nationale et de la troupe, l'œil au guet pendant plusieurs nuits, affirmaient que c'étaient bien là des signaux. Il fallait tenir compte de ces légitimes et patriotiques susceptibilités.

L'autorité militaire fit exécuter quelques expériences dans les maisons suspectées, et l'on reconnut, à ne pas s'y tromper et à convaincre les plus soupçonneux, que ces effets de lumières étaient dus au plus pur hasard; que les allées et les venues, avec des lampes et des bougies, d'une chambre à l'autre, dans les vestibules, les escaliers et les combles de ces maisons, allées et venues nécessitées par le service intérieur,

Lumières suspectes.

produisaient les phénomènes remarqués et incriminés (1).

Il est peut-être curieux de noter que pendant le dernier siége de Paris par les Prussiens, certaines maisons de la capitale ont été pareillement soupçonnées d'entretenir des relations avec l'ennemi au moyen de lumières.

« Parfois, le soir, dit Francisque Sarcey, on voyait
» se former lentement des groupes de nez tendus en
» l'air. Qu'est-ce qu'on regardait avec cette attention?
» Une lumière qui brillait au quatrième étage, et se
» promenait de chambre en chambre. Une lumière!
» à dix heures du soir! au haut du toit d'une
» maison! ce ne pouvait être que des signaux!....
» Tenez, voyez-vous le reflet vert?.... La garde na-
» tionale arrivait et montait avec le concierge sous
» les combles. Là on trouvait presque toujours une
» honnête famille causant ou lisant sous la lampe
» fidèle.....

» — Mais ces mouvements de la lumière qui passait
» d'une fenêtre à l'autre?

» — C'est que nous étions allés chercher quelque
» chose dans la chambre.

» — Et le reflet vert?

» — C'est que notre papier de tenture est de nuance
» verte » (2).

Disons, pour ne plus parler de la triste plaie de l'espionnage de laquelle nous avons été si souvent

(1) Voir là-dessus le *Courrier de Verdun* du 26 octobre 1870.

(2) *Siége de Paris* par Francisqne SARCEY : page 109.

victimes, que vers cette époque, la gendarmerie arrêta momentanément quelques individus et quelques femmes de mœurs équivoques, inculpés d'entretenir des relations avec l'ennemi (1).

Ces relations étaient pourtant devenues plus difficiles depuis l'établissement des postes de surveillance aux portes, car nos gardes nationaux connaissaient mieux les gens à suspecter. Du reste les portes restaient à cette époque presque continuellement fermées, et ne s'ouvraient d'heure en heure, que pour quelques minutes.

Le 26 octobre, vers 2 heures de l'après-midi, une bordée d'une douzaine de coups de canons attira notre attention. C'étaient les bastions de St-Victor, du côté du Pré-l'Evêque, qui envoyaient quelques obus sur la maison Pierron à la côte St-Barthélemy.

De la Place on tire sur la maison Pierron.

« Faites connaître le résultat du tir sur la ferme » Pierron, » demandait le Général à l'Observatoire de la Tour.

« Tous les coups ont été trop court, » répondait le capitaine Beaudens, de l'artillerie de la ligne.

Néanmoins les Prussiens délogèrent pour quelques heures, mais le soir ils vinrent réoccuper la maison. Il est regrettable que cette maison, dont le propriétaire faisait volontiers et patriotiquement le sacrifice, n'eut pas été dès ce jour mise par nos obus dans un état tel qu'elle ne put désormais servir de poste à l'ennemi :

---

(1) Pendant le siége, seize hommes et huit femmes, inculpés d'espionnage, furent momentanément arrêtés, ou seulement interrogés. La moitié de ces hommes et de ces femmes étaient d'origine allemande.

Beaucoup d'espions restèrent inconnus.

la sortie, qui fut ordonnée le surlendemain, eut été accomplie dans des conditions plus favorables encore pour nous.

On parlait beaucoup en ville, depuis quelques jours, de préparatifs faits par les Allemands dans les campagnes voisines sans doute en vue d'un nouveau bombardement de Verdun. Un homme venu de Lempire et interrogé à la porte de France, le 27 au matin, annonçait que cent vingt voitures, chargées de bombes et d'obus, avaient passé la veille par ce village, et devaient être à cette heure à Baleycourt. Il disait n'avoir point vu de canons, mais il affirmait que des réquisitions de chevaux étaient faites dans le pays par les Prussiens, pour aller chercher leur artillerie (1).

Projet d'une nouvelle sortie de nuit.

L'autorité militaire crut avec raison qu'il serait utile pour la défense de gêner, de détruire, ou au moins de retarder ces préparatifs de l'ennemi par une expédition pareille à celle de la nuit du 19 au 20, expédition dont le succès faisait bien augurer de celle qu'on méditait.

Le 27 octobre, dans la soirée, le Général convoqua à la subdivision tous les chefs supérieurs de la garde nationale et de l'armée. On discuta longuement un plan d'attaque contre les batteries allemandes, et quand il fut décidé, on se donna, en se séparant, rendez-vous, pour la même nuit, à 4 heures du matin, les uns à la porte de France, les autres à la porte Chaussée.

Pendant ce conseil, le Général, parait-il, exprima

(1) *Notes* des postes de surveillance aux portes.

à plusieurs reprises le désir de voir les jeunes Cadets de Verdun marcher au feu, à côté de leurs aînés les Carabiniers. « Ce sera leur baptême, » dit-il à leur capitaine.

Du reste, l'autorité militaire semblait tenir beaucoup à ce que l'élément civil s'associât à la garnison dans la circonstance présente, et à ce que toutes les forces vives de la Cité prissent part à l'action. Le jour même, quelques heures avant la réunion du conseil de guerre, M. de Beauvallon, sous-préfet de Verdun, « se faisant l'interprète de ses administrés, » demandait que la garnison, *à laquelle de nombreux* » *volontaires étaient disposés à s'adjoindre*, vint » en aide à la population de Verdun pour enlever à » l'ennemi ses nouveaux moyens de destruction » (1). Le désir exprimé par le Général était-il la conséquence de cette lettre? Ou bien, le Général avait-il lui-même demandé cette lettre à M. de Beauvallon, ainsi qu'on l'a dit à cette époque, afin de ne point paraître exiger de la part des volontaires civils un service extérieur auquel ils n'étaient pas tenus?

Le reste de la nuit fut consacré aux préparatifs de l'expédition. On fit appel, dans toutes les compagnies de la garde nationale, aux hommes de bonne volonté (2), on convoqua les Carabiniers, et quinze ou vingt Cadets furent prévenus de se tenir prêts. Quant à la ligne, elle reçut les ordres de ses chefs immédiats.

(1) Texte de la lettre dont M. de Beauvallon lui-même m'a permis de prendre copie.

(2) Toutes les compagnies de la garde nationale fournirent des volontaires. Une seule, je crois, ne fut point prévenue et s'en plaignit.

Matinée du 28 octobre.

Le 28, à 4 heures du matin, les troupes massées à chacune des portes de France et Chaussée, attendaient, l'arme au pied, le signal du départ.

La colonne de la porte Chaussée, forte à peu près de 1000 hommes et commandée par M. de Turkeim, major au 80e, se composait de trois ou quatre compagnies du 80e, d'une partie du 2e bataillon de la mobile, de quatre-vingts à cent volontaires de la garde nationale, des Carabiniers Verdunois, d'un certain nombre de francs-tireurs et de quelques jeunes Cadets.

La colonne de la porte de France, qui comptait bien 1200 hommes commandés par M. Deny, chef de bataillon au 57e, comprenait six ou sept compagnies du 57e, quelques centaines d'hommes du 1er bataillon de la mobile, un escadron du 5e chasseurs, les hommes des compagnies franches, et deux pièces d'artillerie.

Chacune des deux colonnes était accompagnée d'un détachement de sapeurs du génie portant des sacs à poudre amorcés, et d'artilleurs munis de marteaux et de clous d'enclouage.

On fut près de trois quarts d'heure à s'organiser et à donner à chaque corps les instructions dont il avait besoin.

La 1re colonne avait la double mission d'enlever le village de Belleville et de détruire les batteries qui couronnaient la côte St-Michel. La seconde, agissant simultanément sur la rive gauche de la Meuse, devait opérer contre les batteries des Heyvaux et de Blamont, et contre les villages de Thierville et de Regret.

Enfin, vingt minutes avant cinq heures, les portes s'ouvrirent et l'on partit. La nuit était sombre et brumeuse.

A l'entrée du faubourg Pavé, la colonne sortie par la porte Chaussée se partagea en deux sections. La ligne et la mobile suivirent la route le long de la Meuse et se dirigèrent vers Belleville, où nous les retrouverons. Les soldats du génie, les Carabiniers, tous les volontaires et quelques pelotons de la ligne prirent la route d'Etain, la quittèrent auprès du cimetière, passèrent sous la maison Simon, atteignirent le bois Hennequin, tuèrent à la baïonnette quelques sentinelles avancées des postes prussiens qui, placés dans le bois, ne les entendirent pas, et arrivèrent en vue des batteries sur lesquelles ils coururent au pas gymnastique.

Attaque de la côte St-Michel et de Belleville.

La première batterie était défendue par un poste de dix hommes qui d'abord firent mine de vouloir résister; puis, se voyant de beaucoup trop inférieurs en nombre, ils prirent presqu'aussitôt la fuite, non sans avoir fait feu sur nos soldats (1). Quelques minutes après toutes les batteries allemandes étaient envahies, depuis la pointe du bois Hennequin jusqu'au-dessus de Belleville.

Mais, à la grande surprise, ou plutôt à la grande colère des nôtres, les canons en avaient été enlevés la veille et ramenés à Bras. Une seule pièce de 24 restait sur affût : les artilleurs l'enclouèrent, après quoi on plaça sous sa culasse deux sacs à poudre et l'on y mit le feu. La pièce fut jetée sur le flanc, l'affût

(1) *Rapport* des Carabiniers.

fut brisé, les roues mises en morceaux, les embrasures démolies, les gabions déchirés. Chaque batterie subit les mêmes dégâts. On fit aussi sauter partout les abris pour les hommes, et les magasins à projectiles construits avec des rails.

Cette première portion de la besogne rapidement accomplie, la petite troupe se divisa.

Les uns descendirent le versant de la côte St-Michel vers Bras, et vinrent se déployer en tirailleurs dans la plaine, à bonne portée de chassepot du bois Lecourtier, afin d'y maintenir le poste considérable qui s'y trouvait, et de fusiller les Prussiens s'ils sortaient pour venir au secours de ceux de Belleville. Les autres se rabattirent sur la gauche, vers Belleville, dans le but d'y prendre l'ennemi entre deux feux, car on s'y battait depuis près d'une demi-heure.

Nous avons dit que la colonne expéditionnaire s'était partagée au sortir de la porte Chaussée, et que la ligne et la mobile avaient suivi la route au bord de la Meuse jusqu'à la chaussée du chemin de fer.

A la vue de nos soldats, le poste allemand de garde au passage barricadé et voûté de la route sous le chemin de fer, avait pris la fuite vers Belleville et donné l'éveil aux troupes qui s'y trouvaient. Ce village était alors occupé par la 3ᵉ compagnie du 65ᵉ d'infanterie prussien, c'est-à-dire par environ 250 hommes, leurs compagnies étant plus fortes que les nôtres.

Ils songèrent d'abord à se défendre, et accueillirent d'un feu bien nourri nos fantassins qui commençaient à garnir toute la chaussée du chemin de fer, en face de Belleville. Mais la fusillade échangée sur la côte Saint-Michel apprit bientôt aux Allemands qu'ils allaient être enveloppés et pris comme par un coup de filet. Avant que nos soldats n'eussent franchi l'espace qui les séparait de Belleville, l'ennemi rentrait dans le village et se repliait vers l'extrémité que traverse la route de Bras, seul point par lequel ils pouvaient espérer de s'échapper.

Quelques curieux se trouvaient alors sur les remparts près de la caserne St-Paul, car il faisait jour. Nous vîmes, à notre grande joie, les soldats allemands remonter en courant, les uns la nouvelle, les autres la vieille route de Bras : nous vîmes ceux qui suivaient la vieille route se croiser, auprès des dernières maisons de Belleville, avec nos hommes qui descendaient sur ce village des hauteurs de la côte Saint-Michel. Nous avions là des Carabiniers, des francs-tireurs, des volontaires de la garde nationale, des soldats de la ligne, et presque tous les jeunes Cadets.

On fit halte de part et d'autre, et l'on échangea une violente fusillade. Il est probable que nos jeunes Cadets saluèrent les premières balles qui sifflèrent à leurs oreilles : on n'est pas plus brave que Charles XII.

Mais ce salut, arraché par l'instinctif sentiment de la conservation, ne ralentit point leur marche en avant. Ils couraient à l'ennemi, sur ce terrain où la cruelle mort les pouvait si facilement saisir, comme quelques mois auparavant ils couraient à leurs jeux inoffensifs dans les cours du Collége : leur capitaine n'avait d'autre soin que de modérer leur jeune ardeur. L'un d'eux, qui s'emblait à plaisir braver le danger, fut tué : une balle prussienne lui brisa le front (1).

(1) Félix Lecrivain, âgé de 19 ans, caporal aux Cadets Verdunois.

Cette mort fut vengée; on cria : à la baïonnette ! et quelques instants après les ennemis continuaient leur retraite en désordre, après avoir essayé vainement de se défendre dans la maison isolée, au sommet de la vieille route, où ils avaient établi un poste.

Nos tirailleurs, en face du bois Lecourtier, avaient aussi à soutenir un feu meurtrier de la part du poste très-nombreux qui s'y trouvait. Là, au premier rang, fut mortellement blessé d'une balle dans les reins, un vaillant jeune homme, Ferdinand Lamarre, de Dieue, qui, dès le début de la guerre, avait volontairement quitté sa famille, dont il était le fils aîné et chéri, pour venir s'enfermer avec nous. D'abord artilleur de la garde nationale, il s'était plus tard enrôlé dans les Carabiniers Verdunois. Son caractère franc et loyal, sa bravoure calme, froide, toujours souriante, sa haute taille même l'avaient fait aimer et remarquer dans notre Ville (1).

La balle qui frappa Lamarre fut presque l'une des dernières tirées. Le combat avait cessé à Belleville, l'ennemi en fuite se repliait à notre gauche sur Bras,

---

(1) Ferdinand Lamarre mourut de sa blessure quelques jours après, le 3 novembre, âgé de 19 ans, jour pour jour : il avait quitté notre Collége deux ans auparavant. Il habitait avec ses parents le moulin de commerce de Dieue, propriété de famille.

Il reçut la croix de la Légion-d'Honneur sur son lit de mort, mais ses parents n'eurent pas la suprême consolation de l'embrasser ni avant ni après son dernier soupir. Ses funérailles eurent lieu à la Cathédrale et il fut enterré, avec les honneurs militaires, au Jardin-des-Soupirs. M. Félix Chadenet, lieutenant de sa batterie, prononça sur sa tombe quelques paroles d'adieu au nom de ses camarades les artilleurs et les Carabiniers. Après la levée du siége de Verdun, la dépouille mortelle de Ferdinand Lamarre fut exhumée et reportée près de sa famille.

Voir aux *Pièces justificatives* n° 16 les paroles de M. F. Chadenet.

et se ralliait aux renforts qui accouraient de ce village sans oser cependant dépasser le bois Lecourtier. La lutte n'ayant plus dès lors raison d'être sur ce point, on sonna la retraite.

Le canon de la place s'était assez maladroitement mêlé de l'affaire de Belleville. Quelques chefs militaires qui suivaient, du haut des remparts de la porte de France, les divers mouvements du combat sur la côte Saint-Michel, donnèrent l'ordre à deux bastions voisins de tirer : ils prenaient nos soldats pour des Prussiens. L'un des bastions tira trop court, et son obus tomba dans les vignes : l'autre pointa par dessus la crête de la montagne, et son obus alla éclater entre la ligne de nos tirailleurs et le bois Lecourtier : deux cents mètres plus loin il atteignait l'ennemi. Personne de notre côté ne fut heureusement victime de cette erreur reconnue à temps.

Sur la rive gauche de la Meuse, le combat, qui avait commencé à la même heure que sur la rive droite, avait duré plus longtemps.

Opérations sur la rive gauche de la Meuse.

Nous avons dit qu'une seconde colonne de troupes réunies à la porte de France en était sortie avant 5 heures. Les deux compagnies franches, turcos, zouaves et chasseurs à pied, accompagnées des soldats du génie et des encloueurs de l'artillerie, prirent la tête de la colonne et allèrent droit à la côte des Heyvaux en passant entre Glorieux et Jardin-Fontaine.

Le 57e, les chasseurs à cheval, les mobiles et les deux pièces de canons les suivirent de près. Arrivées à la bifurcation de la route, en avant de Jardin-Fontaine, ces troupes formèrent deux détachements.

Le premier, composé de quatre ou cinq compagnies du 57°, de l'artillerie et de l'escadron de chasseurs, suivit la route de Varennes, traversa Jardin-Fontaine et vint se poster en avant de Thierville dans l'intention d'y contenir les 1000 ou 1200 Prussiens qui occupaient ce village, et de les empêcher d'aller au secours de leurs batteries des Heyvaux. Le second, c'est-à-dire les mobiles et le reste du 57°, se dirigea vers la côte St-Barthélemy dans le but aussi d'occuper les 2 ou 300 Allemands cantonnés à Regret. Ce plan était bon : nous inutilisions de la sorte les garnisons de Thierville et de Regret, et nous ne laissions à nos encloueurs et à leur escorte que les seuls ennemis qu'ils rencontreraient devant eux sur les hauteurs des Heyvaux et de Blamont; mais, pour faire réussir ce plan dans tout son ensemble et avec un entier succès, il fallait que l'exécution, d'ailleurs peu difficile, en fut confiée à un militaire intelligent.

<small>Attaque de la maison Pierron.</small> Le détachement, dirigé sur la côte St-Barthélemy, vint imprudemment se heurter contre la maison Pierron qu'occupait un poste de quatre-vingts hommes. Nos officiers ignoraient-ils cette circonstance? Ou bien, la connaissant, crurent-ils surprendre le poste et l'enlever par un coup de main? Quoiqu'il en soit, nos soldats, une compagnie du 57° en tête, sortirent, sans grande précaution, du milieu des jardins dont les haies et les murailles de clôture pouvaient leur servir d'abri, et vinrent se placer, à 60 mètres de la maison Pierron, sur un terrain complètement découvert. Aussi furent-ils accueillis par un feu des plus meurtriers qui, partant de toutes

les ouvertures pratiquées au pignon de cette maison, jeta d'abord le trouble dans leurs rangs.

Un sous-lieutenant, le jeune Phélix, dont la vaillante énergie s'était montrée déjà quelques jours auparavant à l'affaire de Regret, veut porter sa compagnie en avant. Une balle lui brise la cuisse : il tombe, et, pendant que deux soldats l'emportent, une seconde balle lui traverse la poitrine et le tue (1). Un des soldats qui le tenait dans ses bras est aussi tué.

Ses hommes ébranlés se replient, et viennent se reformer derrière deux compagnies de la mobile, la 3e et la 4e, de Bar-le-Duc, qui soutiennent, pendant quelques instants le feu avec l'aplomb de vieux soldats.

Emporter à ce moment la maison d'assaut eut été une couteuse aventure ; il était trop tard : les troupes de Regret et de Baleycourt (2) averties par les premiers coups de fusils, accouraient au secours de leurs camarades. Nos officiers firent faire un mouvement en arrière, abritèrent leurs soldats dans les jardins et se contentèrent « d'observer l'ennemi, comme l'ordre leur en avait été donné » (3).

Si, deux jours auparavant, le canon de la place avait chassé les Prussiens de la maison Pierron, en continuant à tirer dessus, il est probable que ce

(1) Albert Phélix, fils d'un officier en retraite, était sorti de St-Cyr depuis quelques mois. Il était âgé de 20 ans. Il avait quitté notre Collége deux ans auparavant.

(2) Baleycourt et la Maison-Rouge furent constamment occupés par une compagnie prussienne.

(3) *Rapport* du Commandant du génie.

meurtrier engagement n'y aurait pas eu lieu. De ce côté nos ennemis se crurent victorieux, car, après le départ de nos troupes, ils rentrèrent à Regret en chantant et en montrant le képi galonné de l'infortuné et brave Phélix (1).

<small>Attaque de Thierville.</small>

Le détachement qui opérait sur Thierville fut moins heureux encore. Il était commandé par M. Deny, du 57ᵉ, nommé chef de bataillon quelques semaines ou quelques mois avant la guerre.

Le village de Thierville, nous avons eu déjà occasion de le dire, ne forme qu'une seule rue très-longue, se développant parallèlement à Verdun. L'extrémité du village, du côté des Heyvaux, est traversée par la route de Varennes, l'autre extrémité aboutit sur la prairie de la Meuse. Toutes les maisons ont des jardins sur l'arrière, et tous les jardins sont clos de murailles de cinq ou six pieds de haut. De cette façon, Thierville présente du côté de Verdun un véritable mur de défense, dans une longueur d'au moins 400 pas.

Les Prussiens n'avaient eu garde d'oublier de mettre à profit cette circonstance. Après avoir obstrué par des barricades l'accès du village, à ses deux extrémités, du côté de Verdun, et percé des meurtrières dans les maisons voisines de leurs barricades, ils avaient crénelé les murs de tous les jardins et pratiqué des passages d'un jardin à l'autre. Leurs postes avancés et leurs vedettes étaient placés à 20 ou 30 mètres en avant et cachés dans des fossés qu'ils avaient creusé pour cela.

(1) Rapport d'un témoin oculaire.

Du reste, disons à notre honneur qu'ils prenaient des précautions infinies dans ce village pour éviter toute surprise. Rarement ils passaient la nuit dans les maisons, préférant bivouaquer en plein air. A la moindre alerte, ils faisaient ouvrir toutes les portes des maisons et des jardins du côté de Charny, afin de ne rencontrer nulle obstacle, s'ils étaient forcés de battre en retraite.

Le 28 octobre, Thierville, avons nous dit, était occupé par 1000 à 1200 Allemands.

Quand nos troupes eurent dépassé Jardin-Fontaine, le commandant Deny, qui de sa personne se trouvait là, porta en silence deux compagnies du 57e sur sa gauche au pied de la côte des Fins-de-Thierville (1), dont le sommet était occupé par les canons ennemis. Ces compagnies, nous n'avons pas besoin de le dire, n'avaient rien à craindre des canons : la mousqueterie même, venant des jardins de Thierville, ne pouvait presque pas les atteindre puisqu'elles étaient tout à fait sur le côté et au moins à 400 mètres de l'extrémité du village. Elles, au contraire, embusquées dans les buissons et derrière les plis de terrain du pied de la côte, pouvaient fusiller l'ennemi et lui barrer le passage en quelques minutes s'il sortait de Thierville pour courir au secours de ses batteries. Pendant ce temps, les troupes, artillerie, infanterie et cavalerie restées à Jardin-Fontaine seraient tombées sur ses derrières, et nous aurions eu là une magnifique affaire. Mais, il est probable qu'on ne songea

(1) Cette côte se nomme *les Heyvaux* dans sa partie qui regarde Glorieux, et *Fins-de-Thierville* dans sa partie qui regarde Thierville.

pas à amener les Allemands à commettre la faute de sortir de Thierville, car on démasqua les troupes qui les auraient pris en queue et on les posta de la manière la moins intelligente possible.

Deux compagnies furent déployées en tirailleurs, à gauche au bord de la route, presqu'en face et à petite portée de fusil des jardins de Thierville, sur un terrain uni, découvert, où elles n'avaient d'autre abri que le fossé de la route elle-même. Les deux pièces de canons allèrent, au galop de leurs chevaux, prendre position sur la route restée libre et se mirent en batterie à 250 mètres du village! tandis que l'escadron de chasseurs se tenait un peu en arrière (1).

C'était là autant de lourdes fautes qu'un sergent n'eut pas commises. C'était une faute de placer l'artillerie à 250 mètres d'une muraille garnie de fusils! c'était une faute de mettre nos chasseurs, et pour quelle raison? à pareille portée, et de les faire de la sorte *servir de cibles* aux tireurs ennemis (2)! c'était une faute enfin de porter ainsi notre infanterie à découvert au bord de la route!

Fautes d'autant plus impardonnables qu'il y a, sur le côté droit de la route, les terrains accidentés du tir et du polygone (3) où l'on pouvait arriver, au

---

(1) Un témoin oculaire m'a donné par écrit cette incroyable position de nos troupes.

(2) « Nous servions de cibles aux Prussiens », me disait, en rentrant dans la Place, un maréchal-des-logis de chasseurs.

(3) Nous appelons *Polygone* des terrains qui, avant la Révolution de 93, servaient d'Ecole de mines, à la compagnie des mineurs en garnison à Verdun, à la caserne St-Paul. A l'extérieur, ces terrains sont disposés presque comme des ouvrages de fortifications : à l'intérieur, on voit encore de vastes galeries et des chambres de mines.

sortir de Jardin-Fontaine, sans y être aperçu de l'ennemi, où l'on pouvait masser et cacher à l'aise artillerie, infanterie et cavalerie.

De là, on n'était pas éloigné de plus de 800 mètres de Thierville ; de là, nos artilleurs, avec quelques boîtes à balles, eussent balayé les jardins du village, et nos fantassins fusillé tout ce qui se serait montré à découvert; de là, nos chasseurs eussent chargé sur n'importe quel point, l'occasion s'en présentant ; de là, enfin, on surveillait facilement Thierville, et on pouvait se porter en dix minutes sur l'ennemi s'il faisait mine de sortir.

Certes, il est profondément déplorable que, dans certaines circonstances, le succès d'une entreprise et la vie des hommes soient confiés aux mains d'un chef ne connaissant ni son métier ni son devoir. Ces paroles seront peut-être trouvées sévères par quelques-uns, mais plus sévères et plus dures seraient-elles encore si elles avaient été écrites le 28 octobre 1870, sous l'émotion douloureuse qui, ce jour-là, saisit tous les cœurs à la rentrée des troupes de Thierville, émotion qui troubla pour nous les joies de la victoire.

Le bruit qu'occasionnent infailliblement deux pièces d'artillerie et un escadron de cavalerie en marche était facilement arrivé, à une distance de 5 ou 600 mètres, aux oreilles des vedettes prussiennes. Tout aussitôt la garnison de Thierville, avertie de l'approche d'un danger, avait pris les armes et occupé les jardins.

Le jour commençait à poindre, sombre et brumeux comme la nuit qu'il remplaçait : la plaine faisait silence, laissant ainsi mieux percevoir le bruit du roulement des canons et du pas des chevaux.

Nos soldats avaient pris leurs positions depuis quelques minutes à peine, qu'on entendit sur la côte des Heyvaux le cri de guerre des zouaves et des turcos, et les en avant! de nos encloueurs. Presqu'aussitôt un coup de fusil partit des jardins de Thierville, sur notre droite. Ce fut comme le signal du combat. Toute la ligne prussienne s'illumina instantanément de mille feux, tandis que l'éclair et le bruit se reproduisaient à la même seconde de notre côté, comme si une chaîne électrique avait mis en communication les deux troupes ennemies.

Les objets devenant avec le jour plus distincts, nos soldats s'aperçurent qu'ils avaient en face un ennemi invisible, et que leurs balles allaient inutilement s'aplatir contre les murailles derrière lesquelles ils découvraient à peine la pointe des casques allemands. Les Allemands, au contraire, voyaient parfaitement les nôtres et les fusillaient à coups posés. Pourtant, malgré ce désavantage de la position, nos braves fantassins restaient fermes sous les balles qu'ils évitaient à peine en se couchant à plat ventre pour tirer, et en cherchant un insuffisant abri dans le fossé peu profond de la route.

Nos chasseurs étaient plus exposés encore que notre infanterie au feu de l'ennemi : ils tombaient, dit avec une exagération facile à comprendre le correspondant d'un journal allemand, « ils tombaient comme » des fruits mûrs d'un arbre qu'on secoue. » Leurs chevaux blessés se cabraient et portaient le désordre dans les rangs. L'immobilité de la cavalerie sous le feu est chose qui ne doit point lui être demandée : il faut qu'elle charge ou qu'elle s'éloigne. Charger ici contre des murailles était impossible, le commandant de l'escadron (1), fit faire demi-tour, et ramena ventre à terre ses hommes entre Jardin-Fontaine et notre infanterie, hors de vue de l'ennemi.

Mais cette retraite des chasseurs eut pour résultat d'abandonner à elles-mêmes les deux pièces d'artillerie si maladroitement approchées de Thierville.

Depuis le début du combat, elles faisaient de vains efforts pour se tenir en batterie sous les balles dont l'ennemi les couvrait. Bientôt un des maréchaux-des-logis est tué (2) ; plusieurs canonniers sont plus ou moins grièvement blessés ; les chevaux d'attelage, peu habitués au bruit de la fusillade, s'effrayent ; la douleur rend furieux ceux qui sont touchés par les balles ; ils se cabrent, se roulent à terre, s'embarrassent dans leurs traits, se relèvent, s'emportent vers Thierville, et l'on craint un moment que ces bêtes affolées n'aillent livrer elles-mêmes nos canons à l'ennemi, malgré l'énergie du lieutenant Dubuisson et les efforts des conducteurs qui n'en sont plus maîtres.

Par bonheur, le capitaine Remaury, des chasseurs, un maréchal-des-logis nommé Delor (3) et quelques

<small>Nos canons en danger.</small>

(1) M. Viger, capitaine-commandant.
(2) Le maréchal-des-logis Rolland du 1er régiment du train d'artillerie. Son décès n'est point porté sur les registres de l'Etat civil, à la mairie de Verdun.
(3) Le maréchal-des-logis Delor, atteint d'une balle dans le côté, mourut huit jours après à l'ambulance. Sur son lit de mort il reçut la croix de la Légion-d'Honneur.

cavaliers restés en arrière, s'apercevant du danger, retournent à fond de train : une vingtaine de fantassins les suivent. On se jette à la tête des chevaux, on coupe les traits de ceux qui sont blessés et on les ramène à la main ; pour aider ceux qui restent, les hommes s'attellent aux caissons et aux pièces, et, sous une grêle de balles, les traînent péniblement jusqu'à Jardin-Fontaine. Après ce malheureux incident, nos fantassins continuèrent seuls le combat à coups de fusils. Quant aux compagnies postées au pied de la côte des Fins-de-Thierville, elles n'eurent absolûment rien à faire puisque les Prussiens restèrent embusqués dans Thierville, ni rien à souffrir, car, tout à fait sur le flanc de l'ennemi, elles étaient hors de sa portée.

Cependant, malgré l'insuccès partiel de Thierville, nous avions atteint le but pour lequel ce déploiement de forces avait été ordonné, pour lequel nous venions de faire des pertes sérieuses.

Succès sur la côte des Heyvaux.

Nos encloueurs et leur vaillante escorte avaient renouvelé sur la côte des Heyvaux le hardi coup de main de la nuit du 19 au 20. Depuis cette époque les Allemands avaient réarmé leurs batteries, soit avec de nouveaux canons, soit avec les anciens qu'ils étaient parvenus à désenclouer ; ils avaient aussi doublé leurs postes et semblaient mieux se tenir sur leurs gardes.

Mais leur vigilance proverbiale fut cette fois encore en défaut. Se glissant en silence et dans l'ombre à travers les jardins, se dérobant à la vue des factionnaires allemands derrière le moindre pli de terrain, le plus maigre buisson, comme le fait, sur les plages africaines, la panthère qui guette sa proie, les encloueurs et les compagnies franches, chasseurs, zouaves, turcos étaient arrivés à peu de distance des canons sans que rien eut signalé leur approche à l'ennemi. Alors nos soldats avaient poussé un formidable en avant! auquel les turcos avaient mêlé leur barbare cri de guerre, et tous s'étaient précipités sur les batteries, ou sur les postes de garde.

Les Allemands, attaqués à l'improviste, se rallièrent et se défendirent avec courage. Mais la baïonnette est une arme terrible dans les mains françaises, quand nous pouvons tenir l'ennemi à sa longueur, terrible aussi dans les mains des turcos formés à notre école : elle sert si bien notre agilité, notre fougue, notre *furia !* Le tempérament germain est moins apte à cette sorte de combat : aussi, bientôt les Allemands prirent la fuite vers les hauteurs de Blamont où nos soldats les poursuivirent.

Pendant qu'on continuait à se battre autour d'eux, les sapeurs et les encloueurs, après avoir aidé à déblayer, de tout ennemi, le terrain des batteries, commençaient leur œuvre de destruction. Au moyen de leurs sacs à poudre, ils mettaient en morceaux cinq caissons et leurs trains, faisaient sauter dans les fossés de la batterie toutes les pièces de canon, les détérioraient, les encloueraient, achevaient de briser à coups de haches les roues et les affûts, bouleversaient les embrasures, déchiraient tous les fascinages, et mettaient le feu aux magasins de batteries qu'ils détruisaient complètement.

Un certain nombre de sapeurs et d'artilleurs poussèrent même jusqu'à Blamont, à la suite des hommes des compagnies franches, et eurent le temps d'y enclouer encore quelques pièces.

<small>Rentrée de nos troupes.</small>

Vers 8 heures, le ralliement fut sonné sur les divers champs de combat : vers 9 heures nos soldats commencèrent à rentrer en ville. Leurs vêtements étaient couverts de boue, mais ils avaient la bonne humeur et l'entrain que donne le succès. Plusieurs, parmi ceux qui avaient combattu aux Heyvaux ou à Saint-Michel, rapportaient quelques trophées pris à l'ennemi, des armes, des casques, des écouvillons, voire même de lourds projectiles.

Le général Guérin, qui était allé jusqu'à Jardin-Fontaine, fut à la porte de France salué par les chaleureux applaudissements de la foule, lorsqu'il annonça le succès.

<small>Nos morts et nos blessés.</small>

Mais, hélas! les morts et les blessés suivaient, par cette même porte de France, leurs camarades plus heureux! C'était de ce côté que nous avions perdu le plus de monde.

Le docteur A. Robin (1) y avait été chargé du service médical. « Avant de commencer le feu, dit-il
» dans son *Rapport*, j'avais installé l'ambulance pro-
» visoire à 400 mètres de Thierville, sur le côté droit
» et en contre-bas de la route : mais le feu devint
» si violent de ce côté que je dus donner ordre de
» rétrograder vers Jardin-Fontaine, où l'ambulance

---

(1) C'est par erreur que nous donnons le titre de *docteur* à M. Robin. Pendant le siège de Verdun, ce jeune homme, dont le dévouement fut digne de tous les éloges, n'était encore qu'*élève en médecine*.

» fut définitivement installée dans deux chambres
» au rez-de-chaussée d'une maison située en avant
» et à gauche du village et abritée par un pli de
» terrain.

» Un brancardier fut laissé à l'emplacement pri-
» mitif, d'autres furent échelonnés sur la route,
» couchés dans le fossé.

» Les premiers blessés arrivèrent à 5 heures 1/2.
» Le brancardier posté en avant fut atteint en por-
» tant secours à un de ses camarades. Les blessés
» pansés dans la première salle étaient ensuite éva-
» cués sur la deuxième chambre où des matelas
» avaient été déposés.

» Vers 8 heures on sonna la retraite. Afin de ne
» pas la retarder, ce qui pour nos troupes eut été
» d'une sérieuse gravité, je réquisitionnai quatre
» grandes voitures qu'on emplit de paille. Deux des
» voitures chargées immédiatement prirent la route
» de Verdun : les deux autres, ainsi que tous les
» brancards disponibles, escortés par un peloton de
» chasseurs, furent dirigés sur les lieux précédem-
» ment occupés par les combattants, afin de ra-
» mener blessés et morts avec le plus de célérité
» possible.

» Quelque grand que soit le chiffre de nos pertes,
» nous avons la suprême consolation de n'avoir
» laissé aucun blessé ni aucun mort aux mains de
» l'ennemi. Bien plus, nous avons ramené des blessés
» prussiens. » Quelques obus, venant du côté de
Bras ou de Charny, tombèrent, au dernier moment,

non loin des hommes qui ramassaient les blessés.

Nous vîmes rentrer les brancardiers, et dans chaque brancard se trouvait un mort ou un mourant! Mais plus triste et plus navrant encore fut le retour des grands chariots. Sur la paille sanglante gisaient nos pauvres soldats auxquels, par moments, les cahos arrachaient des cris étouffés de douleur. Ils s'arrêtèrent pendant quelques minutes à la porte de France. Dans la foule silencieuse, émue jusqu'aux larmes, bien des têtes se découvrirent devant ces nobles victimes de la guerre et du devoir. N'était-ce pas pour nous, Verdunois, que le sang coulait de toutes ces plaies?

Français et prêtre, je montai sur les roues de ces chariots, portant quelques boissons rafraîchissantes aux blessés. L'un d'eux, un chasseur, après avoir touché de ses lèvres décolorées le verre d'eau que je lui tendais, me dit, en reposant sa tête sur la paille : « merci, M. l'abbé; maintenant priez le bon Dieu pour moi! » Jamais je n'oublierai ni son accent ni son regard.

Cette matinée du 28 octobre fut aussi meurtrière pour nous que les cinquante-cinq heures du bombardement.

Du côté de Belleville, nous perdîmes les deux jeunes gens dont nous avons parlé, Lécrivain et Lamarre, et nous eûmes cinq ou six blessés. Mais aux Heyvaux, devant la maison Pierron et surtout devant Thierville, on ramassa sur le terrain du combat treize hommes tués, un tirailleur algérien trouvé mort sans blessures, et soixante-trois blessés plus ou moins grièvement (1). Neuf de ces derniers moururent quelques jours après des suites de leurs blessures (2). Cinquante-trois de ces blessés furent transportés à

(1) Parmi les blessés se trouvait Alphonse Quinteau. Admissible à St-Cyr avant la guerre, engagé volontaire au 57e pour la durée de la guerre, passé caporal, il rejoignit l'armée du Nord le 7 janvier avec un de ses camarades, Charles Francès, qui lui aussi, admissible à St-Cyr, engagé volontaire au 57e, avait été blessé, non pas dans la sortie du 28, mais le 13 octobre, au début du grand bombardement.

Ces deux jeunes gens, enfants de Verdun, furent nommés sous-lieutenants au 73e de ligne en arrivant à l'armée du Nord. Après la guerre ils entrèrent à l'école St-Cyr, où ils sont aujourd'hui élèves, avec le grade de sous-lieutenants.

A l'heure même où Alphonse Quinteau était blessé devant Thierville, son père, M. Quinteau, maître d'hôtel des Trois-Maures, capitaine de la garde nationale, se battait sur la côte Saint-Michel à la tête de nos volontaires.

(2) Parmi les jeunes gens blessés à mort devant Thierville se trouvait Paul-Charles-Marie BASTIEN, fils de M. Bastien, ancien notaire à Nancy, petit-fils et neveu par sa mère des deux généraux Thiry.

« Paul BASTIEN, élève libre de première année à la Faculté de droit
» de Nancy, n'avait que 19 ans ; ému des dangers de la Patrie il voulut
» devancer l'appel ; la fermeté, la persévérance de sa résolution obtin-
» rent le consentement de son père, mais il eut à surmonter d'autres
» obstacles : déclaré impropre au service à cause de sa vue, ce ne fut
» qu'à grand peine qu'il parvint à se faire admettre comme engagé vo-
» lontaire au 5e chasseurs à cheval.

» Enfermé dans Verdun, il prit part à toutes les sorties et s'y signala
» par sa bravoure. Blessé mortellement dans le dernier engagement qui
» précéda la capitulation de la place, il fut porté à l'ordre du jour et
» reçut la médaille militaire qui ne devait figurer que sur son cercueil.

» Les soins d'une mère, d'une sœur, accourues près de lui, semblaient
» devoir le conserver à la vie, lorsque, après trois semaines d'espoir, son
» état s'aggrava tout-à-coup : une balle dans la poitrine qu'on n'avait
» pu extraire avait causé des désordres incurables. « Je n'ai fait que
» mon devoir, je ne le regrette pas, » disait-il simplement à sa mère en
» voyant venir la mort avec la mâle fermeté d'un homme de cœur. Il
» s'éteignit le 20 novembre au milieu des effusions de sa tendresse filiale
» et des saintes espérances de la foi. »

FACULTÉ DE DROIT DE NANCY. — *Allocution de M. le doyen* JALABERT, le 17 avril 1871.

l'ambulance de l'Evêché, et les autres placés à l'hôpital St-Nicolas ou au Petit-Séminaire (1).

Cette fois non plus, il ne nous a pas été possible de connaître les pertes éprouvées par les Allemands.

<small>Pertes des Allemands.</small>
A Thierville elles furent presque nulles : un officier blessé, et quatre ou cinq hommes tués ou blessés. Mais sur la côte des Heyvaux, où l'on se battit à la baïonnette, ils eurent, au dire des habitants de Thierville, qui le tenaient des Prussiens eux-mêmes, près de cent cinquante hommes hors de combat. Quarante blessés ou tués autour de Belleville, manquèrent aussi à l'appel de la compagnie qui eut lieu le soir à Bras.

Nos soldats ramenèrent en outre quarante-deux prisonniers. Trente-deux, dont six blessés, avaient été faits sur la côte des Heyvaux, et dix à Belleville. Parmi les prisonniers de Belleville se trouvait un officier, blessé soit dans l'affaire soit après (2). Les blessés Allemands furent soignés à l'ambulance de l'Evêché et traités comme nos propres soldats : l'un d'eux y mourut le jour même.

Cette belle affaire du 28 était autrement importante dans ses résultats que celle du 20. Le 20, on s'était

---

(1) Voir aux *pièces justificatives* n° 17 quelques nouveaux détails sur les ambulances.

Ces détails seront suivis des noms des hommes de notre garnison tués ou morts de leurs blessures pendant le siége de Verdun.

(2) Cet officier se nommait François-Joseph Gœbels, âgé de 25 ans, natif de Cologne. Il avait été fait prisonnier, avec le poste qu'il commandait, dans la première maison de Belleville, sur la route, du côté de Verdun.

Ce poste fut enlevé par quelques Carabiniers et francs-tireurs. Le *Rapport* des Carabiniers n'en parle pas.

contenté d'enclouer tout simplement les canons ennemis qui le lendemain avaient été pour la plupart descloués. Cette fois nous avions fait mieux : non-seulement seize à dix-huit pièces étaient encloués, mais elles avaient été culbutées, détériorées et sûrement rendues impropres au service pour quelque temps. En outre tout l'attirail en était brisé, et tous les ouvrages en terre à peu près bouleversés et démolis, de telle sorte que les Allemands ne pouvaient avant plusieurs jours reconstruire ni réarmer leurs batteries.

Un autre résultat de la matinée du 28 fut l'abandon définitif de Belleville par l'ennemi. Séparés de Bras et de Fleury par la côte St-Michel, complètement sous le canon de la Ville et de la Citadelle, ne pouvant y arriver ou en sortir sans être vus et sans s'exposer à être écrasés par nos boulets sur le flanc de la montagne, les Allemands regardaient ce poste comme le plus périlleux de tous ceux qu'ils occupaient autour de Verdun. « Ce village, disait une lettre
» écrite trois jours auparavant en Allemagne, est
» très redouté parmi nous, parce que c'est un lieu
» de ralliement et en même temps une excellente
» cachette pour des troupes de sortie : souvent les
» francs-tireurs y sont venus exercer leur *mauvaise*
» *industrie* » (1).

Les troupes et les volontaires civils s'étaient bravement conduits pendant cette rude matinée. Le Général, par un ORDRE daté du 31 octobre, accorda

<small>Ordre du jour.</small>

(2) Lettre datée du 25 octobre, citée par l'*Observateur de Francfort* du 6 novembre.

des grades, décorations et citations aux plus vaillants (1). La compagnie des Carabiniers cependant n'en voulut pour aucun de ses membres. A la demande, faite par le général Guérin au capitaine, de citer les noms de ceux qui s'étaient le plus particulièrement distingués, il fut répondu, d'un commun accord, « que tous les Carabiniers s'étant également
» bien comportés ils refusaient l'offre de récompenses
» qui leur était faite : la satisfaction du devoir ac-
» compli leur suffisant » (2).

<small>Funérailles de nos morts.</small>

Le lendemain 29, furent enterrés au Jardin-des-Soupirs les hommes tués la veille. Elles sont bien tristes les funérailles du pauvre soldat tué sur un champ de bataille, ou mort dans les hôpitaux d'une ville assiégée, loin des siens, loin de ceux qui porteront son deuil! Il n'y a là ni un père, ni une mère, ni aucun membre de la famille qui pleure et prie sur sa tombe (3).

Douloureux abandon dans lequel ne furent point

---

(1) Voir aux *pièces justificatives* n° 18 l'Ordre du Général.

(2) Délibéré en *assemblée générale*.

(3) Tous les enterrements des soldats morts à l'ambulance de l'Evêché ont toujours été faits convenablement.
Mais dans d'autres ambulances, nous ne craignons pas de le dire, on a parfois méconnu la dignité de l'homme lors même qu'il n'est plus qu'un cadavre; on a enterré des soldats sans respect ni décence. Etait-ce de la part de l'administration ou négligence, ou mépris ou avarice?
Une circulaire de la Délégation de Tours, circulaire que nous n'avons pas connue, c'est vrai, mais qu'il n'était pas nécessaire de connaître pour éviter certains abus, « donnait à tous les Comités d'ambulance le conseil
» religieusement suivi, de ne jamais laisser la mort d'un soldat sans
» honneurs funèbres, » dit le vicomte de Melun dans son *Rapport* sur les œuvres de la *Société française de secours aux blessés militaires des armées de terre et de mer*. — 28 décembre 1871.

laissés nos deux jeunes compatriotes, Phélix et Lécrivain. Les obsèques du premier eurent lieu à la à la Cathédrale, celles du second dans l'église Saint-Sauveur. La part que toute la population prit au deuil des deux familles dût, si cela est possible, les consoler un peu dans leur trop légitime douleur. Sur la tombe du sous-lieutenant Phélix, le major du 57e, M. Bryon, se fit l'interprète des vifs regrets du régiment (1).

Tels furent et l'exécution et les résultats de la sortie du 28 octobre, qui fit le plus grand honneur à la ville de Verdun, et mit, dit-on, fort en colère le général de Gayl dont les troupes s'étaient de la sorte laissé surprendre deux fois en huit jours : chose en effet tout-à-fait contraire aux habitudes des Prussiens pendant cette grande guerre.

Nous avons su depuis que le général de Gayl avait complimenté le général Guérin, à l'occasion de ce beau et hardi coup de main.

Ce succès, depuis les grands désastres dont nous avons été les victimes, a donné à plus d'un l'idée de faire un rapprochement entre la situation de notre Ville et celle de Paris; rapprochement qui peut-être ne paraîtra point d'une parfaite justesse aux yeux des gens du métier, mais qui pourtant, outre son côté spécieux, a pour se soutenir d'excellentes raisons.

Verdun était alors bloqué par au moins six à sept mille hommes, infanterie, cavalerie et artillerie, ré-

(1) Voir aux *pièces justificatives* n° 19 les paroles du major Bryon.

partis dans tous les villages voisins (1). Or, pour opposer à cette petite armée, nous n'avions, en comptant la garde nationale et les mobiles avec la troupe de ligne, qu'une garnison à peu près égale en nombre peut-être, mais sûrement inférieure en qualité s'il avait fallu se battre en rase campagne.

Cependant, supposons un moment que ces six ou sept mille Allemands eussent été seuls autour de nous ; que nulle autre troupe ennemie ne se fût trouvée sur notre territoire si ce n'est à des distances fort considérables ; et que, pour sauver la France,

(1) Voici, d'après des renseignements pris auprès des habitants eux-mêmes, le nombre des soldats allemands cantonnés dans les villages autour de Verdun, au mois d'octobre 1870 :

A Haudainville, (5 kilomètres de Verdun) 1,000 à 1,200 hommes d'infanterie, et 150 uhlans ou hussards.

A Belrupt, (5 kilomètres de Verdun) deux compagnies d'infanterie, un escadron de hussards et une trentaine de canonniers ; en tout à peu près 500 hommes.

A Eix, (8 kilomètres de Verdun) 250 à 300 hommes d'infanterie.

A Fleury, (6 kilomètres de Verdun) 8 à 900 hommes d'infanterie.

A Bras, (7 kilomètres de Verdun) 1,000 à 1,200 hommes d'infanterie, un escadron de uhlans et artillerie.

A Charny, (6 kilomètres de Verdun) toujours de 600 à 800 hommes d'infanterie, quelquefois 1,100, rarement de la cavalerie.

A Marre, (8 kilomètres de Verdun) 250 à 300 hommes d'infanterie ; plus environ 150 hussards répartis entre ce village et celui de Chattancourt.

A Fromeréville, (7 kilomètres de Verdun) 1,000 à 1,200 hommes, quelquefois 1,500, avec détachements à Sivry-la-Perche et à Béthelainville ; infanterie et artillerie.

A Thierville, (3 kilomètres de Verdun) 1,100 à 1,200 hommes d'infanterie.

A Regret et Baleycourt, (4 et 5 kilomètres de Verdun) 3 à 400 hommes d'infanterie.

A Dugny, (7 kilomètres de Verdun) 1,200 à 1,500 hommes d'infanterie et 150 uhlans ou hussards.

A Belleray, (4 kilomètres de Verdun) une centaine d'hommes d'infanterie.

il eût uniquement fallu rejoindre une armée française à Commercy, à Bar, à Châlons, à Montmédy, ou à Metz : supposons, dis-je, une telle situation, un tel rôle échéant à Verdun, qui donc parmi nous aurait cru impossible d'attaquer, même avec la moitié de nos forces, un point quelconque des lignes prussiennes, de les percer malgré leurs canons, et d'aller donner la main à un corps de secours à 10, à 15 et même à 20 lieues?

Ce qui n'est qu'une hypothèse pour nous a été, affirme-t-on de toutes parts, une réalité pour Paris. Là bas aussi la garnison assiégée était à peu près égale en nombre à l'armée assiégeante. Pourquoi n'a-t-on pas fait sur cet immense théâtre ce que nous aurions pu faire dans notre petite sphère? Pourquoi n'y a-t-on même pas essayé ce que nous avons fait, un simple enclouage de canons? Un intelligent écrivain de la *Revue des Deux-Mondes* se pose la même question, après avoir signalé notre sortie du 28 octobre : « A qui persuadera-t-on, dit-il, que de telles
» entreprises n'aient pas été possibles autour de
» Metz, autour de Paris » (1)?

Le bruit de notre double succès du 20 et du 28 octobre passa au-dessus du cercle Allemand qui nous entourait, et courut dans toute la France. Mais la Renommée aux cent voix l'exagéra d'une singulière façon.

Bruit de notre succès en France.

« Les nouvelles de Verdun sont excellentes, disait
» le *Français*. Celles qu'on vient de recevoir an-

(1) REVUE DES DEUX-MONDES. — *La Guerre en Lorraine*, par A. MÉZIÈRES.

» noncent que les défenseurs de la place, après avoir
» repoussé victorieusement *sept assauts successifs*
» *tentés par les Prussiens*, ont fait une sortie
» vigoureuse et chassé l'ennemi de ses positions. Ils
» lui ont pris deux obusiers et vingt-deux canons.
» L'ennemi a subi en outre une perte d'hommes
» considérable; on a vu diriger sur Sedan cinquante-
» sept voitures de blessés » (1).

Dans les premiers jours de novembre, une dépêche *officielle* signée Gambetta fut affichée, par les soins du Sous-Préfet, dans la petite ville de Lannion, au fond de la Bretagne : on y racontait que les Prussiens ayant établi leurs batteries en un lieu nommé le Pré-l'Evêque, ces batteries avaient été inondées et un grand nombre d'hommes noyés par un débordement presqu'instantané de la Meuse, débordement dont nous avions le secret (2). Pareille histoire fut lue dans les journaux de Rouen. C'était du roman historique.

Le succès du 28 octobre causa dans la population une joie véritable, parce qu'il semblait reculer de quelques semaines encore le moment où l'ennemi serait en mesure de diriger contre notre Ville une attaque nouvelle; cependant il n'éclaircit point autour

(1) Voir le *Français* du 26 octobre 1870.
Quelques jours auparavant, 20 octobre 1870, le même journal, faisant allusion sans doute au bombardement du mois d'octobre, disait « que les » Prussiens, ayant tenté un assaut infructueux, avaient perdu 1,800 » hommes. »

(2) Dit à l'Auteur, par un témoin oculaire, professeur au Collége de Verdun, qui se trouvait à Lannion, sa ville natale, pendant le siége de notre ville.

de nous l'horizon qu'une foule de circonstances rendaient de jour en jour plus sombre. Nous sentions à je ne sais quels signes précurseurs et de mauvais augure, à je ne sais quels bruits sourds comme les roulements lointains du tonnerre, nous sentions l'approche de quelque terrible évènement qui allait fixer nos destinées présentes : ainsi certaines natures nerveuses sentent l'approche d'un orage.

Mais ce douloureux état de nos âmes ne nous enlevait point notre courageuse énergie : on songeait plus que jamais à la défense. Notre brave garde nationale la voulait tout autant que la troupe, et s'y préparait. L'artillerie et le génie rivalisaient de zèle pour mettre nos bastions en état de répondre avec avantage à un nouveau bombardement.

Nous avions même la naïveté de croire à la possibilité d'un assaut. Le capitaine du génie, M. Bussière, fit fabriquer chez les serruriers et forgerons de la ville 60 à 80,000 clous, à quatre longues pointes aiguës, destinés à être semés dans les fossés des remparts. Ces clous, jetés n'importe comment, présentaient toujours une pointe en l'air.

Le 30 octobre, on songea à déloger, mais cette fois uniquement par le canon, les Prussiens qui occupaient la maison Pierron. On leur envoya quelques bordées de St-Victor : les obus portèrent ; la toiture et les murailles furent à moitié démolies, quelques hommes furent tués, et la maison abandonnée. Mais l'ennemi en se retirant construisit, un peu plus loin sur le chemin, une barricade derrière laquelle il pouvait défendre de ce côté les approches de Regret et de sa batterie, positions auxquelles jusqu'alors la maison de ferme avait servi d'avant-poste (1).

Le bastion de la porte de France envoya aussi sur Thierville deux ou trois bombes qui éclatèrent au milieu du village, égratignèrent quelques maisons, sans déranger les Prussiens, et heureusement aussi sans causer aucun malheur parmi les habitants.

Le 31 octobre, un sombre ciel d'automne, une pluie fine et froide, empêchèrent nos guetteurs de la Tour de voir même à 400 mètres des remparts, et leur cachèrent les mouvements des Prussiens autour de nous. Mais les voyageurs, interrogés aux portes, nous donnèrent des nouvelles qui furent la réalisation de nos sinistres pressentiments.

(1) « Les Prussiens, après avoir quitté la ferme Pierron, y reviennent
» chercher deux de leurs morts.
» La route est barricadée au-dessus de la ferme Pierron. »
(Journal de l'Observatoire de la tour).

IV.

Mois de Novembre.

Le jour même où nous avions encloué les canons prussiens sur les côtes St-Michel et des Heyvaux, l'armée du Rhin capitulait! A l'heure où nos braves soldats rentraient victorieux de leur hardie expédition, cent vingt mille de leurs camarades non moins vaillants, mais inutilisés pendant trois mois par l'impéritie et la trahison, épuisés par tous les genres de privations, affamés peut-être à dessein, et n'ayant plus de chevaux ni pour traîner un canon ni pour monter un cavalier, déposaient leurs armes que leurs bras affaiblis ne pouvaient plus porter, et livraient à la Prusse leurs canons et leurs drapeaux; lui livraient le bouclier de la France que nul ennemi jusqu'alors n'avait pu toucher ni de la main ni de l'épée; lui livraient notre Jeanne-d'Arc de pierre et de bronze, Metz, Metz!

Oui, Metz a été livré, mais il n'a pas été pris. Ah! si au lieu d'un Bazaine, la France avait eu à Metz un François de Guise, les Allemands de Frédéric-Charles, en 1870, seraient morts, tous, jusqu'au dernier, autour de ses remparts, comme en 1552 y seraient morts tous les Allemands de Charles-Quint, si le vieil

Metz et l'armée du Rhin.

Empereur n'avait levé le siége après y avoir perdu le tiers de son armée (1).

La ville de Verdun doit à la ville de Metz malheureuse le témoignage ardent de sa sympathique commisération.

Depuis vingt siècles notre histoire était la même, et nos destinées pareilles.

Tribus gauloises, ensemble nous avons vu passer les légions de César, les hordes d'Attila, puis les Franks de Clovis. Ensemble, nous avons fait partie de la vieille Austrasie et nous avons été le berceau de la race héroïque de Peppin de Héristall : ensemble, nous sommes restés indépendants au milieu des duchés de Haute et Basse-Lorraine, et nous avons formé, avec Toul, le petit Etat des Trois-Evêchés, ou plutôt de trois Républiques, nominalement vassales de l'Empire, mais se gouvernant elles-mêmes avec des institutions communales presqu'analogues : ensemble enfin nous avons été réunis à la France en 1552 (2).

Metz à l'Allemagne, c'est donc notre sœur dans une famille étrangère ! En y songeant, des larmes viennent aux yeux, larmes de colère et de douleur comme celles que versaient nos soldats en défilant sans armes et prisonniers devant ceux qui n'avaient

---

(1) Le siége de Metz de 1552 commença le 19 octobre et fut levé le 1ᵉʳ janvier 1553.

La garnison, commandée par le grand duc de Guise, ne comptait que 5,000 hommes, mais c'était la fleur de la France. L'armée de Charles-Quint était forte de 50,000 fantassins, de 12,000 cavaliers et de 7,000 pionniers : elle mit en batterie 114 pièces de canons, nombre énorme pour cette époque.

(2) Metz, le 10 avril ; Toul, le 13 ; Verdun, le 12 juin 1552.

pu, quoique de beaucoup supérieurs en nombre, les vaincre dans les grandes batailles livrées autour de Metz (1).

« Puissante cité de Metz, disait, il y a 200 ans,
» Bossuet du haut de la chaire de la Cathédrale,
» ô belle et noble Cité, il y a longtemps que tu as
» été enviée ! Ta situation trop importante t'a presque
» toujours exposée en proie (2) » ! Bossuet voyait-il
» donc l'avenir ?

La première nouvelle de la capitulation de l'armée du Rhin, signée le 28 octobre, au château de Frescaty (3), nous arriva deux jours après, mais comme un on-dit auquel nul ne voulut ajouter foi, parce que nous le supposions de source prussienne, et destiné par conséquent à jeter le découragement parmi nous.

Le lendemain, quatre femmes de Rosières-devant-Bar, venues à Verdun (4) afin d'y voir leurs parents

Nous recevons la nouvelle de la capitulation de Metz et de l'armée du Rhin.

---

(1) « Que de larmes ont été versées par ces hommes de cœur, que de
» tableaux déchirants, que de sanglots étouffés...... J'ai vu défiler ces
» nombreux bataillons, mornes, silencieux, courbant la tête et essuyant
» des larmes ; tout le monde pleurait. Je n'avais pas encore imaginé
» qu'il pût y avoir une circonstance où des milliers d'hommes pleuraient
» à la fois ; j'ai vu ce triste et majestueux spectacle. »
Campagne de 1870. — ARMÉE DU RHIN par le dr Ferdinand QUESNOY.

(2) *Mandement* de Mgr Dupont des Loges, évêque de Metz, pour le carême de 1872.

(3) Le château de Frescaty est situé dans la vallée de la Moselle, non loin de Jouy-aux-Arches, à 6 ou 7 kilomètres de Metz.

(4) Depuis quelques jours la surveillance des vedettes et postes ennemis était devenue, à dessein sans doute, moins active du côté de Landrecourt et de Lempire. De ces deux villages on venait assez facilement à Verdun par les chemins de traverse. Des femmes de la campagne nous apportaient ainsi des charges de sel. A Verdun, le sel, et n'en trouvait pas à acheter qui voulait, se vendait au prix exhorbitant de quarante sous la livre.

soldats dans la mobile, affirment la fatale nouvelle, et donnent le détail, pénible pour nous, des réjouissances faites à Bar par l'ennemi, à l'occasion de la reddition de Metz. Quelques heures après, cette nouvelle et ces détails sont confirmés par un autre voyageur, venant aussi de Bar, qui ajoute qu'un grand nombre d'habitants de cette ville sont partis pour St-Mihiel, afin d'y voir passer les soldats prisonniers de la garnison de Verdun, car les Prussiens ont fait courir le bruit que Verdun aussi avait capitulé (3).

Grande et douloureuse fut l'émotion qui saisit alors nos cœurs. Quoi, la belle armée de Bazaine aurait mis bas les armes! Quoi, la garde aurait oublié Waterloo! Quoi, Metz serait rendu! Mais, c'est impossible! Sedan soit; mais Metz, jamais!

Hélas! deux jours après il n'y avait plus à en douter : les journaux Belges et Allemands, ainsi qu'un journal de Metz encadré de noir en signe de deuil, apportés à Verdun, nous en donnaient l'écrasante certitude.

Le voisinage de Metz et de l'armée du Rhin avait jusqu'alors soutenu notre énergie et notre résistance. Nous savions qu'à 16 lieues de nous battait toujours le cœur, et frappait l'épée de la France. Mais quand le doute fut dissipé, doute qui tout à l'heure était un supplice, et qu'à présent nous nous prenions à regretter parce qu'il laissait encore un rayon d'espoir; quand nous apparut sans voile le spectre terrible de la réalité; quand nous vîmes tomber toutes nos illu-

(1) *Notes* des postes de surveillance aux portes.

sions, s'effondrer toutes nos espérances, et que nous nous trouvâmes seuls, perdus au milieu des flots de l'armée ennemie, alors un cri de colère et de malédiction s'échappa de nos cœurs et de nos lèvres contre l'auteur du plus épouvantable désastre que depuis XIII siècles la France ait subi.

Nous eûmes une de ces heures d'angoisses qui passagèrement découragent les plus confiants et ébranlent les plus forts. Telles doivent être les impressions des marins au moment où leur navire se fend et se brise sur la pointe d'un rocher en pleine mer; où ils voient l'eau pénétrer de toutes parts et l'envahir; où ils reconnaissent que tous leurs efforts sont impuissants à le sauver, qu'il va fatalement sombrer, et qu'il ne leur reste plus, pour dernière et suprême ressource, que le frêle canot attaché à son flanc, une planche, une épave quelconque qui peut être les jetera sur une rive hospitalière, mais qui peut-être aussi roulera avec eux d'abîmes en abîmes!

Les conséquences de la catastrophe de Metz furent en effet immensément déplorables pour la France. La fortune semblait vouloir enfin nous sourire : Orléans avait été repris sur les Prussiens par le général Aurelles de Paladines, et déjà l'on songeait à marcher vers Paris au travers des lignes ennemies. Mais au moment où notre jeune armée de la Loire se préparait à exécuter cette marche en avant, qui eut peut-être sauvé et la capitale et la France, le prince Frédéric-Charles, rendu libre de ses mouvements par la capitulation de l'armée du Rhin, jetait rapidement 200,000 hommes sur ce second théâtre de la guerre, et forçait bientôt nos troupes, en grande partie composées de nouvelles recrues, à reculer vers le Mans et la Touraine.

Si Bazaine, au contraire, avait tenu huit à dix jours de plus, et il le pouvait, car, malgré la série de fautes qu'il avait commises, il avait encore des vivres pour plusieurs jours, c'est aujourd'hui un fait presqu'assuré (1), si Bazaine avait tenu huit à dix jours de plus devant Metz, Frédéric-Charles serait très-probablement arrivé trop tard, pour empêcher l'armée allemande, assiégeant Paris, d'être prise et écrasée entre l'armée assiégée, qui eut fait un vigoureux effort, et l'armée de la Loire.

Verdun était trop près de Metz et trop à leur convenance, pour que les vainqueurs ne songeassent pas à utiliser contre nous une partie des forces dont ils pouvaient désormais disposer. Aussi, à partir du jour de la capitulation de l'infortunée Cité, commencèrent-ils à amonceler autour de nous les plus formidables préparatifs, afin de nous réduire et de mettre un terme à notre résistance.

Préparatifs contre Verdun. — Vers les derniers jours d'octobre déjà, un correspondant de la *Gazette de Cologne* annonçait « la » prochaine arrivée de l'artillerie du capitaine Spohr » de la 8ᵉ brigade avec quelques cents hommes, » afin de remplacer par des canons prussiens les » canons français pris à Sedan, qui ont été reconnus

---

(1) Nous attendons avec impatience le Rapport du Conseil d'enquête sur la capitulation de Metz.

» insuffisants et incapables d'opérer » efficacement contre la ville assiégée (1).

On ne cesse en effet depuis lors de nous parler de canons qui roulent tout autour de nous. Aujourd'hui c'est quarante ou soixante pièces, trainée chacune par huit et dix chevaux, qui ont été vues traversant Dugny et se dirigeant sur Landrecourt et Lempire ; rapport confirmé par deux ou trois voyageurs. Trois jours après, douze autres pièces et plusieurs mortiers, avec une escorte de 500 hommes, passent encore à Landrecourt (2). Une vingtaine de ces pièces sont menées à Bras, le reste séjourne au Moulin-Brûlé, ou est conduit à Blamont.

A ce nombre de canons prussiens ou d'origine française si on ajoute ceux qui nous avaient bombardés au mois d'octobre, et dont la plupart étaient encore en parfait état de service, on aura cent vingt à cent quarante pièces pouvant être mises en batteries contre notre Ville.

Du reste l'emplacement de ces batteries était désigné : outre les anciennes que nous connaissons, l'ennemi en dressait de nouvelles.

Les nouvelles batteries :

On se souvient qu'il en existait déjà deux au Heyvaux. Les Allemands, non-seulement réparèrent dans celles-là les dégâts du 28 octobre, mais en construisirent encore trois autres formant, avec les deux premières, un vaste demi-cercle qui embrassait

Aux Heyvaux.

---

(1) *Gazette de Cologne* du 22 octobre 1870.
(2) *Notes* du poste de surveillance à la porte de France. Dépositions des sieurs Chatelet, aiguilleur au chemin de fer, Humbert, venant de Robert-Espagne, et Limouzin, de la ferme Pierron.

toute la largeur du plateau de la côte. Ils travaillaient la nuit et parfois même pendant le jour. Le 4 novembre, une de ces nouvelles batteries parut, au lever du soleil, armée de quatre pièces; et nos guetteurs de la Tour virent, dans chacune des autres, près de quarante hommes déblayant ou creusant les fossés, gabionnant les talus et les embrasures et soulevant leurs pièces pour les mettre en position. Il est probable qu'on leur envoya quelques coups de canon.

<small>A Blamont.</small>
Mêmes travaux sur la côte de Blamont où une seconde batterie était construite à droite et un peu en arrière de la première, non loin de la vieille route de Paris. Le 1er novembre, jour de la Toussaint, quarante Prussiens y travaillèrent, depuis 7 heures 1/2 du matin jusqu'à 3 heures de l'après-midi, quittèrent leur besogne devant quelques obus qui leur vinrent de la Citadelle et reparurent une heure après (1).

<small>A la côte St-Michel.</small>
Sur la côte St-Michel l'ennemi ne s'occupa de rien autre chose que de la remise en état de ses ouvrages bouleversés par la sortie du 28 octobre, et de leur réarmement, sans songer à en élever de nouveaux.

C'était de là surtout que les officiers prussiens venaient examiner la Place. De là en effet, Verdun se découvre tout entier, depuis la porte de France jusqu'à la porte St-Victor, et présente aux regards de l'amateur des belles vues, un panorama aussi complet que magnifique, avec sa Citadelle, sa ville haute du milieu de laquelle se détachent la masse

---

(1) Les cinq batteries des Heyvaux et les deux de Blamont sont restées debout tout l'hiver 70-71.

noire de la Cathédrale et les lignes régulières du beau palais épiscopal, ses clochers, ses nombreux cours d'eaux et ses grands arbres bordant les talus des remparts ou plantés par groupes à l'intérieur, ce qui donne par place à notre ville un certain air de forêt. Cependant ce n'était point pour admirer le paysage que les officiers prussiens se plaçaient sur le mont St-Michel : on les y voyait, ayant des lunettes et des plans en mains, se montrant nos bastions et prenant des notes.

Ce fut aussi vers les premiers jours de novembre que les Allemands construisirent, sur cette même côte, une espèce de caserne longue de près de soixante mètres, large de dix, et cachée dans le bois de M. Hennequin, à 150 ou 200 pas de leur première batterie. Les murs en étaient faits de branches de sapins entrelacées dans les arbres conservés, ou dans des poteaux plantés de distance en distance; la toiture, aussi de branchages, reposait sur d'autres poteaux intérieurs; le sol était jonché de paille pour le coucher des hommes; elle était entourée d'un fossé pour l'écoulement des eaux, et les terres de ce fossé relevées en talus soutenaient la base de la construction. Tout à côté se trouvait la barraque des officiers dans le même genre mais plus élégante, planchéiée avec des portes de granges, et ayant des vitres aux fenêtres, vitres et portes probablement décrochées à quelques maisons de Fleury. Il y avait aussi une remise pour les chevaux. Tout cela était solide, épais et agencé de manière à y passer l'hiver sans trop avoir à souffrir des rigueurs de la saison;

mais tout cela aussi avait coûté cher à M. Hennequin dont le bois était complètement abîmé. Cette caserne, qui pouvait contenir peut-être trois cents hommes, était destinée à garder la côte St-Michel contre des attaques comme celle du 28, et à remplacer le poste de Belleville que les Allemands, nous l'avons dit, avaient abandonné.

Mais un point qui devint tout-à-coup le centre d'une activité inaccoutumée, et sur lequel l'ennemi jusqu'alors n'avait eu qu'un poste, considérable à la vérité, fut la Renarderie, petit groupe composé de deux ou trois maisons isolées sur la route d'Etain, presqu'au sommet de la côte, à 3,600 mètres de la Place.

A la Renarderie.

Un grand mouvement de cavaliers, allant et venant de ce point à Belrupt, avait d'abord été remarqué dans la journée du 1er novembre. Le lendemain dès le matin on vit parfaitement, de la Tour et même de nos remparts, une soixantaine d'hommes, avec des pelles et des pioches, le long du bois et dans les carrières qui se trouvent à droite de la route en montant, un peu au-dessous de la Renarderie (1). Les maisons elles-mêmes semblaient remplies de Prussiens. Ordre fut donné aux bastions 27 ou 29 de tirer sur eux. Mais presque tous les coups portèrent trop court. Les deux jours suivants, le travail ne discontinua pas ; il y vint même encore une centaine de soldats du village d'Eix, dont la garnison après la capitulation de Metz avait été augmentée

(1) Des croisées de sa chambre, l'Auteur voyait parfaitement les soldats prussiens au travail.

de mille hommes. Ce renfort permit aux Allemands d'occuper la maison Saillet, au pied de la côte, à 15 ou 1,600 mètres de la Place (1).

Après notre capitulation, ceux qui ont visité les carrières voisines de la Renarderie, ont pu y voir les travaux préparatoires à la construction d'une ou de plusieurs batteries. Ils ont pu aussi s'assurer que nos canonniers n'avaient pas toujours tiré trop court, car dans un champ voisin de la route, à 20 mètres du pignon de la dernière maison, sept petites croix de bois plantées en terre indiquaient les fosses où gisaient un certain nombre de soldats Allemands frappés par nos obus (2).

Munitions de guerre.

Pour fournir à l'approvisionnement de toutes ces batteries, et cet approvisionnement devait être énorme, les Prussiens, réquisitionnèrent, au milieu de la semaille des blés déjà trop en retard, des milliers de chevaux dans tout le pays et obligèrent les cultivateurs d'aller, aux gares de Lérouville et de Commercy, chercher les munitions de guerre qui leur venaient de Metz par le chemin de fer. Aussi les

---

(1) Toutes les indications que nous venons de donner sur les mouvements et les travaux de l'ennemi autour de la Place, nous ont été fournies par le *Journal de l'Observatoire de la tour.*

(2) Ces croix n'existent plus : il est probable que les soldats primitivement enterrés là ont été, par ordre de l'autorité allemande, rapportés au cimetière du Jardin-des-Soupirs.
Nous devons reconnaître que les Allemands ont le respect des morts. Il n'y a plus autour de Verdun, je crois, qu'une tombe de soldat prussien indiquée par une croix avec inscription. Elle est au-dessus de la gare de Baleycourt, à la lisière du bois, près d'un chemin qui mène à Frana ou à Fromeréville.
C'est peut-être une sentinelle qui a été tuée là, à son poste.

voyageurs, qu'on interrogeait à la porte, ne nous parlaient que de longues files de voitures, traversant les villages de la rive gauche de la Meuse, et conduisant du côté de Verdun, une quantité prodigieuse de bombes et d'obus. Le jour même où fut signée notre capitulation, 150 voitures chargées de la sorte et dirigées sur nous, s'arrêtèrent à St-Mihiel, pendant que 150 autres se trouvaient encore à Commercy.

Dans la vallée de la Meuse, au-dessous de Verdun, mêmes réquisitions étaient faites pour aller aux approvisionnements du côté de Sedan.

Aussi Bras et Fromeréville, que nous avons déjà indiqués comme centres d'opérations pour l'ennemi, étaient encombrés de tous ces grands préparatifs.

A Bras. A Bras cinquante à soixante pièces d'artillerie de tous calibres, avec leurs caissons, et des centaines de chariots chargés de projectiles étaient massés de chaque côté de la route en avant du village du côté de Verdun. Sur les mêmes terrains se trouvaient aussi amoncelés des masses de gabions et de fascines, que les soldats Allemands n'avaient cessé de confectionner depuis le bombardement du 13 octobre. Mais ce qui attirait surtout l'attention des gens de Bras, c'étaient quatre mitrailleuses amenées là depuis quelques jours.

A Fromeréville. A Fromeréville régnait peut-être une activité plus grande encore.

Douze à quinze cuves, destinées à renfermer de la poudre, furent construites dans les bois, non loin de Blamont. Un grand parc central d'artillerie fut établi sur le versant d'un coteau entre Fromeréville et

Sivry-la-Perche. Pour la construction de ce parc, les Allemands exigèrent de ses deux villages, de Béthelainville et de Montzéville, deux cents pièces de bois longues de 10 mètres et épaisses en proportion, plus douze mille pointes de 17 centimètres de longueur. Près de ce parc ils établirent aussi plusieurs fours à fondre le plomb, et pour ce travail, ils requirent, de la commune de Fromeréville, une fourniture de cinq mille briques (1).

Enfin, ils coupèrent tous les jeunes bois plantés sur les territoires voisins et les branches des saules qui animaient le fond de la vallée de Lombut, et en firent des centaines de gabions que des voituriers, requis à cet effet, transportèrent à Blamont et aux Heyvaux.

Moulin-Brûlé, hameau isolé à 2 ou 3 kilomètres plus loin que Baleycourt et situé au point où la route de Bar vient aboutir sur celle de Clermont-Paris, tout près du chemin de fer, Moulin-Brûlé eut aussi son parc d'artillerie « où furent déposés pêle-mêle, » bombes, obus, boulets, charpentes, gabions, » mortiers, canons, deux mitrailleuses, fourgons et » équipages de tous genres » (2).

_{A Moulin-Brûlé}

Ces canons de Moulin-Brûlé, que des renseignements précis portaient au nombre de vingt à vingt-deux, donnèrent l'idée d'organiser une expédition dans le but de les enclouer.

_{(1) L'industrie de Fromeréville est la confection de briques séchées au soleil.}
_{Ces fours servaient sans doute à fondre le plomb dont sont entourés les obus allemands.}
_{(2) *Notes* de M. Fouquet-Fouquet, géomètre-draineur à Baleycourt.}

Le général Guérin fit venir à l'hôtel de la subdivision le capitaine des Carabiniers et lui proposa d'exécuter ce coup de main. Le capitaine répondit qu'il en référerait à la compagnie ainsi que l'exigeait le réglement. La compagnie accepta avec empressement, mais à la *condition pourtant que le Général la ferait soutenir par quelques centaines d'hommes, ou par les deux compagnies franches.*

Dans l'espoir que cette condition serait acceptée, on arrêta sur le champ le plan d'attaque.

Les quarante ou cinquante Carabiniers, formant la tête de la colonne, partiraient à 10 heures du soir, suivraient le sommet de la côte St-Barthélemy, attaqueraient, en silence et à la baïonnette, les postes allemands qu'ils y rencontreraient, gagneraient les bois qu'en bons chasseurs ils connaissaient parfaitement, les traverseraient sur une longueur de peut-être 4 kilomètres, et viendraient déboucher, sur leur lisière, à 200 mètres de Moulin-Brûlé et du parc d'artillerie.

Une centaine d'hommes les suiveraient à quelques minutes d'intervalle, viendraient aussi déboucher sur le même point et s'y arrêteraient afin de protéger leur retraite et au besoin de leur porter secours, car on ne connaissait pas le nombre des ennemis qui gardaient le parc d'artillerie. Ces hommes seraient reliés, par des vedettes échelonnées de distance en distance dans les sentiers des bois, à une troupe de même force qui stationnerait à l'entrée de la forêt du côté de Verdun. Cette troupe aurait pour mission de repousser les compagnies prussiennes de Regret et de Baleycourt, si elles essayaient de couper de ce côté la retraite à la colonne expéditionnaire.

Quant aux Carabiniers, accompagnés d'une section d'encloueurs, ils devaient franchir au pas de course les 200 mètres qui séparent Moulin-Brûlé de la lisière du bois, se jeter sur l'escorte à la baïonnette, la tuer ou la disperser, puis enclouer les canons et causer dans le parc d'artillerie tous les dégats et ravages possibles.

Cette affaire, conduite rapidement et énergiquement pouvait réussir, surtout avec les mesures de précaution et de prudence réclamées par les Carabiniers, mesures dont l'oubli eut été une faute. Mais le Général, opposant le besoin qu'il pouvait avoir de ses soldats d'un moment à l'autre, « refusa de faire » appuyer la compagnie des Carabiniers, » et le projet n'eut pas de suite (1).

Derniers coups de canon de la Place.

Ce projet avait été discuté le 4 novembre. Dans l'après-midi de ce jour, nos bastions envoyèrent encore quelques obus sur la Renarderie, sur la côte Saint-Michel et sur la petite maison de campagne nommée Montgrignon. Hélas! C'était la dernière fois que nous entendions nos canons tonner contre l'ennemi! Depuis lors, le sort de la guerre les ayant fait tomber, pour un temps du moins, aux mains des Prussiens, ils n'ont plus de voix que pour solenniser leurs fêtes. Autant cette grande voix nous paraissait naguère éclatante et fière, autant aujourd'hui elle nous semble lugubre et sombre; alors elle

(1) L'Auteur a trouvé tous ces détails dans les archives de la compagnie des Carabiniers, et dans les affirmations de leur capitaine.

réveillait en nos âmes les viriles idées de la résistance à l'envahisseur, maintenant elle nous attriste et nous irrite !

La cause qui imposa silence à nos canons, le 4 novembre, fut l'envoi d'un parlementaire au quartier général allemand.

La défense à outrance de Verdun devenue impossible et inutile.

Mais afin de légitimer, si cela était nécessaire, les négociations entamées avec l'ennemi, affirmons, dès à présent, qu'après la capitulation de Metz et de l'armée de Bazaine, la résistance de Verdun devenait désormais impossible et inutile.

Elle devenait impossible. Au 4 novembre en effet nous connaissions déjà, par les rapports extérieurs, la majeure partie des immenses préparatifs que la catastrophe de Metz avait permis aux Allemands d'amasser contre notre Ville, préparatifs que nous avons indiqués ci-devant. Nous savions que nos ennemis, ayant adopté le système de guerre qui consiste à brûler une place de loin, sans ouvrir la tranchée, sans battre en brèche et sans essayer l'assaut, nous savions qu'ils étaient à même, avec la formidable artillerie dont ils disposaient pour l'avenir, de jeter sur Verdun une telle quantité de projectiles et surtout de bombes incendiaires, que dans l'espace de *douze heures*, non-seulement toute la ville pouvait être en feu, mais aussi toutes nos pièces démontées, et tous nos artilleurs ou tués ou blessés dans leurs bastions. Mais ce que nous ignorions alors, et qui était plus redoutable encore si cela est possible, c'est que les Prussiens avaient amené un certain nombre de leurs énormes pièces de siége lançant des obus d'un poids si considérable, que ni murailles, ni casemates, ni souterrains n'y peuvent résister, et qu'une partie de la population, réfugiée dans les caves, eut été ensevelie, écrasée, étouffée, sous les décombres des maisons en ruines.

Impossible, la résistance devenait en outre inutile. Jusqu'alors nous nous étions défendus parce que Metz et l'armée du Rhin étaient toujours là ; parce que d'un moment à l'autre nous pouvions être utiles, soit à une armée française marchant vers Metz, soit à l'armée de Metz marchant sur Paris : nous restions pour elles un centre de ralliement, ou un point d'appui autour duquel elles pouvaient opérer, et nous avions alors obligation d'être. Aussi, si Metz était resté debout, les Prussiens ne seraient entrés à Verdun que par la brèche, ou bien la veille du jour où nous aurions manqué de pain.

Et même après la chute de Metz, si les quelques heures que l'ennemi aurait mis à nous brûler eussent donné à une armée française le temps d'opérer un mouvement stratégique, de se concentrer sur un point et par là de gagner peut-être une bataille, certes, même alors, pas un Verdunois, nous le croyons du moins, n'eut hésité à accepter sa cruelle destinée ; pas un Verdunois n'eut préféré voir la Ville en cendres, son foyer dévasté, sa fortune compromise, sa vie en péril plutôt que d'avancer d'une minute l'heure de la capitulation !

Mais, au 4 novembre 1870, nous ne pouvions rien pour le salut de la France; notre résistance désespérée ne retardait aucun mouvement de l'ennemi, ni n'aidait à aucune opération de nos armées. Nous ne pesions pas un atôme dans la balance de la Fortune; nous étions à peine un léger épisode dans le drame gigantesque et multiple qui se jouait autour de Paris, sur les bords de la Loire et dans les plaines de la Picardie : Verdun, oui ou non au pouvoir des Prussiens, était chose indifférente quant à la marche générale des évènements, et au résultat définitif de la guerre.

Maintenant, au point de vue de l'honneur militaire, nul ne dira, je suppose, que cet honneur n'était pas sauf, et qu'il exigeait davantage de nous, de notre garnison et de ses chefs.

Sous l'empire de ces considérations les hommes les plus sages, les plus braves et les plus patriotes voyaient avec anxiété approcher le jour où Verdun devrait à son tour ouvrir ses portes à l'ennemi.

Seulement, avant d'en arriver à ce douloureux dénoûment, une double question se posait à l'esprit des hommes chargés de la défense de la Place. Fallait-il résister encore pendant quelques heures, au risque de faire détruire la ville et de ruiner ses habitants, pour les obliger ensuite à se rendre à discrétion et à subir les inhumaines avanies dont est capable le soldat entrant en ville conquise, et cela sans profit pour la France : ou bien devait-on, profitant de la belle position que nous avait faite aux yeux de l'ennemi notre courageuse résistance de deux mois, devait-on entrer dès à présent en négociation avec le général allemand et lui offrir de rendre la Place aux conditions les plus avantageuses?

Si Verdun n'avait pas renfermé une population de huit mille femmes, enfants ou vieillards, si nous avions été une ville d'hommes, la réponse à l'ennemi eut été facile même après la chute de Metz. « Nous » avons des canons sur nos remparts, de la poudre » et des boulets dans nos magasins, des fusils, des » balles, des baïonnettes, des vivres et du cœur : » nous vous attendons. »

Ainsi on pourra répondre quand nos villes de guerre auront une ceinture de forts qui les mettra à l'abri des bombardements tels que nous les connaissons aujourd'hui, et qu'elles ne seront plus que des magasins d'approvisionnements et des centres d'où partiront les ordres. Ces forts alors, ne renfermant ni familles, ni foyers, ni commerce, ni monuments, rien que des hommes et des armes, pourront braver toute pluie de bombes et d'obus; et pour y entrer il faudra passer par la brèche. Mais, il y a deux ans, cette réponse qui avait été celle du vieux Boufflers à Lille, en 1708, celle du général Ferrand à Valenciennes, en 1793, cette réponse eut été de notre part une héroïque folie.

C'est pourquoi, le Commandant supérieur, ayant pris l'avis de son conseil de défense, commença par envoyer au général de Gayl, comme nous l'avons dit plus haut, un parlementaire, non pour lui offrir les clefs de la Place, mais pour lui demander s'il était vrai que l'armée de Bazaine et la ville de Metz eussent capitulé? Dans le cas où cette capitulation lui serait affirmée, le parlementaire devait solliciter du général allemand, un armistice de huit jours entre la Place

Pourparlers avec l'ennemi.

et les troupes assiégeantes : armistice qui permettrait au général Guérin de consulter le Gouvernement de Tours sur l'opportunité d'une défense de Verdun plus prolongée. Le parlementaire devait aussi s'informer de l'état des forces ennemies autour de Verdun, et prier au besoin le général de Gayl de lui donner la facilité de s'en rendre compte par lui-même.

Mais en même temps qu'il envoyait ce négociateur au quartier général allemand, sans grand espoir d'obtenir l'armistice demandé, et avec la seule pensée de gagner du temps, le Commandant supérieur déléguait secrètement à Tours, afin d'y chercher des instructions, un de ses officiers d'ordonnance, M. Bougon, sous-lieutenant au 5ᵉ chasseurs à cheval, qui, déguisé en paysan et accompagné d'un guide, traversait, au milieu de la nuit, les lignes allemandes et gagnait la Belgique (1).

Le général de Gayl accueillit parfaitement notre envoyé, donna l'assurance de la capitulation de Metz, mais répondit qu'il ne pouvait accorder un armistice qu'après avoir pris les ordres du Roi de Prusse ; que cependant il consentait à une suspension d'armes jusqu'à l'arrivée de la réponse de Sa Majesté.

Quant aux troupes et aux moyens d'attaque dont il disposait, le général allemand donna sa parole d'honneur que son corps d'armée était de quinze mille hommes dont deux mille artilleurs, et qu'avant

---

(1) Le lieutenant Bougon ne revint pas à Verdun et acheva la campagne en se battant ailleurs.

Son guide était, si je ne me trompe, M. Paquis, de Rarécourt, qui fut décoré pour services exceptionnels rendus pendant le siége de Verdun, et qui rejoignit aussi une de nos armées.

peu de jours il pouvait mettre en batteries cent cinquante pièces de divers calibres, canons de siége, pièces de campagne et mortiers, avec un approvisionnement de mille coups par chaque pièce : « Du » reste il avait, disait-il, l'ordre de prendre Verdun » *coûte que coûte*, et la grandeur des préparatifs » faits indiquait l'importance qu'il attachait à avoir » un succès aussi prompt que sûr. »

Le parlementaire obtint en outre un état écrit et officiel des forces ennemies, afin de corroborer la vérité du rapport verbal qu'il devait faire là-dessus au Commandant supérieur de Verdun.

Il paraît qu'il fut ensuite question de la défense opposée par la Place, et surtout de l'affaire du 28 octobre. « C'est un coup audacieux, aurait dit le » général de Gayl, mais ne le recommencez pas : » ce n'est plus le 65° qui veille aux pièces. »

Le lendemain, 5 novembre, à midi 45 minutes, l'Observatoire avertissait la subdivision, « qu'un par- » lementaire prussien arrivait par la route de Belle- » ville, et attendait au faubourg de la Galavaude. » Cette dépêche fut la dernière du télégraphe de la Tour, qui, de ce moment, cessa de fonctionner, aussi bien que tous ceux établis par le génie dans la Place.

Ce parlementaire venait avertir le général français que le général allemand n'avait encore reçu aucune réponse du Roi : c'est pourquoi, vu l'incertitude d'une réponse de Sa Majesté, il le sommait de rendre immédiatement la Place de Verdun. Le général Guérin répondit qu'il n'était pas question, quant à présent, de capitulation mais d'armistice, et qu'il attendrait,

Le Général sommé de rendre la Place.

pour traiter, le moment qui lui semblerait opportun, après toutefois que la concession ou le rejet de cet armistice lui serait connu. Devant cette fermeté du Général le parlementaire prussien n'insista pas, et consentit même à continuer la suspension d'armes. Il fut convenu en outre que les parties belligérantes cesseraient toute espèce de travaux militaires, nous sur nos remparts et dans l'intérieur de la Place, et les Prussiens dans leurs batteries.

La journée du 6 était un dimanche. La population connaissait les pourparlers entamés et la suspension d'armes. De nombreux promeneurs, profitant des derniers rayons du soleil d'automne, aussi bien que d'une liberté dont ils ne jouissaient plus depuis longtemps, sortirent à quelques cents mètres de l'enceinte fortifiée : d'intrépides curieuses se hasardèrent même jusqu'auprès des avant-postes prussiens qui en eurent l'air flatté. Du reste la Ville était calme : nous espérions un armistice de huit ou dix jours : huit ou dix jours pendant lesquels une trêve se concluerait sous Paris, et nous éviterait la douleur de subir la présence de l'ennemi dans nos murailles !

Réponse du Roi de Prusse. Mais cette espérance fut déçue le jour même. Dans la soirée, un officier prussien apporta la réponse du roi. Au nom du roi, le général de Moltke refusait d'accorder l'armistice demandé ; mais, en considération de la belle défense de Verdun, il offrait à cette forteresse des conditions exceptionnelles si elle consentait à capituler immédiatement. La garnison se constituerait prisonnière de guerre ; nos canons, nos armes, nos munitions de toutes sortes, et tout le matériel de guerre resteraient à la France, et lui seraient rendus à la conclusion de la paix.

Vingt-quatre heures étaient données au général Guérin pour se décider à accepter, ou à refuser ces conditions. Ce délai écoulé, si les conditions étaient rejetées, ou si nulle réponse n'était faite, les hostilités devaient recommencer et la Ville n'avait plus d'autre perspective qu'un bombardement à outrance, après lequel elle serait forcée de se rendre à la discrétion du vainqueur.

A coup sûr, s'il y a un moment pénible dans la vie du soldat c'est celui où il est forcé de se rendre ! Et quand ce soldat est un général qui, en livrant son épée, fait en même temps tomber les armes des mains de ses troupes, ouvre à l'ennemi les portes d'une ville dont la défense lui a été confiée, alors ce moment doit avoir des anxiétés qui torturent l'âme et lui font souffrir d'indicibles douleurs. Ah ! s'il était seul avec ses soldats en face de l'ennemi ; si sa courageuse obstination ne devait pas entraîner d'immenses désastres ; s'il n'y allait que de son sang, de sa vie, du sang et de la vie des braves qui sont avec lui et dont le glorieux métier est de mourir sur les champs de bataille, certes, il l'essaierait cette résistance devenue impossible, et son héroïsme lutterait sans hésitation contre l'implacable destinée. Mais le sang des autres inutilement versé, mais leur vie immolée sans profit, mais une population tout entière ruinée, mais l'incendie, le pillage, la dévastation dans la cité, mais la violence maîtresse au foyer de la famille, mais les épouses, les mères et les jeunes filles

Anxiété du général Guérin.

peut-être insultées, tout cela, tous ces cruels et inévitables sacrifices ne doivent-ils pas étouffer le cri du courage au désespoir, surtout, nous ne cesserons de le répéter, surtout quand ces sacrifices deviennent stériles pour le salut de la Patrie?

Telles furent les préoccupations pleines d'amertumes qui tourmentèrent le général Guérin pendant cette douloureuse journée du 7 novembre. Des amis de ce vieux soldat, m'ont affirmé l'avoir vu pleurer à la pensée de rendre Verdun aux Prussiens; pleurer aussi en songeant aux terribles conséquences, pour la Ville, de son refus de capituler. « Si seulement, » disait-il, je pouvais auparavant tirer encore quel- » ques coups de canon sur l'ennemi! » Mais cette guerrière consolation lui était refusée : un seul coup de canon, parti de nos remparts, déchirait et annulait les conditions avantageuses offertes à la Ville par le roi de Prusse!

Aussi, un moment la résolution de se défendre jusqu'à la dernière extrémité sembla prévaloir dans l'esprit du général Guérin; et, dans cette prévision, le commandant du génie songea à choisir à l'avance quelques sous-officiers intelligents et sûrs, qu'il eût chargés d'arborer le drapeau parlementaire sur divers points de la Place, quand nous aurions été écrasés, quand la Ville aurait pour ainsi dire râlé.

Députation de la municipalité chez le Général. Ce fut au milieu de ces perplexités que le Général reçut une députation du Conseil municipal. Jusqu'alors la Municipalité, s'inspirant de l'énergique volonté que les habitants avaient manifestée de se défendre, s'était montrée ferme et courageuse devant les périls du siége et des bombardements. Mais devant les résultats désastreux et inévitables d'une défense reconnue désormais impossible et inutile, l'autorité municipale crut bien faire de prendre en mains les intérêts d'une population qui peut-être les eut oubliés elle-même, si on lui en avait demandé le sacrifice, exaltée qu'elle était par son patriotisme et par sa haine contre l'ennemi de la France. C'est pourquoi, le Maire de la ville et quelques conseillers délégués, se présentèrent chez le Général, afin d'essayer un dernier effort qui put le fléchir. On lui parla de Verdun détruit, de ses habitants ruinés, de sa prospérité perdue, des femmes et des jeunes filles, de leurs souffrances et de leurs cruelles appréhensions; on chercha à éveiller dans son âme les sentiments de la pitié en lui retraçant le sinistre avenir qui allait nous échoir; on le pria d'écouter la voix de l'humanité, plutôt que les inspirations d'une excessive susceptibilité d'honneur militaire, honneur militaire auquel du reste il avait noblement satisfait.

Les résistances du Général furent vaincues, et le Maire, les yeux mouillés de larmes, se jeta dans ses bras pour l'en remercier au nom de ses concitoyens.

Immédiatement le Commandant supérieur, avec son comité de défense, rédigea, d'après les bases offertes par l'ennemi lui-même, un projet de capitulation dans lequel il s'attacha surtout à sauvegarder les intérêts de la Ville et des habitants. Ce projet, porté dans la soirée par un officier français au quartier général prussien, fut agréé sans grandes modifications. Ces modifications, connues par le

Le Général consent à capituler.

retour du parlementaire, furent communiquées la nuit même au conseil de défense qui les accepta.

<small>Etat des esprits en Ville.</small> Pendant ces négociations, dont les phases diverses nous restaient inconnues, la physionomie de la Ville était vraiment étrange. On ne s'abordait qu'avec cette question aux lèvres : « le Général capitulera-t-il? » où en sont les choses? » La majeure partie des habitants, hommes ou femmes, car les femmes s'intéressaient à bon droit à cette question qui, après tout, était peut-être une question de vie ou de mort pour plusieurs d'entre elles aussi bien que pour nous, la majeure partie des habitants admettait la nécessité fatale de rendre la Place à l'ennemi, vu l'impossibilité de se défendre plus longtemps. Mais d'autres inclinaient à la résistance : c'était de leur part, confiance dans nos forces, doute de celles de l'ennemi, et courage indompté. Je ne parle pas des rares exceptions que j'appellerai les peureux et les faux braves : les peureux voyaient dans la capitulation la fin de leurs soucis, et ils osaient l'avouer; les faux braves, dont quelques-uns n'avaient jamais tenu un fusil, ni paru aux remparts, voulaient la résistance à outrance, surtout quand ils surent que la capitulation était décidée.

La garnison, elle aussi, se préoccupait du lendemain. La perspective de devenir prisonnière de guerre y avait jeté des ferments d'indiscipline et de désordres. Les nombreux évadés de Sedan surtout manifestaient leur mécontentement d'une manière presque menaçante. « Etait-ce la peine, disaient-ils, » d'avoir échappé il y a deux mois aux mains des

» Prussiens, en risquant sa vie, pour y retomber
» aujourd'hui ? » Et cette pensée les irritait d'autant
plus, qu'on avait fait courir parmi eux le bruit
absurde qu'ils seraient fusillés s'ils étaient repris.

Les soldats auraient donc en général volontiers
accepté la continuation de la lutte, malgré la situation
pénible que leur avait faite l'incendie de plusieurs
casernes, et malgré les privations inséparables de la
vie de siége qu'ils étaient obligés de subir. Mais, en
pareilles conjonctures, le soldat n'a qu'une chose à
faire, c'est obéir.

Le mardi 8, au matin, l'acte de la capitulation
de Verdun, dont la teneur suit, fut signé par le
général Guérin, commandant supérieur de la Place,
et par le général de Gayl, commandant les troupes
allemandes devant la dite Place.

CONVENTIONS DE LA CAPITULATION

DE LA PLACE DE VERDUN.

La ville de Verdun, après avoir supporté courageusement trois bombardements, dont le dernier a duré 52 heures et menacée de nouveau par des forces supérieures, savoir : 15,000 hommes, dont 2,000 d'artillerie, 140 pièces de canon de gros calibres, sans compter les pièces de campagne, le tout approvisionné à 1,000 coups par pièce; toute résistance a paru impossible surtout depuis la reddition de Metz. En conséquence et pour éviter une effusion inutile de sang et la ruine de la ville :

<small>Conventions de la Capitulation de Verdun.</small>

Entre les soussignés, le général baron Guérin de Waldersbach, *commandant supérieur de la Place de Verdun et le général major* de Gayl, *commandant les troupes prussiennes devant cette Place, la convention suivante a été conclue :*

Article premier. — *La forteresse et la ville de Verdun avec tout le matériel de guerre, les approvisionnements de toute espèce, les archives et tout ce qui est propriété de l'Etat seront remis à M. le général de Gayl, le 9 novembre, dans l'état où tout cela se trouve au moment de la signature de la convention, à la condition expresse d'être rendus à la France à la conclusion de la paix.*

Mercredi, 9 novembre 1870, à 10 heures du matin, la Place et la Citadelle de Verdun seront remises aux troupes prussiennes.

A la même heure, des officiers d'artillerie et du génie, avec quelques sous-officiers, seront admis dans la Place pour occuper les magasins à poudre et éventer les mines.

Art. 2. — *La garnison est prisonnière de guerre, toutefois les gardes mobiles natifs de Verdun et la garde nationale sédentaire seront libres après avoir été désarmés et aucun des défenseurs de Verdun ne sera inquiété. La gendarmerie sera libre après avoir été désarmée et conservera ses chevaux. Les maîtres ouvriers des corps ne seront pas considérés comme militaires et seront également libres.*

Art. 3. — *Les armes, ainsi que tout le matériel de la Place, consistant en canons, chevaux, caisses de guerre, équipages de l'armée, munitions, etc.,* seront laissés à Verdun, à des commissions militaires nommées par le Général commandant supérieur qui les remettront immédiatement à des commissaires prussiens, pour être rendus à la France au moment de la paix. Les troupes, sans armes, seront conduites rangées par corps et en ordre aux lieux indiqués pour chaque corps, elles conserveront leurs sacs et leurs effets.

Les officiers rentreront alors librement dans la ville de Verdun sous la condition de s'engager sur l'honneur à ne pas quitter la Place sans l'autorisation du commandant prussien.

Art. 4. — Les officiers et assimilés qui engageront leur parole d'honneur par écrit de ne pas porter les armes contre l'Allemagne et de n'agir contre aucun de ses intérêts pendant la guerre actuelle ne seront pas faits prisonniers de guerre. Les officiers et assimilés qui opteront pour leur captivité et qui engageront leur parole d'honneur de se trouver au jour fixé dans une Place désignée d'avance seront libres de s'y rendre isolément. Les uns et les autres conserveront leurs armes, leurs effets et leurs chevaux.

Art. 5. — Les médecins militaires resteront en arrière pour prendre soin des blessés, ils seront traités suivant la convention de Genève. Il en sera de même du personnel des hôpitaux.

Art. 6. — La ville de Verdun sera dispensée de toute contribution de guerre et de réquisition en argent. Les personnes, les propriétés, les établissements civils et religieux seront respectés.

Autant que possible, les troupes prussiennes seront logées dans les bâtiments militaires, sauf le cas de passage extraordinaire de troupes.

Art. 7. — *Toutes les administrations publiques, les tribunaux civils et de commerce, le notariat, le commerce et l'industrie fonctionneront librement.*

Art. 8. — *Les questions de détail qui pourront se présenter seront réglées ultérieurement dans un appendice qui aura la même valeur que la présente convention.*

Verdun, le huit novembre mil huit cent soixante-dix.

Von Gayl.

Bon Guérin de Waldersbach.

Cet acte, si solennel et si important pour notre Cité, fut immédiatement publié dans le *Courrier de Verdun*, et lu avec une avidité facile à comprendre. Il était accompagné de la proclamation suivante du Maire.

« Le Maire de Verdun à ses concitoyens,

» Après une lutte des plus héroïques et des plus mémorables, il a fallu céder devant le nombre des ennemis et devant des engins de destruction formidables, lorsque nous savions déjà que le sacrifice de notre vie cessait d'être utile à la France.

» Aujourd'hui nous vous demandons un nouvel acte de courage ; de douloureuses épreuves nous attendent ; soyons calmes, soyons prudents.

» La modération n'exclut ni la dignité ni la fermeté.

» Point d'actes de violence ; ils ne pourraient qu'appeler de rigoureuses représailles ; épargnons les à notre chère patrie.

» Hôtel-de-Ville de Verdun, le 8 novembre 1870.

» *Le maire*, BENOIT. »

Verdunois, nous devons être fiers d'avoir arraché une telle capitulation à des ennemis qui, en nous l'octroyant, ont honoré l'énergie de notre défense. Nulle ville de France, et le nombre de celles qui sont tombées aux mains des Prussiens pendant cette terrible guerre est trop grand, nulle ville de France ne s'est fait donner la pareille. Nous avons conservé nos armes, elles sont aujourd'hui dans les arsenaux de Douai ; nos approvisionnements de toutes espèces, poudre, bombes, obus et un matériel de guerre valant plus de deux millions. Nous avons conservé nos canons : ils sont encore là sur nos remparts ; ils n'iront pas sur le sol allemand orner le triomphe de nos vainqueurs d'un jour, et leur bronze ne sera pas changé en médailles ou en colonnes pour perpétuer le souvenir de victoires qui nous sont odieuses ; ils resteront français.

La garnison de Belfort est sortie avec les honneurs de la guerre ; les soldats ont emporté leurs armes, les artilleurs ont emmené leurs pièces de campagne, mais la France a perdu là tout ce que, nous, nous avons gardé.

Honneur donc à notre énergique et courageuse population ! Honneur à notre garde nationale et à nos braves volontaires ! Honneur à notre vaillante garnison, ligne et mobile, artillerie et cavalerie, moins heureuse mais non moins digne de l'être que celle de Belfort! Honneur au général Guérin qui a su obtenir de l'ennemi de si belles conditions! Honneur enfin, dans le présent et dans l'avenir, à tous les défenseurs de Verdun pendant le siége de 1870.

Au moment où j'achève d'écrire ces dernières lignes, le *Journal officiel* de la République (1) publie l'Avis du Conseil d'enquête sur la capitulation de Verdun : Avis que tous liront avec intérêt.

Extrait du procès-verbal de la séance du 29 novembre 1871.

Avis du Conseil d'enquête sur la capitulation de Verdun.

Le Conseil d'enquête,

Vu le dossier relatif à la capitulation de la Place de Verdun,

Vu le texte de la capitulation,

Sur le rapport qui lui en a été fait,

Ouï MM. le général Guérin de Waldersbach, ex-commandant supérieur de la Place de Verdun, et de Turckeim, major du 80ᵉ de ligne,

Après en avoir délibéré,

Exprime comme suit son avis motivé sur ladite capitulation ;

Le Conseil reconnaît que du 24 août au 15 octobre 1870, le commandant de la Place de Verdun, général Guérin de Waldersbach, a fait preuve de courage, d'habileté et d'énergie, non-seulement en supportant plusieurs bombardements, mais en organisant une défense très-active, en faisant exécuter par la gar-

(1) *Journal officiel* de la République du 8 mai 1872.

nison dont il avait su entretenir le moral, des sorties fréquentes, vigoureuses, hardies, dans lesquelles il a souvent fait enclouer les pièces ennemies, détruit les affûts, bouleversé les batteries, enlevé les convois, qu'il a été très-bien secondé par les troupes et les officiers placés sous ses ordres et par l'artillerie dont le feu a toujours été très vivement et habilement dirigé.

Le Conseil reproche au Commandant supérieur d'être entré en négociations avec l'ennemi pour permettre aux habitants de la rive droite de la Meuse de faire leurs vendanges, et d'avoir ainsi facilité les rapports des espions et la reconnaissance des points sur lesquels les Prussiens pouvaient établir des batteries ou des tranchées.

Considérant que la ville possédait des vivres en quantité plus que suffisante pour la nourriture de la garnison et de la population; qu'aucune pression sérieuse n'a été exercée sur le conseil de défense par le conseil municipal ou les habitants qui se sont au contraire toujours montrés pleins d'abnégation, d'énergie et de résolution, soit dans les bombardements, soit en formant des compagnies de francs-tireurs, auxiliaires, etc., etc., qui toujours coopéraient aux sorties de la garnison;

Que la Place avait encore un matériel intact et des munitions suffisantes, de l'aveu même du Commandant supérieur;

Considérant que, nonobstant ces conditions exceptionnelles d'une bonne défense, le Commandant supérieur a provoqué avec l'ennemi une négociation qui devait entraîner la chûte de la Place, alors qu'aucun travail de siége n'avait été commencé;

Que contrairement à l'article 255 du décret du 13 octobre 1863, il a prêté l'oreille aux rapports de l'ennemi intéressé à grossir ses forces pour l'intimider;

Que les considérations présentées par le général Guérin de Waldersbach, pour justifier ces communications, n'ont aucune valeur, attendu que le devoir d'un commandant de place est de défendre jusqu'à la dernière extrémité le poste qui lui a été confié;

Que, sans doute, en faisant insérer dans la capitulation les articles 1 et 4 proposés par le général de Moltke, et par suite desquels la Place de Verdun avec tout son matériel de guerre, ses munitions et ses approvisionnements de toute espèce devait faire retour à la France à la signature de la paix, le Commandant supérieur a manifesté de bons sentiments, mais qu'il n'appartient pas à un commandant de prévoir les conséquences d'une guerre et les conditions d'un traité qui peuvent annuler les clauses stipulées dans une capitulation.

Le Conseil déclare enfin que s'il mérite des éloges pour la première partie de sa défense, le général Guérin de Waldersbach est blâmable d'avoir entamé et conclu avec l'ennemi des négociations qui ont amené la capitulation de la Place, sans qu'elle se trouvât dans le cas prévu par l'article 254 du décret du 13 octobre 1863.

Pour extrait conforme :
Le président du Conseil d'enquête,
Signé : BARAGUEY-D'HILLIERS.

Réflexions sur l'Avis du Conseil d'enquête.

La lecture attentive et réfléchie de cet Avis ne me fait ni changer ni modifier un seul mot à ce que je viens d'écrire relativement à la capitulation de notre Ville et au général Guérin : seulement cette lecture m'inspire les réflexions suivantes que je me permets d'exprimer, tout en protestant de mon respect pour les appréciations des hommes qui composent le Conseil d'enquête.

Le Conseil d'enquête a rendu justice *au courage, à l'habileté et à l'énergie du général Guérin, à la bravoure des troupes et des officiers placés sous ses ordres, au patriotisme des habitants qui se sont toujours montrés pleins d'abnégation, d'énergie et de résolution......... et toujours ont coopéré aux sorties de la garnison.*

Tous ces éloges sont mérités. « En ce qui concerne » la capitulation de Verdun, dit le *Journal de Paris*, » on lira, avec une patriotique satisfaction, les éloges » adressés par le Conseil d'enquête à la population » de cette place..... A Verdun, le gouverneur et la » garnison étaient dignes de la population » (1). Les négligences ou fautes de détail, dont quelques-unes ont été indiquées dans cette histoire, n'infirment en aucune façon le jugement favorable porté à l'égard des défenseurs de Verdun. Et vraiment était-il possible d'éviter toutes négligences, toutes fautes même, dans un service aussi compliqué que celui d'une place de guerre assiégée, dans une série de devoirs aussi multiples, aussi souvent renouvelés que ceux qu'une telle position impose à un commandant supérieur.

(1) *Journal de Paris* du 9 mai 1872.

Mais à côté des éloges adressés au Commandant supérieur de Verdun, le Conseil d'enquête place un *reproche* et lui inflige un *blâme* ; reproche et blâme desquels nous allons examiner la justesse et la valeur.

« Le Conseil reproche d'abord au Commandant
» supérieur d'être entré en négociations avec l'ennemi
» à propos des vendanges, et d'avoir ainsi facilité
» les rapports des espions, et la reconnaissance des
» points sur lesquels les Prussiens pouvaient établir
» des batteries ou des tranchées. »

De ces deux raisons, la première ne vaut rien : les vendanges en effet, loin de faciliter les rapports des espions avec l'ennemi, les rendaient, au contraire, plus difficiles ; car ce n'est pas en présence d'une bande de vendangeurs que les traîtres se seraient abouchés avec les Prussiens. La seconde raison ne vaut guère mieux : il suffit de jeter un coup d'œil sur la topographie des côtes St-Michel et de Belrupt, au flanc desquelles sont les vignes, pour s'assurer que les Prussiens n'avaient nullement besoin des vendanges afin de venir reconnaître les points sur lesquels ils pouvaient établir leurs batteries et leurs tranchées. Du reste, jamais ils n'ont eu même la pensée de poser leurs batteries dans les vignes de ces deux côtes : c'eut été trop malhabile.

Le Conseil reproche en second lieu au général Guérin « d'avoir, contrairement à l'article 255 du
» décret du 13 octobre 1863, prêté l'oreille aux rap-
» ports de l'ennemi intéressé à grossir ses forces pour
» l'intimider. »

Nous ignorons si ce reproche est fondé, si le Général a écouté là-dessus des rapports d'espions payés par nos ennemis : mais nous savons qu'il a été instruit de leurs préparatifs contre Verdun par d'autres voies que celles-là, par les renseignements que donnaient des voyageurs qui certes n'étaient pas des émissaires prussiens. Ce ne fut qu'après avoir acquis, au moyen de ces renseignements aussi exacts que peu exagérés, la quasi-certitude des formidables préparatifs de l'ennemi, que le général Guérin en demanda l'affirmation au général de Gayl.

Mais ce qui est plus grave que les reproches, c'est le *blâme*.

« Le Conseil déclare que s'il mérite des éloges
» pour la première partie de sa défense, le général
» Guérin de Waldersbach est blâmable d'avoir entamé
» et conclu avec l'ennemi des négociations qui ont
» amené la capitulation de la Place sans qu'elle se
» trouvât dans le cas prévu par l'article 254 du
» décret du 13 octobre 1863. » C'est-à-dire lorsqu'elle possédait encore des vivres en quantité plus que suffisante pour la nourriture de la garnison et de la population ; lorsqu'elle avait encore un matériel intact et des munitions suffisantes, et qu'aucun travail de siège n'avait été commencé. Les travaux de siège exigés dans ce cas sont l'ouverture de la tranchée, la brèche aux remparts, la prise par l'ennemi d'ouvrages détachés de l'enceinte ou postes extérieurs, et enfin l'assaut essayé au corps de place.

Ce blâme, motivé par les considérants qui précèdent, porte donc sur deux points : sur les négociations entamées avec l'ennemi, et sur la reddition de la Place avant que les travaux d'un siége régulier ne fussent commencés.

Sans doute, d'après les articles énoncés, le général Guérin a eu tort de provoquer avec l'ennemi les pourparlers qui ont amené la reddition de Verdun : l'assiégé ne doit entrer en relations avec l'assiégeant que lorsqu'il y a absolue nécessité. Mais, nous l'avons dit, ces pourparlers n'avaient primitivement d'autre but que celui d'obtenir, avec un armistice, la confirmation du désastre de Metz : on ne songeait pas encore à parler de capitulation. Cela est si vrai, que le lendemain le général de Gayl faisait sommer la Place de se rendre.

Quant à la reddition elle-même de la Place, le général Guérin, nous l'avouons, se trouve, comme tous les autres commandants supérieurs sur la conduite desquels le Conseil d'enquête a eu à donner son Avis, dans le cas prévu par le dernier paragraphe de l'article 255, ainsi conçu : les lois militaires « condamnent à la peine de mort avec dégradation » militaire, le commandant d'une place de guerre » qui capitule sans avoir forcé l'ennemi à passer par » les travaux lents et successifs des siéges, et avant » d'avoir repoussé au moins un assaut au corps de » place, sur des brèches praticables. »

Cet article est formel ; mais ses dispositions, ses exigences sont tout-à-fait inapplicables, comme est inapplicable la sanction dont il les revêt.

Oui certes, il y a cent ans, il y a même quinze et dix ans, on avait l'espoir, en défendant une ville de guerre, de forcer l'ennemi à passer par les travaux lents et successifs d'un siége régulier; on avait l'espoir de le voir se présenter en colonnes d'attaque, et monter à la brèche, poitrine découverte : ainsi les Russes virent nos soldats vingt fois devant Sébastopol. C'eut été lâcheté alors que de ne point attendre l'assaut.

Mais aujourd'hui qu'on n'assiége plus les places d'après les règles de l'ancien art militaire, et qu'on se contente de les bombarder de loin ; aujourd'hui que chez nos ennemis l'assaut est passé de mode, comme sont passées de mode les arquebuses à rouet du temps de François Ier, peut-on blâmer un commandant d'une place de guerre de n'avoir repoussé aucun assaut avant de capituler? Peut-on l'en blâmer surtout quand il s'est jusqu'alors bravement défendu, quand la forteresse qu'il commande a déjà supporté plusieurs bombardements, quand il ne cède qu'à des forces écrasantes, quand sa résistance, prolongée de quelques jours, doit amener la destruction de la ville et la ruine de ses habitants?

Ajoutons encore que ce fameux article 255, tant de fois cité par le Conseil d'enquête, suppose que la « place de guerre assiégée est un des boulevards de » la France, l'un des points d'appui de ses armées, et » que de sa reddition, avancée ou retardée d'un seul » jour, peut dépendre le salut du pays. » Or, nous l'avons grandement démontré, et le Conseil d'enquête ne l'a pas sans doute ignoré, quand Verdun a capitulé il était complètement abandonné, isolé, réduit à ses propres forces; il n'était plus *ni un boulevard de la France, ni un point d'appui de ses armées, et de sa reddition, avancée ou retardée d'un jour, ne dépendait en aucune façon le salut du pays.* Ce sont là des circonstances qui ont influencé sans nul doute la détermination du général Guérin, et qui auraient dû aussi modifier un peu les appréciations du Conseil d'enquête.

Ce n'est là cependant qu'une excuse. D'après la lettre de la loi militaire que le Conseil d'enquête rappelle, le général Guérin ne devait s'occuper que d'une seule chose, se défendre sans s'inquiéter si cette défense était utile, oui ou non, au pays; si elle avait encore sa raison d'être; si elle n'était pas tout simplement, comme nous l'avons déjà dit, une héroïque folie! Il devait se défendre, indifférent à tout ce qui l'entourait; se défendre avec la rage du désespoir, jusqu'au moment où ses artilleurs auraient été mis hors de combat, ses canons démontés et réduits au silence, ses soldats sans pain et sans abri; se défendre jusqu'à ce que la Ville et la Citadelle fussent devenues un monceau de ruines fumantes et mêlées de cadavres, au milieu desquelles se seraient traînés des milliers de malheureux et de malheureuses redemandant leurs foyers, leurs pères, leurs frères, leurs époux, leurs fils immolés au cruel démon de la guerre. Voilà ce que le général Guérin aurait pu faire s'il n'avait songé qu'à sa gloire; voilà ce qu'il aurait dû faire même s'il avait aveuglément obéi à la lettre de la loi militaire.

Et vraiment que lui importaient Verdun et ses habitants? Que lui importaient notre prospérité ou notre ruine, notre vie ou notre mort? Qui l'empêchait de nous sacrifier? Absolument rien! Au contraire son amour propre de soldat l'y poussait. En effet, si le général Guérin n'avait livré aux Allemands qu'une ville dévastée, détruite, qui n'aurait plus eu de Verdun que le nom, eh bien! il eût été lui, glorifié comme un Palafox, un héros! Mais Verdun serait aujourd'hui une nouvelle Numance! Et que risquait-il à cela? A peine un éclat d'obus.

Et pourtant, qui donc osera dire que le général Guérin aurait dû agir de la sorte? Qui osera dire qu'il aurait dû faire brûler Verdun, quand cela ne pouvait *absolument servir* qu'à sa propre gloire? Qui osera dire, les choses *en étant arrivées au point où elles se trouvaient autour de nous le 7 novembre 1870*, qui osera dire que ce brave soldat a mal fait de capituler pour sauver, non pas des hommes, des soldats, ceux-là étaient prêts à tout, mais des milliers de femmes, de vieillards et d'enfants?

Rappelons au Conseil d'enquête, à notre propos, ce qu'il a dit lui-même à propos d'Amiens. « Si l'on
» peut demander à des hommes de grands sacrifices
» pour défendre la ville qu'ils habitent, on ne peut
» exiger d'eux la ruine de leur famille et de leurs
» propres foyers » (1).

Un dernier mot sur ce sujet. Nous regrettons beaucoup que le Conseil d'enquête ait passé si légèrement sur les articles 1 et 3 de notre capitulation, articles en vertu desquels nous avons conservé nos canons,

(1) Avis du Conseil d'enquête sur la capitulation de la citadelle d'Amiens.

nos armes, nos munitions et tout notre matériel de guerre : nous regrettons qu'il se contente de dire, qu'en faisant insérer ces clauses, le général Guérin *a montré de bons sentiments*. Quoi, n'est-ce donc rien d'avoir conservé à la France cent trente-sept pièces d'artillerie, canons, mortiers et obusiers, de les avoir conservées au milieu des hasards d'une guerre malheureuse où la France en a perdu des milliers ? Ah ! la France, elle, nous en tiendra compte : elle nous tiendra compte du magnifique butin que nous avons empêché de tomber aux mains de nos ennemis, et elle s'associera à notre légitime orgueil (1).

Il serait curieux peut-être après les réflexions que nous venons d'émettre sur l'Avis motivé du Conseil d'enquête touchant la capitulation de Verdun, il serait curieux de savoir comment un journal allemand de l'époque résumait les raisons qui faisaient alors tomber tour à tour nos places de guerre aux mains de l'ennemi.

« Il est naturel, disait-il, que les personnes qui ne
» sont pas au fait de la science militaire expriment
» leur étonnement de ce que l'on n'ait pas encore
» bombardé les forts de Paris, lesquels, s'ils étaient
» bombardés, devraient bientôt se rendre à l'exemple

---

(1) Je crois être l'interprète de la pensée de mes concitoyens en exprimant le vœu suivant.

Les habitants et tous les défenseurs de Verdun demandent au gouvernement de la République de faire don à la ville de Verdun de quatre de ces pièces de canon que nous avons conservées.

Ces canons, placés à chaque angle de la Roche, rappelleront à tout jamais la courageuse résistance de la Place pendant le siège de 1870.

Il y a dans l'histoire des exemples de canons donnés à des villes et même à des particuliers.

» de *Verdun*, Toul et Thionville. *Mais il faut consi-*
» *dérer que le bombardement des forteresses que*
» *nous avons conquises dernièrement n'avait au-*
» *cunement épargné l'intérieur des villes, de sorte*
» *que la reddition des Places était plutôt déter-*
» *minée par des motifs d'humanité et les égards dûs*
» *aux habitants que par l'impossibilité de défendre*
» *ces Places* » (1).

Ainsi les Allemands reconnaissaient que si Verdun, Toul et Thionville ont capitulé, c'est par motifs d'humanité, c'est par égard pour les habitants, c'est parce que leurs bombes n'avaient nullement épargné l'intérieur des villes. Mais ils reconnaissent aussi que de tels bombardements seraient peu efficaces contre des forts : ayons donc des forts autour de nos villes de guerre (2).

La nouvelle de la capitulation de Verdun en France et en Allemagne.

Disons en passant que la nouvelle de la capitulation de Verdun fut affichée, le 8 novembre, à Versailles en langue française et en langue allemande.

Le même jour, la ville de Reims connut notre capitulation par ses journaux, auxquels l'autorité allemande communiqua la note suivante :

« Reims, 8 novembre, 11 h. 1/4.

» Le gouvernement général à Reims vient de

---

(1) *Gazette allemande pour la paix et pour la guerre*, cité par le *Français* du 27 décembre 1870.

(2) Ces pages étaient écrites et déjà imprimées, lorsque nous est tombé sous la main le journal le *Soir* du 22 mai 1872, donnant aussi son appréciation sur l'Avis du Conseil d'enquête relativement à la capitulation de Verdun.

Voir cet article aux *Pièces justificatives* n° 21.

» recevoir la nouvelle que Verdun a capitulé » (1).

Le 8 aussi, une affiche en gros caractères, émanant de la préfecture de la Meuse, l'annonçait aux habitants de Bar : OFFIZIELL. VERDUN HAT KAPITULIRT. Et en regard, la traduction française : OFFICIEL. VERDUN A CAPITULÉ. Puis au bas de l'affiche : *Pour copie conforme : Le Préfet de la Meuse*, VON BETHMANN HOLLWEG.

Le 9, il y eut, à l'occasion de la capitulation de Verdun, réjouissances et illuminations à Hambourg et à Dantzig, où étaient internés des prisonniers français connaissant notre ville. Ces fêtes dans les villes allemandes dont nos soldats prisonniers étaient témoins, et le spectacle de la joie de nos ennemis dans les villes françaises dûrent grandement attrister ceux qui aimaient leur pays. Cependant moins tristes mille fois pour eux que pour nous furent les journées des 8 et 9 novembre.

La garde nationale et la troupe désarmées.

Le 8 novembre, au matin dès que les généraux Guérin et de Gayl eurent apposé leurs signatures au bas de l'acte renfermant les clauses de la capitulation de Verdun, ordre fut donné à la garde nationale et à la troupe de déposer leurs armes. La garde nationale devait porter les siennes à l'Hôtel-de-Ville, et la troupe à la Citadelle.

(1) L'*Indépendant Rémois* faisait suivre cette communication de la note ci-dessous :

« Plus loin nous insérons un article sur la magnifique défense de
» Verdun. Malgré l'affligeante nouvelle de la reddition de cette Place,
» nos convictions n'ont pas changé. Verdun a fait son devoir ! »

L'article publié par l'*Indépendant* est le rapport sur la sortie du 28 octobre.

Le désarmement de la garde nationale eut lieu sans aucune difficulté; mais celui de la troupe se fit avec plus de lenteur et donna lieu à des accidents déplorables. Beaucoup de soldats et même de mobiles voulurent, avant de rendre leurs fusils, user les cartouches qu'ils avaient en mains. Toute la journée des balles sifflèrent aux alentours de la Citadelle et des casernes. Quoique les soldats tirassent en l'air, sur la gare ou dans la campagne, plusieurs d'entre eux furent blessés. Deux hommes de la ville même furent malheureusement frappés à mort, l'un sur la Roche où son service l'appelait, et l'autre dans les jardins du faubourg où il travaillait (1). Il y eut un moment où les coups de fusils devinrent si fréquents que les avant-postes prussiens crurent, dit-on, à une révolte dans la Ville.

Pillage des magasins aux vivres de la Citadelle.

Mais à ces scènes de désordres déjà si douloureuses s'en ajoutèrent d'autres plus tristes et plus révoltantes encore. Un certain nombre de soldats, sous prétexte, soit de se faire un peu d'argent pour aller en captivité, soit de se venger des privations qu'ils prétendaient avoir endurées pendant le siége, soit d'enlever et de dissiper des provisions qu'ils croyaient devoir tomber aux mains des Prussiens, un certain nombre de soldats, disons-nous, surtout de ceux casernés à la Citadelle, se jetèrent sur les magasins aux vivres qui se trouvaient dans cette partie de la Place et qui étaient abondamment pourvus.

(1) Lallemand, Louis-Gustave, garde national, âgé de 54 ans, tué sur la Roche.

Lagrue, Jean-Baptiste, sapeur-pompier, âgé de 51 ans, tué au faubourg Pavé.

Blé, farines, avoine, riz, lard, café, sel, vins et eaux-de-vie, tout fut pillé ou saccagé par ces forcenés dont la plupart avaient perdu la raison dans l'ivresse. Après quoi ils se répandirent par les rues offrant de maisons en maisons, pour quelques pièces de monnaie, lé fruit de leurs déprédations. Quelques habitants, les uns dans le but inavouable de faire un beau bénéfice, les autres par besoin et indigence, plusieurs afin de procurer de la sorte un peu d'argent aux soldats, achetèrent à vil prix ces vivres volés.

C'était un véritable pillage. Les honnêtes gens à la fin s'en émurent. Cette émotion ne tarda pas à devenir une véritable terreur, quand on apprit en ville que les soldats voulaient faire sauter la poudrière du bastion derrière les Minimes. Il n'y avait, espérons-le, rien de vrai dans ce bruit.

Quoiqu'il en soit, pour arrêter le pillage et pour repousser les soldats du voisinage des poudrières, s'ils avaient eu le criminel dessein d'y mettre le feu, on demanda au Général de réarmer les sapeurs-pompiers, hommes dévoués et braves, sur lesquels on pouvait compter pour maintenir l'ordre. Quelques gardes nationaux, des soldats même se réunirent à eux, et des patrouilles furent immédiatement organisées afin de parcourir toutes les rues de la ville.

Ces patrouilles conduisirent au poste de l'Hôtel-de-Ville plusieurs soldats que le vin et l'eau-de-vie avaient rendus furieux; elles arrachèrent à d'autres le butin qu'ils emportaient de la Citadelle, et parvinrent à force d'activité et d'énergie à ramener un peu d'ordre et de sécurité dans les rues de la Ville (1). Le pillage cessa dès lors ou à peu près; les sapeurs-pompiers et les hommes qui s'étaient joints à eux passèrent une partie de la nuit à ramener, dans les cours de l'Hôtel-de-Ville, toutes les provisions qu'ils avaient pu enlever soit aux pillards, soit aux quelques particuliers trop peu scrupuleux qui les avaient achetées des mains des soldats (2).

On se demande, au récit de ces désordres, de ces actes si graves contre la discipline, où donc étaient les officiers et que faisaient-ils ? Les officiers essayèrent un moment de calmer l'effervescence, mais bientôt leur voix étant méconnue, leur autorité méprisée, ils se retirèrent.

Le général Marmier resta l'un des derniers au milieu des groupes tumultueux, parla surtout aux Africains dont il était connu, et ne parvint qu'à en faire rentrer un certain nombre à la Citadelle. Ce fut

(1) M. J. Leclerc, chapelier à Verdun, officier de la garde nationale, étant de service pendant cette triste soirée du 8 novembre, fut blessé à l'œil droit, dans le Jardin-des-Soupirs, d'une balle partie de la Citadelle.

(2) Les jours suivants la police fit encore des recherches dans un certain nombre de maisons signalées comme ayant beaucoup acheté aux soldats.
On ramassa de la sorte 22,460 kilogrammes de farine, 9,880 kilog. d'avoine, 1,080 kilog. d'orge, 5,175 kilog. de son, 500 kilog. de biscuit, 80 kilog. de café, 150 kilog. de gruau, 64 kilog. de lard, plus un sac de riz, trois barils et deux tonneaux d'eau-de-vie, c'est-à-dire, environ 500 litres, et 88 sacs vides.
Tout cela fut vendu à la Mairie et au profit de la Ville, à deux reprises différentes pour la somme de 10,348 fr. 35 c. Il va de soi que tout ce qui avait été enlevé à la Citadelle, et vendu par les soldats, ne fut pas retrouvé. (L'Auteur tient ces détails de M. Latrompette, secrétaire en chef de la Mairie).

Une partie de la troupe veut sortir la nuit.

alors, paraît-il, que les plus exaltés lui proposèrent de se mettre à leur tête, de faire une sortie en masse, de percer à tout prix les lignes prussiennes d'un côté ou de l'autre, et de se faire tuer jusqu'au dernier, s'il le fallait, plutôt que de se rendre. Le général Marmier ne pouvait commander cette courageuse mais désespérée entreprise (1).

Elle fut cependant exécutée en partie. Trois ou quatre sous-officiers d'infanterie et autant de fantassins, vingt-cinq turcos ou zouaves et huit artilleurs ou cavaliers, en tout trente-neuf hommes, sortirent au milieu de la nuit par la porte Neuve, avec armes et bagages, traversèrent les postes prussiens sans être aperçus si ce n'est d'un factionnaire qui ne donna pas l'alarme parce qu'il fut probablement tué, gagnèrent le village d'Ippécourt, non loin de la route de Bar, et y enterrèrent leurs fusils dans les champs. De là ils se rendirent, marchant par petits groupes, à l'armée de Garibaldi, aux environs de Dijon (2).

Générosité des habitants envers les soldats de la garnison.

Tandis que ces trente-neuf braves se préparaient à leur hardie expédition, tandis que d'autres pillaient et s'enivraient, le plus grand nombre de nos soldats, ligne et mobiles, acceptaient, avec douleur mais avec courage, le sort malheureux que la guerre leur faisait.

Cependant plusieurs centaines d'entre eux, surtout parmi les mobiles qui étaient du pays, cherchèrent à s'échapper en se procurant des déguisements. La

---

(1) Un correspondant du journal anglais le *Daily-Télégraph*, parla beaucoup du général Marmier à propos de la capitulation de Verdun. Voir aux *Pièces justificatives* n° 22.

(2) Renseignements donnés à l'Auteur par le fourrier Presson, l'un des trois sous-officiers.

plupart des habitants se firent un devoir de leur procurer blouses, pantalons et toute espèce de vêtements civils. Les petites filles de l'hospice Sainte-Catherine, dit-on, donnèrent chacune une de leurs deux robes pour confectionner des blouses aux soldats. Dans beaucoup de maisons on en prit un ou plusieurs qu'on garda quelques jours, comme ouvriers ou domestiques, et qu'on fit ensuite évader sur l'intérieur de la France, ou sur la Belgique. Les uns retournèrent dans leurs familles, les autres rejoignirent nos armées qui se battaient encore. A ceux qui avaient besoin, on fournit un peu d'argent, soit pour les aider à s'échapper, soit pour leur adoucir les rigueurs du voyage vers la captivité. Une souscription, que l'on n'eut pas le temps de mener à bonne fin, fut même ouverte parmi les habitants afin d'ajouter encore aux secours que la charité individuelle pouvait donner à nos soldats (1).

Nous remplissions ainsi un devoir de patriotisme et de reconnaissance vis-à-vis de nos braves défenseurs. De son côté, le Conseil municipal faisait remettre, par le Maire de la Ville, une adresse au général Guérin afin de le remercier de la sollicitude qu'il avait apportée à soutenir les intérêts des habitants et de la Commune en concluant l'acte de la capitulation de Verdun (2).

(1) Cette souscription était due à l'initiative de M. Rouyer, ancien négociant.

(2) Voir aux *Pièces justificatives* n° 22 cette adresse du Conseil municipal.

Dans l'acte de la capitulation de Belfort rien n'a été stipulé en faveur des intérêts des habitants de la ville. Les chefs Prussiens déclarèrent qu'ils n'avaient aucun pouvoir pour s'occuper de ces intérêts. — *Le siége de Belfort* par M. Mény, maire de Belfort.

9 novembre 1870.

Le 9 novembre 1870, date funèbre, le 9 novembre au matin, la ville de Verdun parut triste et désolée. L'ennemi devait entrer à 10 heures !

La pensée de voir les soldats allemands dans nos murs irritait au plus haut degré les hommes de cœur. On se prenait à regretter les bombardements et leurs émotions ; on se prenait à regretter ces jours, terribles, c'est vrai, mais pendant lesquels au moins nous étions les maîtres chez nous ! On sentait je ne sais quelle douloureuse étreinte qui serrait la poitrine et faisait presque monter des sanglots à la gorge et des larmes aux yeux !

Départ de notre garnison prisonnière de guerre.

A 7 heures 1/2, toutes les troupes de la garnison furent réunies devant leurs casernes respectives : beaucoup de soldats manquèrent à l'appel. A 8 heures elles sortirent de la Ville, l'infanterie sac au dos, la cavalerie avec ses effets, et allèrent, sous la conduite de leurs officiers se mettre en rangs aux lieux indiqués pour chaque corps. La cavalerie, le génie et l'infanterie de ligne se placèrent sur la route à l'entrée du faubourg Pavé : les deux bataillons de la mobile, l'artillerie et le train d'artillerie montèrent sur les glacis extérieurs de la Place, près de la porte de Metz ou de St-Victor.

Les troupes prussiennes, venant de Bras et d'Eix d'un côté, de Belrupt et d'Haudainville de l'autre, arrivèrent sur ces deux points en même temps que nos soldats et s'arrêtèrent en face. Sur ces deux points, un officier supérieur prussien se présenta tour à tour devant chaque corps de notre garnison prisonnière, et le commandant du corps lui en fit la remise.

— 325 —

Cette pénible formalité accomplie, les officiers français dirent adieu à leurs soldats et les quittèrent, les larmes aux yeux, pour rentrer provisoirement en ville : bien de leurs hommes pleuraient aussi !

Cinq minutes après nos soldats prenaient lentement le chemin de la captivité, conduits par une escorte considérable d'infanterie et de cavalerie (1). La ville de Wesel, dans l'ancien duché de Clèves et Berg près de la Westphalie, leur fut assignée comme résidence (2).

Un peu avant 10 heures du matin, toutes les rues de la Ville se firent désertes, tous les magasins se fermèrent, comme si un deuil particulier avait frappé chaque habitant dans ses plus chères affections : les Prussiens allaient entrer !

Ils entrèrent en effet, à l'heure dite, par petits pelotons, sans bruit, sans chant, sans musique, sans

L'ennemi entre à Verdun.

---

(1) La cavalerie, le génie et l'infanterie prirent la route d'Etain ; les mobiles, l'artillerie et le train d'artillerie, prirent la route de Fresnes, tous se dirigeant vers Metz.

Beaucoup de mobiles s'échappèrent avant de sortir du Département.

(2) Presque tous les journaux allemands ont publié la dépêche suivante :

« Verdun, 11 novembre 1870.

« A la capitulation de Verdun nous avons fait prisonniers 2 généraux,
« 11 officiers *d'état-major*, 150 officiers et environ 4,000 soldats.
« De plus *nous avons trouvé* 136 pièces d'artillerie de divers calibres,
« environ 25,000 fusils, et de grands approvisionnements de guerre. »

Le *Moniteur officiel du gouvernement général de la Lorraine*, journal imprimé en français, à Nancy, par l'autorité prussienne, donne la même dépêche, avec modification, dans son n° du 15 novembre 1870.

« La capitulation de Verdun nous a remis 2 généraux, 11 officiers
« *supérieurs*, 150 officiers et à peu près 4,000 hommes ; de plus 136
« bouches à feu, et plus de 25,000 fusils d'infanterie, ainsi qu'un ma-
« tériel de guerre très considérable. »

WOLF.

un clairon ni un tambour, et prirent presqu'en silence possession des portes et des postes divers de la place, ainsi que de la Citadelle : les troupes non de service se logèrent chez les habitants (1). Par ce silence, par cette abstention de tout signe de triomphe, nos ennemis voulurent-ils respecter notre légitime douleur, et honorer le courage de la vaillante Cité dont ils étaient enfin les maîtres ? Je le crois (2).

Immédiatement après l'occupation de la ville par l'ennemi, le général de Gayl, qui de sa personne était aussi entré sans éclat à Verdun, réunit tous les officiers de la garnison dans le grand vestibule du palais épiscopal, et leur fit connaître les conditions offertes par le gouvernement allemand aux officiers prisonniers de guerre. Ceux qui signeraient un engagement écrit de ne point porter les armes contre la Prusse, pendant la durée de la présente guerre, pourraient rentrer dans leurs foyers et y séjourner en toute liberté. Ceux qui donneraient leur parole d'honneur de se constituer prisonniers en Allemagne, dans un délai fixé, pourraient, de ce jour à l'expiration du délai, jouir de la même liberté : les villes

---

(1) Renfermé chez lui pendant cette triste journée du 9 novembre, l'*Auteur* ne connait les détails relatifs à l'entrée des Prussiens à Verdun que par les *notes* journalières de M. René Blaise, employé à la Sous-Préfecture, *notes* qui ont été imprimées depuis dans l'Annuaire de Bar de 1871-1872.

(2) Belfort lui-même fut moins heureux.
A leur entrée dans la ville les Allemands firent tirer le canon, célébrèrent une solennité religieuse, arborèrent leur drapeau au faîte de la caserne, puis l'armée assiégeante défila, musique en tête, sur la place d'Armes, devant le général de Treskoff et son état-major. — *Le siège de Belfort*, par M. Mény, maire de Belfort.

allemandes dans lesquelles ils se devaient rendre étaient Dantzig et Kœnigsberg. Enfin ceux qui ne voudraient souscrire à aucun engagement seraient traités comme les soldats de la garnison.

Quelques uns, trois ou quatre peut-être, souscrivirent l'engagement de ne pas servir contre la Prusse de toute la campagne, et à ce prix ils achetèrent la liberté de rester dans leurs foyers! La majorité donna sa parole d'honneur de se rendre sur le territoire allemand, dans un délai plus ou moins long suivant la demande que chacun en fit. Mais huit officiers d'infanterie refusèrent nettement de s'engager en aucune façon, et furent le lendemain conduits sous escorte jusqu'à la frontière. Un ou deux officiers de chasseurs, qui n'avaient pas même paru à cette réunion, s'échappèrent de la ville, sous un déguisement, et allèrent rejoindre des armées françaises (1).

Un incident qui survint le jour même faillit avoir pour notre Ville les conséquences les plus fâcheuses.

L'article 1er de la capitulation portait « qu'à 10 » heures du matin, des officiers allemands d'artillerie » et du génie, avec quelques sous-officiers, seraient » admis dans la place pour occuper les magasins à » poudre et éventer les mines. » Cette clause fut fidèlement exécutée. Les officiers français du génie et de l'artillerie, non-seulement remirent aux mains des ennemis toutes les munitions de guerre dont un

Un incident.

---

(1) Le 9 novembre 1871, anniversaire de l'entrée des Prussiens à Verdun, un service funèbre a été chanté dans l'Eglise cathédrale, et un monument a été élevé au Jardin-des-Soupirs en mémoire des défenseurs de la Ville tués pendant le siège. — Voir *Pièces justificatives* n° 23.

minutieux inventaire fut fait, mais encore ils leur indiquèrent exactement les points de la place qui étaient minés, et les endroits où se trouvaient des torpilles.

« Cependant, — et je cite textuellement la lettre
» d'un officier du génie français, — cependant un
» notable de Verdun, ne se rendant pas bien compte
» sans doute de la portée de ses actes, crut devoir
» écrire au commandant du génie prussien, pour
» l'avertir qu'on n'avait pas accusé la présence d'un
» fourneau de mine dans une pile du pont de la
» porte Chaussée. Le commandant du génie prussien
» fit aussitôt demander des explications sur ce fait
» à son collègue français ; et déjà il ne parlait de
» rien moins que de *faire annuler la capitulation,*
» *attendu que le service militaire français en avait*
» *violé la teneur.* Heureusement que dès l'abord le
» chef du génie français avait indiqué lui-même sur
» place, à un officier prussien, l'endroit où se trou-
» vait ce fourneau : celui-ci l'affirma à l'autorité
» allemande qui n'en était pas encore prévenue, et
» l'incident n'eut aucune suite. »

La présence de l'ennemi dans nos murs suspendit le cours de toutes les administrations et services, dépendants du gouvernement et du département.

Toutes les administrations suspendues. Le Tribunal civil de Verdun continua quelque temps encore ses fonctions judiciaires. Mais, le 20 décembre, ayant refusé, par délibération prise en chambre du conseil, de rendre la justice *au nom de l'Empereur* ou *au nom de la loi*, ainsi que le demandait le Commissaire civil allemand en Lorraine, et ayant déclaré vouloir se servir de la formule, *au nom du Peuple français*, le même Commissaire civil, par lettre du 3 janvier 1871, *invita* les membres et officiers de justice du Tribunal de Verdun, *à suspendre immédiatement leurs fonctions et à s'abstenir de tout acte de juridiction.*

Cependant le Président du Tribunal civil et le Juge de paix (1) ne cessèrent point, malgré cette injonction, de rendre la justice *gracieuse* (2).

L'autorité municipale seule resta debout et nous lui devons de la reconnaissance pour le zèle et l'activité qu'elle déploya, jusqu'à la conclusion de la paix, afin de sauvegarder les intérêts de la Commune et des habitants en face de l'autorité allemande.

La municipalité seule reste debout.

J'ai fini ma tâche : tâche entreprise et poursuivie avec amour, car je travaillais pour ma Patrie ; mais tâche douloureuse, car les malheurs et les deuils de la France, dans le gouffre desquels se perdent les deuils et les malheurs de notre chère cité de Verdun que j'ai racontés, m'ont plus d'une fois attristé ou irrité l'âme.

Involontairement aujourd'hui, je détourne mes regards de ces dernières années, pendant lesquelles la Providence a fait à notre Patrie une si large part de

(1) M. H. Drouet, juge de paix du canton de Verdun.
(2) La justice ou juridiction *gracieuse* consiste pour le Président du tribunal, par exemple, dans les dépôts et ouvertures de testaments, et pour le Juge de paix dans des actes, comme les appositions et levées de scellés, les réunions des conseils de famille.
Voir aux *Pièces justificatives* n° 24 la délibération du Tribunal.

misères, de souffrances, d'humiliations et de revers. Hier encore nous croyons être et nous étions en réalité le premier peuple du monde par certaines grandes qualités distinctives de notre race : aussi l'orgueil nous a tourné la tête et nous sommes tombés. Mais, dans notre chute profonde, nous conservons la légitime espérance de reprendre bientôt notre rang à la tête des nations, instruits et corrigés que nous serons, si déjà nous ne le sommes un peu, par les rudes leçons de l'adversité.

Il en sera, de nous et de nos vainqueurs actuels, selon cette parole de notre immortel Bossuet : « Que » les hommes ne s'y trompent pas : Dieu redresse » quand il lui plait le sens égaré; et celui qui in- » sultait à l'aveuglement des autres tombe lui-même » dans des ténèbres plus épaisses, sans qu'il faille » souvent autre chose, pour lui renverser le sens, » que ses longues prospérités ! » (1)

Quant à l'heure présente, mon vœu le plus ardent est de voir bientôt se renouveler devant Verdun, à propos des Prussiens, ce qui eut lieu devant Orléans le 8 mai 1429, à propos des Anglais. « Et comme la » seconde messe finissait, Jehanne la Pucelle, tou- » jours prosternée, demanda — si les Anglais avaient » le visage ou le dos tourné vers les Français ? — Ils » ont le dos tourné : ils s'en vont. — Or, laissez-les « partir, et allons rendre grâces à Dieu ! »

(1) *Discours sur l'histoire universelle.* — IIIme Partie : *Les Empires.*

DÉTAILS

Omis ou qui n'ont pu trouver place dans le cours de cette Histoire.

Le général Dejean, qui resta à Verdun après le passage de l'Empereur, afin sans doute de prendre les mesures nécessaires pour ravitailler l'armée de Bazaine et assurer son passage sous le canon de la Place, fit en deux jours construire, avec des bateaux, des sapins et des planches, un pont sur la Meuse au-dessus et tout près de celui du chemin de fer. Ce pont fut praticable le 19 au soir. Mais le lendemain dans la soirée, n'ayant plus espoir de voir Bazaine se replier sur Verdun, le général Dejean quitta notre ville, et prit la route de Montmédy ou Sedan. Il emmenait avec lui cent sapeurs du génie commandés par un lieutenant, qui se trouvaient de passage à Verdun et qui, ne pouvant plus rejoindre Metz, se dirigèrent sur un autre point. *Le général Dejean.*

Vers le 16 août, le général Guérin envoya vers Bazaine un garde forestier, avec une dépêche cousue dans sa blouse. Par cette dépêche, notre Commandant supérieur offrait au maréchal de se mettre à la tête de sa petite garnison et d'aller occuper les hauteurs d'Eix, en avant d'Etain, afin de détourner sur lui-même l'attention de l'ennemi et d'aider de tout son possible, par cette diversion, la marche de l'armée de Metz sur Verdun. *Le général Guérin offre de marcher vers Metz.*

Le maréchal Bazaine se garda bien de se mettre dans le cas de recevoir ce léger secours de la petite garnison de Verdun.

Le 24 août, pendant le bombardement, le sieur Eve, artilleur de la garde nationale et aubergiste au faubourg *Le canonnier Eve.*

Pavé, rue d'Etain, pointe lui-même et tire un coup de canon sur sa maison afin d'en déloger les tirailleurs saxons qui y étaient embusqués. Son obus porta et atteignit sa maison.

Mineurs dévoués. Au plus fort du même bombardement, des mineurs du génie, se glissant le long des fossés du bastion 27, allèrent mettre le feu à des barils de poudre placés dans des maisons du faubourg Pavé, et les firent sauter pendant qu'elles étaient encore occupées par les tirailleurs ennemis.

Chasseurs à Dugny. Dans les derniers jours d'août, une vingtaine de chasseurs commandés par un lieutenant, allèrent faire une reconnaissance jusqu'à Dugny où ils rencontrèrent une troupe considérable de cavaliers allemands. Trop inférieurs en nombre, ils se replièrent sur Verdun après avoir échangé quelques coups de fusil et perdu un cheval tué.

Gardes forestiers. J'ai déjà dit un mot des gardes forestiers. Ils avaient été organisés et encouragés au périlleux métier de porteurs de dépêches par leur inspecteur de l'arrondissement de Verdun, M. O. de Maillier.

Les deux gardes, paraît-il, qui furent le plus souvent employés comme émissaires entre les divers chefs d'armée, sont les sieurs Braidy et Scalabrino.

N.-V. Braidy, garde à Châtillon-sous-les-Côtes, ancien sous-officier, médaillé et décoré en Crimée, est celui dont nous avons parlé à la page 34 de cet ouvrage, et dont nous regrettions alors de ne pas connaître le nom. Le 29 novembre 1871, il a reçu, et nous a montré le jour même, les 2,000 fr. que nous avons dit lui avoir été promis par le maréchal Mac-Mahon.

Scalabrino, brigadier forestier à Haudainville, vient de recevoir, il y a deux mois à peine, la croix de la Légion d'honneur en récompense de ses services.

Le capitaine C. de Benoist. M. C. de Benoist n'a point quitté Verdun dans la nuit du 21 au 22 août puisqu'il était sur le rempart au bombardement du 24 : le mobile Hugot, de sa compagnie, fut tué près de lui à la porte St-Victor.

Ce fut dans la journée du 27 que le général Guérin sachant que le capitaine de Benoist, commandait une compagnie presqu'entièrement recrutée dans l'Argonne, lui demanda un homme sûr et connaissant parfaitement le pays, pour porter à l'Empereur, que l'on croyait encore au camp de Châlons, une dépêche de Bazaine datée du Ban-St-Martin, 24 août. Puis se rappelant que le capitaine de Benoist était aussi du pays d'Argonne, il le chargea de porter lui-même la dépêche et lui ordonna de partir sur le champ : ce qu'il fit à 8 heures du soir, après avoir ôté son uniforme de mobile et repris ses habits de chasse.

Cette nuit là même, il tomba au milieu des armées prussiennes, qui encombraient les vallées de l'Aire et de l'Aisne ; les traversa pendant les journées du 28 et du 29 ; apprit en route que le camp de Châlons était levé, et se dirigea à la suite de l'armée française. Le 30 août, il rejoignit l'Empereur sur le chemin de fer de Sedan à Carignan près de Douzy, et lui remit sa dépêche.

Le capitaine C. de Benoist, fut décoré, envoyé à Paris où il resta jusqu'à la fin du siège en qualité d'officier d'ordonnance du général de Beaufort-d'Hautpoul.

Le 29 août, les deux gendarmes Monnet et Mangeot, avec leurs sabres, et les nommés Galland et Hiblot, camionneurs au chemin de fer, armés chacun d'un fusil de chasse, blessent et font prisonniers trois soldats prussiens dont un sous-officier, après en avoir essuyé une dizaine de coups de feu.

Les gendarmes.

Le 4 septembre, les deux gendarmes Lognon et Buzier, de planton à la porte de France, se mettent à la poursuite d'une voiture sur laquelle trois soldats prussiens armés étaient montés, et l'arrêtent en face de Glorieux, avec l'aide de deux hommes du faubourg, les sieurs Loyal et Gonot.

Cette voiture portait en Allemagne la nouvelle détaillée de notre désastre de Sedan : nous avons parlé des dépêches qu'elle contenait dans le cours de cette histoire à la page 73.

Le 9 septembre, le même gendarme Buzier et le gendarme Hatton faisaient aussi prisonniers, non loin de Glorieux, trois soldats prussiens armés et deux voituriers de même nationatilé, montés sur un chariot attelé de deux chevaux.

Le même jour, les gendarmes J.-C. Gérard et Cochepain, avec dix hommes du poste de la porte de France, arrêtent et font prisonniers quatre soldats ennemis, armés de leurs fusils, à l'entrée de Glorieux. C'était l'avant-garde d'un détachement, commandé par un officier, qui avait poussé jusque-là. Des remparts de la Citadelle, les factionnaires ne reconnaissent pas nos hommes à cause de la pluie, et leur envoient deux balles qui heureusement ne blessent ni ne tuent personne.

Le 14 septembre, les mêmes gendarmes Gérard et Cochepain, de service à la porte de France, se trouvant à l'avancée, aperçoivent, se dirigeant vers la ville, un convoi prussien composé de huit voitures avec leurs conducteurs et de seize chevaux, et escorté par trois soldats. Ils vont à sa rencontre et l'arrêtent avant que les conducteurs n'aient pu tourner bride.

Un chasseur à pied.

Le 28 octobre, lors de l'enclouage des canons ennemis sur la côte des Heyvaux, un chasseur à pied des compagnies *franches* attaque seul à la baïonnette un peloton de Prussiens, tue deux sous-officiers et tombe criblé de balles sur les cadavres ennemis. Les Prussiens, honorant sa valeur, le firent enterrer dans le cimetière de Thierville auprès des deux sous-officiers qu'il avait tués.

Les 45 turcos.

Le lendemain 29, au matin, le bruit courait dans ce village que pendant la nuit 45 turcos avaient fait une nouvelle sortie sur les postes ennemis des Heyvaux, et les avaient égorgés sans tirer un coup de fusil, à la baïonnette. Un capitaine prussien, revenant de cette affaire, aurait dit à un homme de Thierville qu'on peut nommer : « Ils ont fait encore mieux qu'hier. »

Le jeune mobile que j'ai dit avoir été tué à Thierville, le 11 octobre, lors de la prise de ce village par les Prussiens, et qui est aussi enterré dans le cimetière, se nommait, si on ne m'a point trompé, Ambroise Grandjean, natif de Houdelaincourt, canton de Gondrecourt. Quoique du pays, ses restes sont toujours là abandonnés comme ceux du soldat du 80ᵉ tué avec lui, comme ceux du vaillant chasseur dont il vient d'être question. Mais les gens de Thierville viennent quelquefois s'agenouiller sur la tombe de ces trois soldats français. *(Soldats français au cimetière de Thierville.)*

Le 13 octobre, au soir, un incendie, allumé par les bombes prussiennes, éclate dans la maison Gérardin, place de la Madelaine.

Une jeune fille, Mᵉˡˡᵉ Jeanne Champd'avoine, aussi intrépide que pas un sapeur-pompier, ne quitta pas un moment le théâtre du sinistre. Pendant qu'elle apportait, d'une fontaine voisine, deux seaux remplis d'eau, une bombe tombe et éclate tout près d'elle. Ses deux seaux lui échappent des mains et roulent à terre : elle les ramasse tranquillement, retourne à la fontaine, les remplit de nouveau et revient au feu. Des hommes près d'elle avaient eu peur. *(Une jeune fille courageuse.)*

Le lendemain, un vieillard nommé Bastien, enseveli sous les décombres de sa maison à moitié démolie par les obus prussiens, rue du port de la Madelaine, est sauvé de la mort par son fils, et par le sieur Landemann, maréchal-deslogis de l'artillerie de la garde nationale qui, ayant profité d'un court silence des canons pour rentrer un instant chez lui, retournait, à la reprise du feu, vers son bastion. Une heure après, sa propre maison, dans la rue St-Pierre, était en flammes. *(Un vieillard sauvé.)*

Lettres allemandes datées de Dugny.

Dugny, devant Verdun, 25 octobre. « Lorsque notre
» landwehr arriva ici pour compléter le cernement de
» Verdun nous étions loin de penser que nous resterions si
» longtemps devant cette forteresse. Nous nous consolons
» avec les Grecs qui sont restés campés dix ans devant
» Troie : du reste nous espérons n'avoir pas même besoin
» de dix semaines encore pour voir notre drapeau flotter
» sur la cathédrale de Verdun.

» Aujourd'hui d'innombrables charrettes de bombes et de
» grenades, précurseurs de notre salut et sur lesquels
» nous plaçons nos espérances, sont passées ici. Les anges
» sauveurs sont les canons prussiens qui doivent arriver
» prochainement, au nombre de 50, de Strasbourg, notre
» forteresse. Les canons français, avec lesquels nous avons
» tiré jusqu'ici, ne voulaient pas nous donner le résultat
» que nous exigions d'eux ; aussi nos artilleurs étaient peu
» contents, au commencement, d'être obligés de travailler
» avec des canons étrangers dont les munitions n'étaient
» pas en rapport avec les pièces, et qui paraissent nous
» avoir apporté dans l'action plus de dommage que de
» profit. A présent que le vieux matériel est mis de côté,
» ils sont convaincus que la ville assiégée ne peut résister
» longtemps.

» Depuis quelques jours il nous est encore arrivé un
» secours des bords du Rhin, 300 hommes du dépôt pour
» renforcer notre 65ᵉ régiment de ligne.

Un ballon passe à Nixéville.

» Aujourd'hui, notre bataillon de landwehr Jülich a fait
» à Nixéville une prise intéressante.

» Un ballon fut aperçu qui descendait tranquillement vers
» la terre. Il fut salué par des balles ; aussi les aéronautes
» jugèrent prudent de faire le sacrifice du trésor qui leur
» était confié, et jetèrent sept paquets de lettres. Le ballon,
» qui était descendu à 60 pas de terre, rendu plus léger,
» reprit sa course dans les nues.

» Ces paquets, qui ne pesaient pas moins de 300 livres,
» contenaient des dépêches datées du 24 octobre et qui
» venaient du Gouvernement de Tours. Ils furent expédiés
» au quartier général, à Charny, où ils seront visités. »

Dugny, près de Verdun, 27 octobre. « La sombre mo-
» notonie de la nature dans cette saison avancée est une
» image de notre vie d'ennuis. Heureusement que les canons
» prussiens sont arrivés et qu'ils vont sans doute décider
» la forteresse de Verdun à entrer en pourparlers.

Un 2ᵉ ballon à Billemont.

» Aujourd'hui une prise importante a été faite : je vous
» envoie, en même temps que la présente, le *Journal officiel*
» *de la République française* du 27 octobre. Un ballon fut
» aperçu à Landrecourt, poursuivi par des coups de fusil
» et abattu au château de Billemont par nos balles bien
» dirigées. Sur tout son passage il jetait, pour se décharger,
» lettres et journaux en grand nombre. Il était monté par
» trois hommes, deux Français et un Anglais qui se laissèrent
» glisser après la corde et firent un saut à se casser le cou.

» A cette heure ils se trouvent encore ici, sous bonne
» garde, mais pourtant bien accueillis ; demain ils seront
» conduits près du général major de Gayl, au quartier
» général de Charny. Deux d'entre eux ont fait leur dépo-
» sition dans laquelle ne parait aucune fausseté : ce sont de
» véritables marchands, car leur but était tout simplement
» d'arriver à la ville assiégée ; et, moyennant 3,000 fr. —
» un cher billet de voyage, — un ballon spéculateur les a
» conduits. Le dernier, qui porte un uniforme d'aéronaute
» sans doute, se tient en silence pendant que les deux autres
» causent franchement.

» Ils sont partis de Paris aujourd'hui à 2 heures, et à
» 5 heures 1/4 ils étaient déjà à Landrecourt : ils ont dû
» pour cela marcher avec une fabuleuse rapidité.

» Au moment où il touchait presque terre et que trois

» voyageurs en étaient déjà descendus le ballon s'est échappé
» des mains de nos gens avec un quatrième voyageur, et
» a repris sa course folle. Mais il ne pourra aller loin, et
» probablement nous le retrouverons demain dans quelque
» forêt voisine : cela peut être nuisible aux habitants (1).

» Les trois voyageurs prisonniers, quoique n'ayant pas
» l'air très malheureux, tracent une sombre peinture de la
» capitale des bords de la Seine, laquelle ne peut résister
» longtemps à cause du manque de nourriture. La viande
» de bœuf y est devenue extrêmement rare, cependant
» l'Anglais avait encore su s'en procurer...... Ils n'avaient
» aucune connaissance des nouveaux et même des anciens
» évènements. La chute de Strasbourg, la dispersion de
» l'armée de la Loire, la prise d'Orléans paraissaient à ces
» Messieurs chose incroyable. Silence vaut maintes fois
» mensonge : le nouveau Gouvernement français paraît
» vouloir user avec complaisance de ce vieux système (2). »

Mobiles enterrés à Regret.

Le 28 octobre, dans la grande sortie, deux mobiles, Gabriel-Emile Charruel, âgé de 22 ans, né à Loisey, et Ernest-Eugène Dupont, âgé de 26 ans, né à Aulnois-en-Perthois, sont blessés à mort devant la maison Pierron, sur la côte St-Barthélemy. Un sergent du 57ᵉ tombe aussi, non loin d'eux, frappé d'une balle qui lui perce la joue. Leurs camarades forcés de reculer ne purent les recueillir, et, après le combat, ils furent ramassés par l'ennemi.

Les deux mobiles expirèrent en arrivant à Regret et furent enterrés dans le jardin du moulin, avec un soldat prussien : on leur rendit les honneurs militaires sur leur tombe. Le

---

(1) C'est sûrement ce ballon qui est allé toucher terre à Hennemont, dans la Woëvre, canton de Fresnes. L'aéronaute, le reste de ses dépêches et des valeurs furent sauvés des mains de l'ennemi par M. Thirion, curé d'Hennemont.

(2) *Gazette de Cologne*, du 29 octobre au 4 novembre, édition pour l'armée.

lendemain, le commandant prussien de Regret renvoya leurs porte-monnaie à Verdun. Les familles de ces deux mobiles ont fait depuis lors exhumer leurs corps.

Quant au sergent blessé, il fut soigné à l'ambulance prussienne établie dans la maison d'école de Regret, puis évacué sur St-Mihiel, dans les premiers jours de novembre, avec les autres blessés et malades prussiens ; mesure prise en prévision d'un prochain bombardement.

A la page 186 de cet ouvrage j'ai parlé d'un sergent de sapeurs-pompiers qui s'est distingué à l'incendie du magasin d'artillerie de la Citadelle, dans la matinée du 13 octobre : ce sergent se nommait Roche (Clément.) *Sapeurs-pompiers à la Citadelle.*

Dès le début du bombardement, la section n° 3 de la compagnie des sapeurs-pompiers s'était portée à la Citadelle où elle rendit de grands services : cette section se composait de MM. Cicile-Bénit, lieutenant ; Roche, sergent ; Didier-Haucourt, F. Cassette, N. Altemann, et A. Morin, sapeurs-pompiers ; de F. Pierrard et N. Cheminot, tous deux porte-hache.

Le 1er novembre, jour de la Toussaint, un soldat, en faction sur les remparts de la Citadelle, tire un coup de fusil au capitaine Meyer, qui venait de Glorieux à Verdun pour assister à la messe, et le tue raide. On dit que ce soldat avait pris de loin l'infortuné et brave capitaine pour un Prussien. Pendant le siége, le capitaine Meyer, quoique en retraite, avait souvent pris part, autour de Verdun, aux expéditions contre l'ennemi. *Le capitaine Meyer tué.*

Verdun, 10 novembre 1870. « La population de Verdun » paraît tout aussi satisfaite d'avoir échappé, par une capitu- » lation avantageuse, à de nouveaux dangers de guerre, que » le corps assiégeant l'est de voir ses longs efforts couronnés » par le succès. Si la Citadelle a été horriblement maltraitée » par nos obus et par nos bombes, à tel point que la plus *Impressions d'un Prussien à son entrée dans Verdun le 9 novembre.*

» grande partie de ses bâtiments est transformée en un amas
» de décombres, *la Ville de son côté peut se féliciter d'en*
» *être sortie seulement avec un œil poché.* Dans les rues
» principales *on trouve peu de maisons qui aient éprouvé*
» *des dommages considérables.* Les dévastations plus impor-
» tantes ne se rencontrent que dans les *parties de la ville*
» *touchant tout-à-fait aux remparts* et aux bastions où çà
» et là on rencontre un bâtiment percé par quelques obus
» ou même entièrement brûlé. C'est là la preuve que le
» reproche du Commandant de la forteresse, à savoir, que
» les Prussiens avaient fait la guerre aux femmes et aux
» enfants de la ville, est absolument faux. Au contraire *il est*
» *visible que nos canons ont choisi pour but les ouvrages de*
» *fortifications* proprement dits. La Cathédrale elle-même,
» qui domine le pays, dont les tours avaient tant d'impor-
» tance pour l'ennemi comme point d'observation, et qu'il
» nous eut été si facile d'abattre par notre tir, la Cathédrale
» ne porte que très-peu de traces du triple bombardement.
» Sans doute la *ville est tout à fait française* et elle sou-
» haitait aux maudits Prussiens une bonne défaite. Cependant
» les visages des habitants ne trahissent aucune amertume,
» aucune tristesse à raison de la catastrophe du 8 novembre.
» Eux aussi tiennent plus à leur peau qu'à leur chemise,
» et, abstraction faite de l'avantage d'avoir échappé à un
» 4ᵉ bombardement, ils savent maintenant que « ces men-
» diants de Prussiens » ont des porte-monnaie bien remplis
» dont le contenu donne une impulsion nouvelle aux affaires
» qui étaient tombées dans le néant durant le siège.
» Nos soldats, qui si longtemps ont été traînés à travers
» de petits villages, brûlent du désir de faire danser de
» nouveau dans une ville leurs francs et leurs thalers. Les
» boutiques de Verdun sont donc pour la plupart ouvertes :
» dans les auberges et dans les cafés on entre et on sort,
» d'autant plus que non-seulement les vainqueurs qui vien-

» nent d'arriver, mais aussi les vaincus désarmés animent
» encore en grand nombre la ville. Dans la ville on voit
» passer presqu'autant d'uniformes français que d'uniformes
» prussiens : les deux se croisent paisiblement et il arrive
» assez souvent que le Français offre au Prussien un « bon
» jour » bien allemand. Habituellement celui qui prononce
» ce salut est un alsacien ou un de la Lorraine allemande.....
» Pour la garnison de Verdun sont désignés, le bataillon
» de landwehr d'Aix-la-Chapelle, deux compagnies de
» pionniers et le 60ᵉ régiment de Brandebourg, dont ac-
» tuellement 6 compagnies sont chargées de l'escorte des
» prisonniers. Le colonel du 60ᵉ, de Danneberg, est investi
» provisoirement du commandement. Quant aux autres
» troupes qui ont pris part au siége de Verdun, le 65ᵉ régi-
» ment, le 8ᵉ bataillon de pionniers et le 8ᵉ bataillon de
» chasseurs sont partis ce matin par la route de Varennes
» pour rejoindre la première armée. Le bataillon de land-
» wehr Simmern se dirige vers les étapes de Dun et d'Etain.
» Le bataillon de landwehr Jülich avait reçu la mission de
» veiller sur le parc d'artillerie et le dépôt de munitions qui
» se trouvent sur la rive gauche de la Meuse, mais, ce soir,
» il a reçu l'ordre de partir demain pour se rendre, sous
» trois jours, à Bar-le-Duc, où il connaîtra sa destination
» ultérieure. » (1).

(1) J'ai oublié de prendre note du titre du Journal allemand d'où j'ai tiré la lettre que je viens de citer.
A la 3ᵉ page du même journal, aux *nouvelles diverses,* sous la rubrique COBLENTZ, on lit encore ce qui suit, relativement à Verdun : « Le » commandant de Verdun, général Guérin de Waldersbach, qui a eu » avec le général de Gayl un si intéressant échange de lettres, est un » enfant de notre ville et est né dans la *maison allemande* qui est mal- » heureusement aujourd'hui dégradée et sert de magasin d'approvi- » sionnements. Son père, le général Guérin, était propriétaire à Bes- » selich, et a reçu de l'empereur Napoléon Iᵉʳ, comme dotation, la » baronnie de Waldersbach. »

Nous pourrions faire quelques réflexions sur la lettre de cet Allemand, mais nous laissons ce soin à nos lecteurs.

D'après la lettre qui précède et d'après nos renseignements, les troupes allemandes qui entrèrent à Verdun le 9 novembre 1870, furent les 60ᵉ et 65ᵉ régiments d'infanterie, quatre bataillons de landwehr, un escadron de hussards, le 8ᵉ bataillon de pionniers, le 8ᵉ bataillon de chasseurs, trois compagnies d'artillerie de place, et plusieurs détachements du train, en tout près de 7 à 8,000 hommes.

Depuis lors les villages voisins de Verdun n'eurent plus de Prussiens en cantonnement.

Les poudrières devaient sauter.

En disant, à la page 320 de cette histoire : « Il n'y avait, » espérons-le, rien de vrai dans ce bruit, » nous avons paru douter du criminel dessein qu'auraient eu quelques soldats furieux et égarés de faire sauter les poudrières de la Ville dans la soirée du 8 novembre.

Un officier de la garde nationale, qui, dans cette soirée, s'est porté avec quelques hommes de bonne volonté, du côté de la poudrière du bastion 29, derrière les Minimes, nous a affirmé avoir retrouvé à terre une quantité considérable de mèches ou *cordeaux porte-feu* aboutissant à la poudrière menacée et la reliant au magasin à projectiles placé dans la grande Tour-des-Champs. Heureusement que déjà ces cordeaux porte-feu avaient été en majeure partie coupés par un homme déterminé dont il m'a été cité le nom.

Préparatifs des Prussiens vérifiés.

Le 9 novembre, aussitôt après l'entrée des Prussiens dans Verdun, quelques hommes appartenant à la compagnie des *Carabiniers Verdunois*, ayant encore quelque doute sur la réalité des immenses préparatifs de l'ennemi contre nous, demandèrent au général Guérin de leur obtenir un laisser-passer de l'autorité militaire allemande, afin d'aller s'en assurer par eux-mêmes et sur le terrain. Ce laisser-passer leur fut accordé pour les parcs de Bras, Fromeréville,

Nixéville et Moulin-Brûlé. Leurs doutes s'évanouirent devant les formidables engins réunis par les Prussiens en vue d'un dernier bombardement contre Verdun, et ils reconnurent l'impossibilité d'une plus longue résistance, à moins de faire brûler complètement la Ville (1).

Le lendemain, un officier de l'artillerie de la garde nationale se rendit aussi à Bras, où il vit, outre des monceaux énormes de gabions, au moins cinquante à soixante pièces de canon, et peut-être trois cents voitures chargées de munitions.

<small>26,000 fr. sauvés.</small>

Des provisions considérables en blé, orge et surtout en avoine étaient entassées dans la poudrière près de la caserne Saint-Paul, poudrière sans poudre parce qu'elle n'était pas couverte de terre. Quelques jours après la capitulation, l'autorité allemande fit avertir la Mairie d'avoir à débarrasser, dans les 24 ou 48 heures, ce bâtiment de ce qui s'y trouvait, parce qu'elle en avait besoin : si non, elle se chargerait elle-même de la besogne ; ce qui revenait à dire que toutes ces provisions seraient perdues pour la Ville ou pour l'Etat.

Immédiatement la Mairie fit prévenir qui de droit de l'invitation de l'autorité allemande. Mais devant certaines inerties, elle dut prendre elle-même le rôle actif et faire transporter les denrées, de la poudrière au grand magasin aux vivres situé dans le faubourg du Pré. Dans la suite, la Ville fit vendre ces denrées et en retira une somme de 26,000 fr. (Dit à l'Auteur par M. Latrompette, secrétaire en chef de la Mairie).

<small>Enrôlés volontaires dans la garde nationale.</small>

Parmi les volontaires enrôlés dans les rangs de la garde nationale, quoique leur âge avancé les dispensât de tout service, nous devons citer :

MM. VALLET, ancien soldat du premier Empire, médaillé de St-Hélène, âgé de 82 ans.

(1) Dit à l'*Auteur* par le capitaine de la compagnie qui avait lui-même demandé le laisser-passer.

Hamant, ancien poêlier, âgé de 72 ans.

Baudy, tailleur d'habits, âgé de 70 ans.

Welflé, chef de section à la compagnie du chemin de fer de l'Est, âgé de 62 ans.

Gosse, ancien armurier, âgé de 66 ans.

Loustonneau, ancien militaire, sergent instructeur à la 5ᵉ compagnie, âgé de 60 ans.

Watrinelle, âgé de 67 ans.

Maury, J.-B., ancien sergent au 30ᵉ de ligne, âgé de 65 ans.

Casset, J.-B., vannier, âgé de 67 ans, ancien enfant de troupe du premier Empire.

Fascinet, tailleur d'habits, âgé de 60 ans.

Pein, L., avocat, âgé de 57 ans; reçut, au mois d'août 1871, la décoration de la Légion-d'Honneur.

S'il y a eu d'autres volontaires, nous regrettons de ne pas les connaître malgré les renseignements que nous avons pris.

Ces citoyens, braves et dévoués, ont monté leur garde aux postes et fait le coup de feu sur les remparts, comme à 25 ans.

M. Bonnet, médaillé de Sainte-Hélène, âgé de 80 ans, ancien chirurgien d'armée en 1813, ancien notaire, a offert ses services au Commandant supérieur, pour soigner les blessés dans les ambulances de la ville.

Lettres d'adieux des généraux Marmier et Guérin.

Le général Marmier, en quittant notre Ville, laissa à la population les quelques mots d'adieu qui suivent :

« Le général Marmier fait ses adieux à la patriotique cité de Verdun, à son excellente population qui l'a entouré de témoignages si sympathiques. Merci de tout cœur à tous et au revoir à des temps meilleurs : espoir et courage.

» *Le général de division*, Marmier. »

Ce ne fut que plus tard, vers la fin du mois de décembre, que le général Guérin, de Sarrebrück où il était prisonnier, adressa aux habitants de Verdun par l'entremise du Maire, la proclamation suivante :

« Habitants de Verdun !

» Mes braves compagnons d'armes.

» Quand, il y a un mois, de l'avis unanime de mon conseil de défense, j'en suis venu à cette dure nécessité d'ouvrir à l'ennemi les portes de la cité confiée à ma garde et que vous m'avez héroïquement aidé à défendre, ma douleur était si profonde, mon accablement était si grand, que je vous ai quittés sans laisser un mot d'adieu.

» Mon silence vous a sans doute étonnés, car votre courage et votre abnégation m'avaient été d'un tel secours dans l'accomplissement de ma tâche, que je vous devais bien au moins un remerciement.

» Et, en effet, quand j'ai quitté Verdun, mon cœur était plein de ma reconnaissance et de mon affection pour vous; si je ne vous l'ai point exprimée, j'ai cherché à le prouver autrement que par des paroles ; mon premier soin, en sortant de votre ville, était de faire apprécier au gouvernement du pays les impérieuses nécessités qui nous ont amenés à accepter une capitulation; j'ai pu réussir, et je suis heureux et fier de vous annoncer que nous avons du moins cette consolation d'emporter dans notre chute, l'estime de nos concitoyens et l'approbation du Gouvernement de la Défense nationale.

» Habitants de Verdun !

» Vous avez traversé sans hésitation des moments bien difficiles, vous avez subi sans faiblesse des épreuves bien longues et bien rudes, mais vous êtes bien payés de vos travaux et de vos souffrances, car vous travailliez et vous souffriez pour notre cher pays qui vous en remercie par la voix de son Gouvernement. Hélas! pourquoi faut-il que tant d'efforts, de courage et de dévouement, aient été rendus vains par le désastre de Metz, d'autant plus terrible qu'il était plus inattendu et qu'il est plus inexpliqué.

» Chers compagnons d'armes, soyez fiers de votre conduite, malgré votre malheur, votre gloire reste intacte ; aussi, mon plus grand et mon plus légitime sujet d'orgueil sera toujours l'honneur que j'ai eu de commander votre ville, comme mon plus grand bonheur serait d'avoir su mériter votre estime et votre affection, malgré les sacrifices que je me suis vu forcé de vous demander et que j'aurais bien voulu pouvoir vous épargner.

» *Votre ancien commandant supérieur*, G. DE W. »

Le Sous-Préfet quitte Verdun.

Le Sous-Préfet, M. de Beauvallon, quitta aussi notre ville aussitôt après l'occupation prussienne, en faisant ses adieux à la population. « Un sentiment d'honneur et de dignité, y » disait-il, m'imposait le devoir de décliner la proposition » qui m'était faite de continuer mes fonctions sous le gou- » vernement prussien. »

Un service allemand, celui des finances, fut installé dans les bureaux de la Sous-Préfecture, dont les employés furent par là même congédiés (1).

Pendant la durée de notre blocus, toutes les communes de l'arrondissement de Verdun, Thierville et Belleville exceptés, avaient reçu les ordres de l'autorité préfectorale allemande de la Meuse. J'ai même trouvé, dans une circulaire, émanant du cabinet du Préfet prussien de Bar, l'ordre suivant daté de Bar-le-Duc, 25 octobre 1870 :

« En attendant l'occupation de la ville et de la forteresse » de Verdun, Monsieur le Maire de Sommedieue est chargé » des fonctions de Maire de chef-lieu de canton. »

J'ignore en quoi consistaient alors les fonctions de Maire de chef-lieu de canton.

---

(1) Les employés de la Sous-Préfecture étaient et sont encore MM. ARNOUX, secrétaire en chef, CLAINE, BLAISE et BLEU, commis.

Enfin nous terminons ces détails, que nous avons crus utiles quoiqu'ils se trouvent en dehors de notre cadre historique, nous les terminons par la lettre de M. Gambetta au général Guérin à propos de la capitulation de Verdun.

Lettre de M. Gambetta touchant la capitulation de Verdun.

« Tours, 20 novembre 1870.

» Général,

» Je reçois des mains de M. Henri Ditte votre rapport sur la capitulation de la ville que vous avez noblement défendue ; j'ai également en main le texte de la convention de la capitulation, et j'y trouve la preuve que vous avez su obtenir des conditions conformes à la dignité et aux intérêts de votre pays.

» Il eut peut-être été matériellement possible de continuer à subir quelques heures de plus le feu des assiégeants ; mais je reconnais que l'odieuse reddition de Metz a amené sous vos murs une telle masse de forces, que le conseil de défense de la place de Verdun n'a point méconnu ses devoirs en déclarant une plus longue résistance impossible.

» Je désire que votre captivité soit adoucie par la pensée que le Gouvernement de la Défense nationale reconnaît que vous avez fait votre devoir de soldat et de général jusqu'au bout.

» Agréez, etc.

» *Le Ministre de l'intérieur et de la guerre,*
» Signé : Léon Gambetta. »

PIÈCES JUSTIFICATIVES.

N° 1er (page 4).

Lettre du Ministre de l'intérieur au Sous-Préfet de Verdun relativement à la formation d'un corps de francs-tireurs dans cette Ville :

Paris, le 28 juillet 1870.

Monsieur le Sous-Préfet,

Vous m'avez fait connaître qu'un corps de volontaires francs-tireurs s'organisait en ce moment à Verdun, pour la défense du pays, et vous m'avez fait part d'une demande que ces volontaires adressent au Ministre de la guerre dans le but d'obtenir, avec l'autorisation de choisir leurs chefs, la concession de 500 fusils, modèle Chassepot.

Aux termes de la décision impériale du 28 mars 1868, les compagnies de francs-tireurs ne peuvent être autorisées que sous les deux conditions suivantes :

1° Les officiers sont nommés par le Ministre de la guerre.

2° Les volontaires ou francs-tireurs contractent un engagement d'un an dans la garde mobile.

Les volontaires de Verdun, demandant à nommer eux-mêmes leurs chefs, se mettent en opposition avec la décision précitée et je ne puis dès lors leur assurer le concours de mon intervention auprès du Ministre de la guerre.

Recevez, etc.

Le Ministre de l'intérieur,

Pour le Ministre :

Le Chef de division,

Signé : Eriau.

N° 2 *(page 4).*

Noms des officiers de la garde mobile de la Meuse.

ÉTAT-MAJOR.

Lieutenant-colonel, M. Moisson, chef d'escadron d'artillerie en retraite, chef d'escadron de l'artillerie de la mobile de la Meuse.

Major, M. Deville, capitaine en retraite, nommé officier de la Légion-d'Honneur au mois de mai 1872.

Capitaine-trésorier, M. Bertrand, de Bar-le-Duc.

Capitaine d'habillement, M. Trinquart, auparavant capitaine au 82ᵉ de ligne, de Buzy.

Sous-lieutenant adjoint au trésorier, M. Varin, fils, de Bar-le-Duc.

Médecin-major, M. Marc, médecin à Vaucouleurs.

Médecin-aide-major, M. Magnan (Ernest).

INFANTERIE.

Chef de bataillon, M. le marquis de Nettancourt-Vaudecourt, maire de Nettancourt.

Capitaine-adjudant-major, M. Scholtz.

Capitaines :

1ʳᵉ Compagnie, M. Portenseigne, lieutenant d'infanterie retraité.
2ᵉ Compagnie, M. Pierson, brigadier de gendarmerie retraité.
3ᵉ Compagnie, M. F. Collin, directeur du comptoir d'escompte, à Bar-le-Duc, nommé chevalier de la Légion-d'Honneur au mois de mai 1872.
4ᵉ Compagnie, M. Jolly, ancien sergent-major d'infanterie.
5ᵉ Compagnie, M. Georges, fils.
6ᵉ Compagnie, M. Verjus, ancien sous-officier d'infanterie.
7ᵉ Compagnie, M. de Widranges (Maxime), de Bar-le-Duc.
8ᵉ Compagnie, M. de Benoist (Constant), de Waly.

} 1ᵉʳ BATAILLON.

2ᵉ BATAILLON.

Chef de bataillon, M. de LIGNIVILLE (Gaston), lieutenant de cavalerie démissionnaire, de Woinville.
Capitaine–adjudant-major, M. CHAUFOUR, lieutenant d'infanterie démissionnaire.
Capitaines :
1ʳᵉ Compagnie, M. de WIDRANGES (René).
2ᵉ Compagnie, M. REMI DE COURMONT.
3ᵉ Compagnie, M. HUSSENOT, ancien sergent-major à l'école polytechnique.
4ᵉ Compagnie, M. COUTURIÉ, capitaine en retraite.
5ᵉ Compagnie, M. LARZILIÈRE.
6ᵉ Compagnie, M. MUREL-COCHARD, de Damvillers.
7ᵉ Compagnie, M. LOUIS, maire de Nonsard.
8ᵉ Compagnie, M. MANSON, capitaine en retraite.

ARTILLERIE.

2ᵉ BATTERIE.

Capitaine, M. MATHA, adjudant d'artillerie en retraite.
Lieutenant en premier, M. NEUCOURT, de Verdun, clerc de notaire.
Lieutenant en second, M. MAGISSON, de Verdun, clerc de notaire.
Adjudant-sous-officier, M. J. FROMIEUX, employé de commerce.

3ᵉ BATTERIE.

Capitaine, M. ROUSSEAU, adjudant d'artillerie en retraite.
Lieutenant en premier, M. CHADENET (Georges), de Verdun, clerc de notaire.
Lieutenant en second, M. LAGRUE, fils, de Verdun, entrepreneur de menuiserie.
Adjudant sous-officier, M. J. VINATY.

N° 3 *(page 13).*

Noms des officiers de la garde nationale sédentaire de Verdun.

ÉTAT-MAJOR
DE LA GARDE NATIONALE.

Chef de bataillon, M. MASSÉ, capitaine en retraite.
Capitaine-adjudant-major, M. CLAUDOT (Auguste), capitaine en retraite.

Lieutenant d'armement, M. LATROMPETTE, secrétaire en chef de la Mairie.

Médecins, MM. PÉRIDON et PARIS.

Adjudant, M. LEGEAY (Henry).

CONSEIL DE RÉVISION.

Président, M. H. DROUET, juge de paix.
Membres, M. HOUDARD, avoué, garde national.
Id. M. PEIN, avocat, garde national.
Id. M. HOLTZ, ingénieur, capitaine d'artillerie de la garde nationale.
Id. M. CLAUDOT, capitaine-adjudant-major de la garde nationale.
Id. M. BOHIN, greffier de la justice de paix, garde national.

CONSEIL DE DISCIPLINE.

Capitaine-rapporteur, M. H. DIDIER, avoué.
Lieutenant-secrétaire, M. JENNESSON, receveur municipal.

OFFICIERS DES COMPAGNIES.

SAPEURS-POMPIERS.
Capitaine, M. F. PIERRON, docteur en médecine.
Lieutenant, M. LAIDBOEUR, rentier.
Lieutenant, M. P. LATROMPETTE, secrétaire en chef de la Mairie.
Sous-lieutenant, M. J.-B. CICILE-BÉNIT, négociant.
Sous-lieutenant, M. N.-L. PÉRIGNON, négociant.

ARTILLERIE.
Capitaine en premier, M. CANTREZ, officier.
Capitaine en second, M. HOLTZ, ingénieur.
Lieutenant en premier, M. L. ANTOINE.
Lieutenant en premier, M. BENOIT-FANDEUR, négociant.
Lieutenant en second, M. Ed. ROUSSEL, conducteur des ponts et chaussées.
Lieutenant en second, M. Félix CHADENET, propriétaire.

1re COMPAGNIE.

INFANTERIE.
Capitaine, M. DAIRONT, économe des hospices.
Lieutenant, M. MARTIN, boulanger.
Lieutenant, M. LECOURTIER, négociant.
Sous-lieutenant, M. LAVAL, négociant.
Sous-lieutenant, M. ARNOUX, négociant, ex-sous-officier.

2ᵉ Compagnie.

Capitaine, M. Quinteau, maître d'hôtel, ancien sergent-major.
Lieutenant, M. Eyckermans, chef de musique de la *Verdunoise*.
Lieutenant, M. Eugène Loison, maître de musique.
Sous-lieutenant, M. Barret, vérificateur de l'enregistrement et des domaines.
Sous-lieutenant, M. Grosdidier, négociant.

3ᵉ Compagnie.

Capitaine, M. Selva, capitaine en retraite.
Lieutenant, M. Hennequin, préposé aux lits militaires.
Lieutenant, M. X.
Sous-lieutenant, M. J. Leclerc, négociant.
Sous-lieutenant, M. Ch. Leclerc, négociant.

Infanterie (Suite).

4ᵉ Compagnie.

Capitaine, M. Renvé, officier d'infanterie démissionnaire.
Lieutenant, M. J.-B. Roussat, ancien sous-officier d'infanterie.
Lieutenant, M. Baudette, employé de commerce.
Sous-lieutenant, M. Scausse, économe du collége.
Sous-lieutenant, M. Humbert, maître-ouvrier.

5ᵉ Compagnie.

Capitaine, M. Camille Chadenet, notaire.
Lieutenant, M. P. Blanchet, propriétaire.
Lieutenant, M. Antoine Dony, propriétaire.
Sous-lieutenant, M. Remy, propriétaire.
Sous-lieutenant, M. Jeantin, professeur au collége.

La compagnie des sapeurs-pompiers comprenait 130 hommes.
La batterie d'artillerie, 200.
La 1ʳᵉ compagnie de l'infanterie, 200.
La 2ᵉ compagnie, 220.
La 3ᵉ compagnie, 155.
La 4ᵉ compagnie, 240.
La 5ᵉ compagnie, 200.

Ce qui donne pour la garde nationale tout entière un total de 1345 hommes.

N° 1 (page 16).

Narré fantaisiste du FIGARO touchant le message d'une estafette vers l'Empereur. (FIGARO du 23 novembre 1870).

» Il (M. Henri Ditte) était simple garde mobile et venait en habit bourgeois rejoindre son bataillon à Verdun ; l'Empereur presque fugitif, devait arriver le jour même par la route de Metz...

» Le général Guérin de Waldersbach apprend qu'une forte colonne prussienne venant de Briey se dirige très vivement vers Etain. L'Empereur peut être enveloppé, fait prisonnier ; il faut l'avertir pour qu'il presse sa marche. Le général cherche un messager. Mais s'il est en uniforme, il peut être attaqué lui-même. Voulez-vous de moi, mon général ? dit Henri Ditte. — Oui, votre mine me donne confiance, montez à cheval et portez cette lettre, faites vous tuer, mais ne la livrez pas.

» Le jeune homme part. Il ne prend pas même la peine de monter à cheval, ou de sauter en voiture.

» On court vite à 20 ans. Il rencontra l'Empereur sur la route, lui remit la lettre et tomba presque évanoui.

» Je vous remercie, Monsieur, dit l'Empereur, vous êtes sous-lieutenant.

» Quand Henri Ditte raconta cela au général, celui-ci fronça le sourcil.

» De mon temps, dit-il, cela eut valu bien juste les galons de caporal. Mais puisque vous êtes officier je vous garde auprès de moi. Vous savez ce que je veux faire ici ? Me défendre jusqu'à la mort et me faire sauter plutôt que de me rendre ; en êtes vous ?

» Volontiers, mon général, mais je voudrais seulement que ma famille, qui est à Paris, sache ce que je suis devenu...

» Voilà, j'espère, une commission faite.

» XXX... »

N° 3 *(page 56)* (1).

Funérailles des hommes tués le 24 août. — Allocution du général Marmier.

« Nous rendons les derniers devoirs aux citoyens morts dans la journée d'hier pour la défense de leurs foyers : morts glorieusement au poste périlleux qu'ils occupaient.

» Reposez en paix, le souvenir de votre belle mort ne s'effacera pas de la mémoire des vôtres.

» Honneur à la population qui compte parmi elle d'aussi braves citoyens. »

Allocution du Sous-Préfet, M. de Beauvallon.

» Messieurs,

» Dans la journée d'hier, Verdun a tracé du sang de ses enfants une page glorieuse dans les fastes de cette guerre. Laissez-moi m'enorgueillir avec vous de ce magnifique succès. Au nom de l'Empereur, au nom de la France entière, je félicite du fond de mon cœur les défenseurs de la place de leur sublime patriotisme, de leur héroïque conduite devant l'ennemi.

» Malheureusement, Messieurs, en pareille circonstance, à côté d'une grande satisfaction vient toujours se placer une grande douleur.

» Nous livrons à la terre les restes de braves citoyens tombés glorieusement au champ d'honneur, en défendant nos foyers. S'il est une consolation pour leur famille et leurs nombreux amis, ils la trouveront dans la pensée du devoir accompli, dans les sympathies qui animent la ville entière réunie en ce moment autour de cette fosse dans un pieux recueillement.

» Honneur à ces nobles victimes ! que leur souvenir demeure toujours parmi nous et apprenne aux générations futures comment on sait mourir pour défendre son pays. »

(1) Il faudrait n° 5. Il y a eu erreur de chiffre dans le texte.

N° 4 *(page 74).*

Lettre du prince de Radziwil à la princesse, sa femme.

« Venderesse, ce 3 septembre 1870.

» Les évènements ont marché avec une rapidité telle, et ont pris des proportions si gigantesques, Ma Bien Aimée, que la plume est totalement incapable de les suivre, ou de rendre même approximativement la grandeur des impressions de ces derniers jours.

» Qui est-ce qui aurait osé, même en songe, espérer des succès aussi complets ? C'est la main de Dieu qui est venue frapper l'Empereur et son système basé sur le mensonge.

» Nous sommes revenus hier seulement à 1 heure du matin et c'est la première journée depuis longtemps où l'on respire, et où il est possible de rassembler et de classer un peu ses idées. Aussi j'en profite, fille chérie, pour te donner au moins un vague croquis de ce qui s'est passé ces jours derniers.

« Tu connais notre mouvement vers le nord entrepris à marches forcées, avec les deux armées des deux princes royaux, dès que nous avions eu la certitude du mouvement de Mac-Mahon, de Reims sur Vouziers. L'armée de Mac-Mahon, composée de quatre corps avec un effectif de 120,000 hommes et suivie de l'Empereur et du Prince impérial, se dirigeait, en deux colonnes de deux corps chacune, de Vouziers sur Stenay et Mouzon, pour traverser la Meuse et essayer de débloquer Bazaine en passant par Montmédy et Briey.

» Le prince royal de Saxe, avec son corps, le 4°, et la garde furent dirigés sur Dun et Stenay ; les deux corps bavarois au centre, sur Buzancy ; le prince royal avec le 5° corps et le 11° sur Grandpré et le Chêne par Vouziers. La division wurtembergeoise et le 8° corps suivaient l'aile gauche, en réserve ; le 6° corps n'a pas dépassé Attigny, où il reste en se gardant contre Reims. Ce corps n'a pas encore tiré un seul coup de fusil.

» Le 30 août, le prince royal de Saxe, avec ses saxons et le 4° corps, soutenus à gauche par le 1er corps bavarois avec de Than, ont écrasé la tête de la 1re colonne française à Beaumont en tombant dessus à l'improviste, tandis que le 5e corps occupait la queue de la colonne à Stonne. L'ennemi fut rejeté sur Mouzon en déroute. Mouzon fut occupé la nuit. Des milliers de prisonniers et quantité de canons furent le résultat de la journée qui a déjà pour ainsi dire décidé du sort de l'armée française. C'est notre 4e corps qui a fait la meilleure partie de la besogne.

» Le 31, de grand matin, l'armée du prince royal de Saxe a passé la Meuse à Mouzon, en occupant le pays jusqu'à la frontière belge, et en tournant sur Sedan. Le 1er corps bavarois occupait Raucourt et Ramilly, soutenu par le 2e et par l'armée du prince royal, et poussait des têtes de colonnes sur Donchery et Flize.

» Le 1er septembre, au point du jour, la bataille s'engageait par les Bavarois à Bazeilles ; le prince de Saxe, avec la garde à droite et les Saxons à gauche, tournait sur Givonne ; le 4e corps soutenait le 1er corps bavarois ; le 2e corps bavarois s'établit devant la tête du pont de Sedan ; et notre garde royale, avec le 11e corps et le 5e débouchait par Donchery en tournant Sedan sur la gauche. La division wurtembergeoise restait en réserve à Vrigne, en rejetant une sortie que la garnison de Mézières a essayé pendant la bataille.

» Nous avons pu suivre chaque détail de la lutte des hauteurs qui dominent Sedan sur la rive gauche de la Meuse, et qui permettaient de diriger un feu plongeant sur la ville et sur les remparts.

» Le résultat de ces mouvements habilement combinés fut d'enfermer complètement l'armée française autour de Sedan en l'entourant d'un gigantesque cercle de batteries qui toutes convergeaient leurs feux sur les bois et sur les ravins qui entourent la ville. La catastrophe était complète ; l'armée française s'égrenait peu à peu ; tout ordre, toute discipline avait cessé ; des régiments entiers demandaient quartier écrasés par le feu de notre artillerie. Grâce à cette circonstance, nos pertes ont été relativement moins considérables : c'est le 1er corps bavarois qui a le plus perdu.

» A 5 heures, l'Empereur envoyait Reille avec une lettre autographe pour rendre son épée au Roi. Hier, à midi, la capitulation était signée. Tu la liras dans le journal.

» Le Roi, en rentrant chez lui le soir, avait laissé Bismark et Moltke à Donchery pour la nuit. Bismark eut une longue entrevue avec l'Empereur hier matin. Mais l'Empereur, se considérant comme prisonnier, ne pouvait plus traiter, et la capitulation a été conclue entre Moltke et le général de Wimpfen qui avait pris le commandement, le maréchal Mac-Mahon ayant été grièvement blessé à la cuisse.

» Après la signature de la capitulation, le Roi eut une entrevue avec l'Empereur dans le petit château de Fresnois, en dehors de Sedan *où l'Empereur n'osait plus rentrer par peur de ses propres soldats.* Ce sont nos premiers cuirassiers qui escortaient l'Empereur. Le Roi est arrivé à cheval, entouré de son état-major ainsi que des princes allemands. C'est un moment que je n'oublierai jamais de ma vie. J'ai vu Reille, Pajol, Moskowa, Achille-Murat, etc.

» L'Empereur a accepté le séjour de Wilsemsoë, près Cassel ; Bogen le conduira. Le Roi a visité ensuite tous les bivouacs autour de Sedan. Rien ne saurait donner une idée de l'enthousiasme des troupes. Nous avons terminé cette journée par une pluie battante, dans la plus complète obscurité, et ne sommes rentrés à Vendresse qu'à 1 heure du matin.

» Le même jour où se livrait la bataille de Sedan, Bazaine a fait une sortie énergique sur la rive droite de la Moselle qui a été victorieusement repoussée par notre 1er corps. Je pense qu'il aura brûlé ses dernières cartouches et que la capitulation de Metz et de Strasbourg suivra de près celle de Sedan.

» Nous en avons fini avec l'armée, mais pas encore avec le gouvernement qui, au dire de l'Empereur, réside maintenant à Paris dans la personne de la Régente, et dans les corps politiques ; le Prince impérial doit y être également. C'est donc à Paris qu'il nous faut aller chercher la paix, et nous ne perdrons pas un jour pour nous y rendre. Quiconque a vu la démoralisation qui règne partout, ne doute plus que la paix pourra s'obtenir sans autre effusion de sang qui a déjà coulé assez abondamment.

» Mes frères vont bien. F..., avec son régiment, escorte des prisonniers ; L. W.... est sain et sauf ; Ferdinand doit être bien portant, son régiment n'ayant pas chargé. Edmond est depuis quelque temps déjà relâché. Il ne nous reste donc qu'à remercier Dieu d'avoir préservé les nôtres dans cette atroce boucherie.

» Le jeune Fitz-James a été fait prisonnier avant-hier, avec le général Brabaut dont il était porte-fanion : il est sain et sauf. J'ai prié Reille d'en avertir le père, et j'ai promis de m'occuper de lui. Tâchez un peu de savoir à Berlin sur quelle forteresse il sera dirigé. C'est là que la répartition se fera.

» Il est temps de finir, mon enfant bien aimée. Je te serre dans mes bras, en te recommandant à la garde de Dieu.

» Mille tendresses à ma mère ; mille baisers aux enfants : à toi de cœur et d'âme.

» A. R. »

N° 5 (page 74).

Article de la Gazette de Magdebourg à propos du courrier prussien pris à Verdun le 4 septembre 1870. Article cité par le Siècle du 3 juillet 1871.

On écrit de Berlin à la *Gazette de Magdebourg* :

Pendant toute la durée de la guerre, la poste de campagne allemande a eu une seule fois le malheur de perdre sa malle. Cet accident arriva au courrier qui, le 3 septembre, devait aller de Vendresse à Strasbourg. Vendresse était alors le quartier général de l'armée allemande, et la malle contenait des rapports précieux et intéressants sur la bataille de Sedan. Toute la correspondance fut enlevée à Verdun, où le postillon était entré par erreur. Il ne pouvait savoir que les Français étaient encore à Verdun, et d'ailleurs il ne savait pas qu'il venait d'entrer dans Verdun. Dès qu'on eut eu connaissance de cet accident, l'administration supérieure fit savoir qu'elle indemniserait les pertes éprouvées par la saisie des envois d'argent du 3 septembre.

Au bout de quatorze jours, les envoyeurs étaient déjà indemnisés ; heureusement le montant des envois n'était que de 1,800 thalers. Après la reddition de Verdun, cette somme nous a été rendue ; ce qu'on ignorait jusqu'ici. Les lettres chargées d'argent avaient été remises à l'évêque de Verdun, lequel les remit au commandant de place prussien. Les lettres ordinaires ont été ouvertes, lues ; puis on en a détruit une partie, et les autres ont été distribuées comme butin de guerre. Presque toutes ne parlaient que de la bataille de Sedan et de la prise de Napoléon. Il y avait des lettres adressées à des journaux, et d'autres, ornées de dessins, qui devaient être publiées dans les feuilles illustrées.

C'est ainsi que, de tous les journaux français, celui de Verdun fut le premier qui put donner des détails sur Sedan, tandis que les journaux allemands furent longtemps sans pouvoir renseigner le public sur les graves évènements qui eurent lieu devant cette ville. Les premières nouvelles précises sur ces évènements nous arrivèrent de Londres.

N° 6 (page 77).

Dépêches relatives aux derniers mouvements de l'armée de Mac-Mahon.

Ban St-Martin, le 19 août 1870.

Le maréchal Bazaine à S. M. l'Empereur au camp de Châlons.

« L'armée s'est battue hier toute la journée sur les positions de Saint-Privat et de Rozereuilles et les a conservées..... Je compte toujours prendre la direction du nord et me rabattre sur la route de Sainte-Ménehould et Châlons si elle n'est pas fortement occupée. Dans ce cas je continuerai sur Sedan et même Mézières pour gagner Châlons. »

Maréchal Mac-Mahon au Ministre de la guerre. — Paris.

Courcelles, 22 août 1870, 11 h. 30 m.

« Le maréchal Bazaine a écrit du 19 qu'il comptait toujours opérer son mouvement de retraite par Montmédy. Par suite, je vais prendre des dispositions. »

Maréchal Mac-Mahon.

Même jour.

Maréchal Mac-Mahon au Général commandant à Verdun; au Commandant supérieur à Montmédy; au Maire de Longuyon.

« Envoyez au maréchal Bazaine la dépêche ci-après très-importante. Faites la lui parvenir par cinq ou six émissaires différents, auxquels vous remettrez les sommes, quelles qu'elles soient, qui leur seraient nécessaires pour accomplir leur mission. »

Maréchal Mac-Mahon.

Maréchal Mac-Mahon à Bazaine.

« Reçu votre dépêche du 19. Suis à Reims : me porte dans la direction de Montmédy. Serai après-demain sur l'Aisne, d'où j'agirai selon les circonstances pour vous venir en aide. »

Maréchal Mac-Mahon au Ministre de la guerre.

Quartier-général à Rethel, 24 août, 9 h. 45, soir.

« Je crains de rencontrer encore dans les Ardennes grandes difficultés pour nourrir l'armée par le pays, difficultés qui seront insurmontables si nous parvenons à joindre Bazaine. Je demande donc à ce qu'il soit dirigé sur Mézières des convois considérables de biscuit, soit près de deux millions de rations. »

Maréchal MAC-MAHON.

Mac-Mahon au Commandant supérieur de Sedan.

Le Chêne, 27 août 1870, 3 h. 25 m., soir.

« Je vous prie d'employer tous les moyens possibles pour faire parvenir au maréchal Bazaine la dépêche suivante :

Le maréchal Mac-Mahon, au Chêne, au maréchal Bazaine.

« Maréchal Mac-Mahon prévient maréchal Bazaine que l'arrivée du
» prince royal à Châlons le force à opérer le 29 sa retraite sur Mézières,
» et de là à l'ouest, s'il n'apprend pas que le mouvement de retraite
» du maréchal Bazaine soit commencé. »

Maréchal Mac-Mahon à Guerre. — Paris.

« Les 1re et 2e armées allemandes, plus de 200,000 hommes, bloquent Metz, principalement sur la rive gauche de la Moselle. Une force évaluée à 50,000 hommes serait établie sur la rive droite de la Meuse *(vers Dun et Stenay)*, pour gêner ma marche sur Metz. Le prince royal se dirige sur les Ardennes. Je suis au Chêne avec un peu plus de 100,000 hommes. Depuis le 19, je n'ai aucune nouvelle de Bazaine : si je me porte à sa rencontre, je serai attaqué de front par une partie des 1re et 2e armées... Attaqué en même temps en arrière par l'armée du prince royal. Je me rapproche demain de Mézières, d'où je continuerai, selon les évènements, vers l'ouest. »

Au Ministre de la Guerre. — Paris.

Sedan, 31 août 1870, 1 h. 15, matin.

« Mac-Mahon fait savoir au Ministre de la guerre qu'il est forcé de se
» porter sur Sedan ! »

(Papiers et correspondance de la famille impériale).

(N° 7 (page 83).

Noms de quelques officiers de la garnison.

ÉTAT-MAJOR
DU GÉNÉRAL COMMANDANT SUPÉRIEUR.

MM. Richard-Mollard, chef de bataillon au 80° de ligne, chef d'état-major.
Godfroy, capitaine d'état-major.
Bougon, sous-lieutenant au 5° chasseurs, et Ditte, sous-lieutenant de la garde mobile, officiers d'ordonnance.

ÉTAT MAJOR DE LA PLACE.

MM. Deledecq, colonel-commandant la place.
Jégou et Gariel, capitaines-adjudants de place.
Larzillière, lieutenant-secrétaire-archiviste.

GÉNIE.

MM. Boulangé, chef de bataillon, puis lieutenant-colonel, commandant le génie de la place.
Dehaye, capitaine, tué le 26 septembre.
Bussière, capitaine, échappé de Sedan.
Delort, sous-lieutenant, puis lieutenant, commandant un détachement du 1er régiment du génie.
Renaud et Boudaille, gardes du génie.

Nommés sous-lieutenants pendant le siège.

MM. Angéli, sergent-major au 2° régiment du génie, et Rangé, sergent au 1er régiment.

ARTILLERIE.

MM. Commaux, capitaine en premier, puis chef d'escadron, commandant l'artillerie de la place.
Bergère, capitaine en premier.
Baudens, lieutenant en premier, puis capitaine.
Janvier, sous-lieutenant d'une demi-batterie du 4° d'artillerie.
Boulade, capitaine.

CLÉVERT, sous-lieutenant, puis lieutenant de la 11e compagnie du 1er régiment du train d'artillerie.
SCHALK, garde d'artillerie.
COLLET et LEMASSON, gardiens de batteries.

Echappés de Sedan.

MM. LORGERÉ, capitaine au 9e d'artillerie.
DUBRISSON, lieutenant au 10e,
d'AUDIGNAC, lieutenant d'artillerie de marine, tué le 15 octobre.
JULLIEN, garde d'artillerie.

Nommés sous-lieutenants pendant le siége.

MM. HOGNON, maréchal-des-logis-chef au 8e d'artillerie, échappé de Sedan.
KEMPFF, maréchal-des-logis-fourrier au 4e.
MAYONNER, maréchal-des-logis-chef.
CHAMARANDE, adjudant du train d'artillerie.

INFANTERIE.

Quatrièmes bataillons, formés immédiatement avant la guerre, et dépôts du 57e et du 80e de ligne.

57e : MM. DENY, chef de bataillon.
BRYON, major.
CROUZET-LACOMBE, capitaine-adjudant-major.
SAINT-SUPÉRY, médecin-major.

80e : MM. RICHARD-MOLLARD, chef de bataillon.
DE TURCKEIM, major.
CHOPINET, capitaine-adjudant-major.
HACHERELLE, médecin-major.

Nous regrettons de ne pouvoir donner les noms des autres officiers, capitaines, lieutenants et sous-lieutenants.

Nous avons indiqué les officiers des compagnies *franches* à la page 125.

Echappés de Sedan.

MM. BENOIT D'AURIAC, capitaine d'infanterie de marine.
RAIMBERT et BARTHELÉMY, dit LOUIS, sous-lieutenants d'infanterie de ligne.

CAVALERIE.

Dépôt du 5e chasseurs.

MM. De Ménonville, major.
Fantozier, chef d'escadrons.
Viger, capitaine-commandant.
Remaury, capitaine en 2e.
Chapelan, capitaine-instructeur.
Astruc et de Montresson, capitaines-adjudants-majors.
Daudinot de la Boissière, capitaine-trésorier.
Courbassier, capitaine d'habillement.
De Grolier, lieutenant.
Dufort-Rousseau, Bougon et De Saint-Geniés, sous-lieutenants.
Thiercy, vétérinaire.

Echappés de Sedan.

MM. Guyon, du 1er cuirassiers, et Perrault, du 4e chasseurs d'Afrique, sous-lieutenants.

Intendance et administration.

MM. Lemant, sous-intendant militaire.
Brisset, adjudant d'administration, chef du bureau.
Cuny, officier d'administration comptable.
Chabosseau, adjudant d'administration.

N° 8 (page 112).

Funérailles du capitaine Dehaye et des autres victimes du bombardement du 26 septembre et paroles prononcées sur leurs tombes.

Les honneurs funèbres militaires ont été rendus, mercredi à 1 heure de l'après-midi, aux victimes de l'attaque du 26 septembre.

Toute la population Verdunoise s'était réunie aux troupes de la garnison pour accompagner à leur demeure dernière nos héroïques défenseurs que la mort avait frappés. L'élément civil et l'armée, unis dans la même pensée de deuil, ne formant qu'un tout comme au jour du combat, suivaient le triste cortége précédé des chants religieux que couvrait par intervalle la voix du canon grondant sur nos remparts pour repousser au loin les maraudeurs ennemis.

Les autorités militaires et civiles précédaient cette longue file de population que la grande et magnifique nef et les bas-côtés de la Cathédrale ne pouvaient contenir. C'est au milieu de ce deuil général et du plus profond recueillement que furent dites les prières que répétaient les accords plaintifs de l'orgue. Après l'absoute donnée par Monseigneur l'Evêque de Verdun, le cortége a repris sa marche lente et mesurée pour se rendre au champ du repos.

M. le Commandant du génie Boulangé, entouré de la foule vivement impressionnée, a prononcé les paroles suivantes :

« Avant que cette tombe soit fermée, permettez-moi, Messieurs, de vous dire combien est grande la perte que nous venons de faire dans le capitaine Dehaye, tué si malheureusement lors du bombardement du 26. Car si nous perdons un ami éprouvé, la ville de Verdun perd un de ses plus ardents défenseurs.

» Le capitaine Dehaye ne devait, pour ainsi dire, qu'à lui-même la position qu'il avait acquise. Engagé volontaire en 1846, il obtint l'épaulette en 1855 par son travail et son intelligence. A peine nommé sous-lieutenant, il est envoyé en Crimée où il prend une part active à tous les travaux de l'attaque de droite de Sébastopol, depuis l'ouverture de la tranchée, jusqu'à la prise de la place.

» En Italie, il assistait, comme lieutenant, au combat de Novarre et aux batailles de Magenta et de Solférino. Il était attaché au camp de Châlons l'année suivante, comme capitaine, lorsqu'il fut envoyé en Algérie où il resta pendant 3 ans participant aux expéditions et aux travaux d'organisation à Oran et à Tlemcen. Rentré en France après cette longue campagne, le capitaine Dehaye se trouvait déjà depuis plus d'un an au camp de Sathonay, lorsqu'il fut envoyé à Verdun.

» Vous savez, Messieurs, combien cet officier a participé aux travaux de mise en défense de cette place, notamment depuis la déclaration des hostilités. Il s'ingéniait sans cesse à créer de nouveaux obstacles contre une surprise de l'ennemi, en utilisant les faibles ressources mises à notre disposition, et une large part doit lui être laissée dans tous les travaux qui ont conduit à mettre la place dans un état de défense aussi respectable que possible.

« Tous ces travaux, le capitaine Dehaye les accomplissait sans paraître se douter, et moins encore se glorifier, des services qu'il rendait ; car il avait la modestie des hommes de cœur et de mérite. Le sentiment du devoir accompli était la seule récompense que semblait ambitionner cet officier si loyal et si dévoué, et sa carrière si pleine de dévouement a été couronnée par une belle mort, puisqu'il est mort pour son pays !...

» Pour nous qui l'avons si bien connu et tant aimé, nous porterons à sa veuve et à son enfant adorés, comme suprême consolation, tous ces témoignages de profonde sympathie et de regret universel qui l'ont accompagné à sa dernière demeure : veuillez, je vous prie, Messieurs, accepter nos remerciements et ceux de sa famille.

« Adieu, mon cher camarade, adieu Dehaye, tu vivras toujours dans nos cœurs. »

Après l'exposé de cette vie militaire si bien remplie, M. le capitaine Boulade a voulu adresser le suprême adieu qui suit à son camarade et ami et aux braves soldats tombés sous les boulets prussiens :

« En réunissant nos regrets pour ces camarades morts glorieusement pour la Patrie, à ceux que nous venons d'entendre adressés au capitaine Dehaye, promettons leur la vengeance : Adieu brave Dehaye ! Adieu brave Fréville ! Adieu à vous tous ! Nous vous vengerons ! Adieu ! »

(*Courrier de Verdun* du 30 septembre 1870).

N° 9 *(page 114)*.

ORDRE.

Le Général commandant supérieur, désirant récompenser autant qu'il est en son pouvoir, les gardes nationaux mobiles et sédentaires pour leur dévouement, leur bravoure et leur sang-froid, notamment aux attaques du 24 août et du 26 septembre,

En vertu des pouvoirs que lui confère l'état de siége, nomme provisoirement les militaires dont les noms suivent, savoir :

Au grade de lieutenant-colonel.

Génie : M. Boulangé (Auguste-Joseph-Alexandre), chef de bataillon.

Au grade de chef d'escadron.

Artillerie : M. Commaux (Henri-Félix-Constant), capitaine en 1er.

Au grade de capitaine.

57e de ligne : M. Marduel (François-Philibert), lieutenant.

Au grade de lieutenant.

57e de ligne : M. Raimbert (Paul-Emile), sous-lieutenant au 50e, (pour commander une compagnie de tirailleurs volontaires).

Au grade de sous-lieutenant.

57e de ligne : M. Fost (Léonard), adjudant au corps.
57e de ligne : M. Loisel (Norbert-Arthur-Henri), sergent-major au 1er régiment de tirailleurs algériens, (pour commander une section de tirailleurs volontaires).
80e de ligne : M. Nicolaï (Paul-Pompée), adjudant au corps.
80e de ligne : M. Botville (Arthur), adjudant au 14e de ligne, (pour commander une section de tirailleurs volontaires).
M. Delabroix (Joseph), sergent-major au 3e zouaves.

Sont nommés à titre provisoire dans l'ordre de la Légion-d'Honneur :

Au grade de commandeur.

Etat-major des places : M. Delebecq (Pierre-Désiré-Joseph), colonel, commandant la place de Verdun, officier du 12 août 1861.

Au grade d'officier.

57e de ligne : M. Saint-Supéry (Emmanuel-Eugène), médecin-major de 1re classe, chevalier du 16 juin 1855.

80e de ligne : M. Dumontier (Sénateur-Charles), capitaine, chevalier du 16 mars 1866.

Au grade de chevalier.

Garde nationale sédentaire de Verdun : M. Canterez (Louis-Romain), capitaine commandant la batterie de la garde nationale sédentaire.

Garde nationale mobile : M. de Nettancourt (Marie-Charles-Armand), chef de bataillon commandant le 1er bataillon de la Meuse.

Etat-major des places : M. Larzillière (Charles-Edouard), lieutenant, secrétaire-archiviste de la place de Verdun, blessé d'un éclat d'obus le 24 août.

80e de ligne : M. Hacherelle (Emile), médecin-major de 2e classe.

80e de ligne : M. Navare (Emile), sergent-major, amputé de la jambe gauche le 24 août.

5e chasseurs : M. Daudinot de la Boissière (Vincent), capitaine-trésorier.

1er régiment du train d'artillerie : M. Boulade (Jacques-Louis-Félix), capitaine.

Génie : M. Delort (Joseph-Marie-Jules), sous-lieutenant, commandant le détachement des mineurs à Verdun, blessé d'un éclat d'obus à l'épaule, le 26 septembre.

La médaille militaire est conférée à titre provisoire aux gardes nationaux sédentaires et mobiles et aux militaires dont les noms suivent :

GARDE NATIONALE SÉDENTAIRE DE VERDUN.

M. Aubry (Auguste), maréchal-des-logis d'artillerie.

M. Boé (Hubert), artilleur à la 1re compagnie, blessé le 24 août.

M. Mauvais (Antoine-Victor), garde national à la 2e compagnie, deux blessures.

M. Coissel (Alexandre), caporal à la 5e compagnie de la garde nationale.

GARDE NATIONALE MOBILE DE LA MEUSE.

M. Dalit (Clément-Henri), sergent-major à la 3e compagnie du 1er bataillon.

M. Mangin (Nicolas-Emile), sergent-major à la 1re compagnie du 2e bataillon.

M. Fromieux (Jean-Baptiste), adjudant à la 2ᵉ batterie d'artillerie.
M. Boreill, maréchal-des-logis à la 2ᵉ batterie d'artillerie.

GENDARMERIE DE LA MEUSE.

M. Louis (Remy), maréchal-des-logis, une blessure.
M. Colas (Hyppolite), gendarme, une blessure grave.

1ᵉʳ RÉGIMENT DE TIRAILLEURS ALGÉRIENS.

M. Lafond (Tancrède-Jean-Baptiste), sergent.

3ᵉ RÉGIMENT DE TIRAILLEURS ALGÉRIENS.

M. Benoist (Camille), caporal.

2ᵉ RÉGIMENT D'ARTILLERIE.

M. Bresson (Isidore), maréchal-des-logis-chef, en subsistance dans la garde mobile.

4ᵉ RÉGIMENT D'ARTILLERIE.

M. Gounot (Jean), maréchal-des-logis-chef.
M. Henriot (Eugène), sous-chef artificier.

1ᵉʳ RÉGIMENT DU TRAIN D'ARTILLERIE.

M. Douillot (Joseph-Nicolas), maréchal-des-logis.
M. Meilland (Jean-Benoit), maréchal-des-logis-fourrier.

1ᵉʳ RÉGIMENT DU GÉNIE.

M. Peyret (Claude-Etienne), mineur.
M. Heuret, mineur.

Le Général commandant supérieur est heureux d'adresser ses félicitations aux troupes de la garde nationale et de l'armée, pour leur belle conduite devant l'ennemi ; il cite comme s'étant particulièrement fait remarquer :

MM. Chadenet, lieutenant d'artillerie de la garde sédentaire.
    Benoit, lieutenant   id.
    Barbier, maréchal-des-logis   id.
    Ayet, maréchal-des-logis   id.
    Lendmann, maréchal-des-logis   id.
    Saintignon, sergent-major de la 3ᵉ compagnie de la garde sédentaire.
    Lambry, garde nationale   id.

Chadenet (Georges), lieutenant à la 3e batterie de la garde mobile.
Neucourt, lieutenant à la 2e   id.
Lamour, sergent-instructeur à la 1re compagnie du 1er bataillon de la garde mobile.
Maginel et Breton, sergents instructeurs à la 2e compagnie du 2e bataillon de la garde mobile.
Privat, maréchal-des-logis à la 3e bat. d'art. de la garde mobile.
Leturcq, maréchal-des-logis-fourrier   id.
Bergère, capitaine au 4e d'artillerie.
Baudens, lieutenant   id.
Janvier, sous-lieutenant   id.
Colomb, capitaine au 80e.
Maugis, lieutenant au 57e.

Verdun, le 27 septembre 1870.

Le Général commandant supérieur,

Signé : GUÉRIN DE WALDERSBACH.

N° 10 *(page 135)*.

Officiers, membres des conseils de guerre.

1er CONSEIL DE GUERRE ÉTABLI LE 4 OCTOBRE.

Le Général commandant supérieur,

ORDONNE :

Un conseil de guerre sera établi immédiatement à Verdun, il est composé ainsi qu'il suit :

Président : M. Delebecq, colonel, commandant la place de Verdun.

Juges :
- M. Fantozier, chef d'escadron au 5e chasseurs.
- M. Javey, capitaine au 57e de ligne.
- M. Despuech, capitaine au 80e de ligne.
- M. Poirrier, lieutenant au 57e de ligne.
- M. Clévert, sous-lieut. au 1er rég. du train d'artillerie.
- M. Jeanniot, sergent-major au 80e de ligne.

Commissaire du gouvernement : M. Torramorel, capitaine au 57e de ligne.

Capitaine rapporteur : M. Pothé, capitaine de gendarmerie.

Greffier : M. Louis, maréchal-des-logis de gendarmerie.

2ᵉ CONSEIL DE GUERRE ÉTABLI LE 12 OCTOBRE.

Président : M. Boulangé, lieutenant-colonel du génie.

Juges :
- M. de Nettancourt, chef du 1ᵉʳ bataillon de la garde mobile de la Meuse.
- M. Remaury, capitaine au 5ᵉ chasseurs.
- M. Couturier, capitaine au 1ᵉʳ bataillon de la garde mobile de la Meuse.
- M. Maindrault, lieutenant au 80ᵉ.
- M. Guyon, sous-lieutenant au 1ᵉʳ cuirassiers.
- M. Charbonneau, sergent-major au 57ᵉ de ligne.

Commissaire du gouvernement : M. Chopinet, capitaine-adjudant-major au 80ᵉ de ligne.

Capitaine rapporteur : M. de Montesson, capitaine-adjudant-major au 5ᵉ chasseurs.

Greffier : M. Dalit, sergent-major au 1ᵉʳ bat. de la garde mobile.

CONSEIL DE RÉVISION.

Président : M. Vernier de Byans, général de brigade.

Juges :
- M. Moisson, lieutenant-colonel de la garde mobile.
- M. de Menonville, major au 5ᵉ chasseurs (à défaut de lieutenant-colonel).
- M. de Ligniville, chef du 2ᵉ bataillon de la garde mobile de la Meuse.
- M. Bryon, major au 57ᵉ de ligne.

Commissaire du gouvernement : M. Massé, officier supérieur en retraite, chef de bataillon de la garde nationale sédentaire de Verdun.

Greffier : M. Petit (Albert), sergent-major d'infanterie en retraite.

Verdun, le 12 octobre 1870.

Le Général commandant supérieur,

Bᵒⁿ GUÉRIN DE WALDERSBACH.

Le général Vernier de Byans, du cadre de réserve, habite notre ville où l'attachent des liens de famille. Dès le début de la guerre, il avait demandé à rentrer dans le service actif, mais la rupture des communications avec Paris l'empêcha de recevoir la réponse du Ministre.

N° 11 (page 146).
ORDRE.

Le Général commandant supérieur,

Vu les besoins du service et en vertu des pouvoirs que lui confère l'état de siége, nomme provisoirement les militaires dont les noms suivent, savoir :

Au grade de major.

57e de ligne. — M. Bryon (Charles-Henry), capitaine-adjudant-major au régiment, en remplacement de M. Breugnot, passé à l'école militaire de St-Cyr.

A un emploi d'adjudant-major.

57e de ligne. — M. Crouzet-Lacombe (Paul-Jean-André-Georges), capitaine au régiment, en remplacement de M. Bryon, nommé major.

Le Général profite de cette circonstance pour citer particulièrement comme s'étant fait remarquer par leur dévouement et leur bravoure en diverses circonstances :

MM. Massé, chef de bataillon de la garde nationale sédentaire.
De Ligniville, chef de bataillon de la garde nationale mobile de la Meuse.
Fantozier, chef d'escadrons au 5e chasseurs.
Benoit d'Auriac, capitaine d'infanterie de marine.
Lorgeret, capitaine d'artillerie.
D'Audignac, lieutenant d'artillerie.
Dubuisson, id.
Jussau, brigadier au 4e d'artillerie.
Kempff, fourrier id.
Gosselin, maréchal-des-logis au 4e d'artillerie.
Clévert, sous-lieutenant au 1er régiment du train d'artillerie.
Mayonner, maréchal-des-logis-chef au 1er régiment du train d'artillerie.
Colle, cavalier au 1er régiment du train d'artillerie.
Maupin, maréchal-des-logis id.
Schalck, garde d'artillerie.
Lemasson, gardien de batterie.
Collet, id.
Torramorel, capitaine au 57e de ligne.

MM. Paradis, maréchal-des-logis au 1ᵉʳ régiment du train d'artillerie.

Remaury, capitaine au 5ᵉ chasseurs.

Mignard, lieutenant au 80ᵉ, qui, dans la sortie du 2 octobre, a détruit sous un feu très vif un retranchement occupé par l'ennemi.

Perrault, sous-lieutenant au 1ᵉʳ chasseurs d'Afrique.

Bougon, sous-lieutenant au 5ᵉ chasseurs, blessé à l'épaule d'un coup de feu.

(Ces deux officiers ont exécuté le 2 octobre une brillante charge de cavalerie sur l'ennemi.

Buffa, sergent-major au 80ᵉ.

Renou, sergent au 22ᵉ, blessé de deux coups de feu le 2 octobre.

Scheffer, sergent, au 27ᵉ, blessé le 2 octobre.

Mounier, sergent-major au 4ᵉ régiment d'infanterie de marine.

Brunet, sergent-major au 1ᵉʳ tirailleurs algériens.

Vial, soldat au 22ᵉ de ligne.

Oms, soldat   id.

Barillot, soldat au 27ᵉ de ligne.

Woarick, cavalier de 2ᵉ classe au 5ᵉ chassseurs s'est fait remarquer par son intrépidité dans toutes les sorties.

Brun, cavalier du 1ʳᵉ classe au 5ᵉ chasseurs, blessé d'un coup de feu dans la sortie du 15 septembre.

Genest, chasseur de 2ᵉ classe blessé d'un coup de feu le 2 octobre.

Depierre, cavalier de 2ᵉ classe au 1ᵉʳ chasseurs d'Afrique, blessé d'un coup de feu le 2 octobre.

Ruch, volontaire de Verdun, qui a fait preuve d'une grande bravoure et a été blessé grièvement le 2 octobre.

Verdun, le 6 octobre 1870.

Le Général commandant supérieur,

Baron GUÉRIN DE WALDERSBACH.

N° 12 *(page 215)*.

Extrait des articles d'un journal allemand sur les FORTERESSES FRANÇAISES.

Article : VERDUN.

« Parmi les places que nous avons jusqu'ici inutilement assiégées, le vieux Verdun compte avant toutes. Il est considéré en France comme une forteresse de 1re classe, mais il ne doit point prétendre à ce rang quelqu'énergiquement qu'il se défende, et quelque forts que paraissent ses remparts garnis de bouches à feu.

» Verdun est situé, comme on sait, en Lorraine, mais pas dans le territoire allemand de ce pays : il est bâti au milieu de la gracieuse et fertile vallée de la Meuse, là où ce fleuve commence à courber ses ondes à la navigation. Un vaste cercle de montagnes entoure la ville de plusieurs côtés : l'une de ces montagnes garnie de vignes peut lui porter préjudice et attenter à sa sûreté en raison de la longue portée de nos armes. En outre le fleuve offre dans le voisinage des fortifications des endroits guéables, dont le feu des remparts rendrait le passage difficile, c'est vrai, mais néanmoins pas impossible.

» Il y a quelques années, faisant une excursion du côté du Luxembourg et Longwy, je voulus visiter Verdun. Le chemin par lequel j'y arrivai, descendant des hauteurs, passe au pied d'une colline de vignes. De ces hauteurs je jouis sur la vallée et sur les alentours d'une vue qui s'est ineffaçablement gravée dans ma mémoire. Verdun semblait une forêt de verdure du milieu de laquelle s'élevaient les maisons placées les unes au-dessus des autres comme sur les degrés d'un antique amphithéâtre, le tout couronné par les deux tours du vieux dôme qui, parmi les nombreuses et magnifiques cathédrales de France, ne prend pas le dernier rang.

» La ville elle-même était vivante et animée : on y trouvait une élégante société française qui alors n'avait point cette haine enragée contre les Prussiens qui aujourd'hui y est poussée jusqu'à la démence. J'en fus charmé, et l'impression fut telle que je me décidai à y passer plusieurs jours de plus que ne le comportaient mes plans de voyage, pour mon excursion en Lorraine-Allemande et Alsace.

» Cette idée de rester à Verdun un peu plus longtemps me fut donnée parce que le vin que les environs produisent est d'un crû excellent. En le buvant chacun chante, semblable au Margrave ; il est doux comme l'huile d'olive, et ne cause pas grand dommage d'argent à la bourse. Pour une bouteille pleine de ce vin, je ne payais que 20 centimes, car l'abondance en est si grande en ce pays là, que dans les automnes favorables on remplit un tonneau pour le don d'un autre tonneau vide.

» La population tenait autrefois et tient encore aujourd'hui un peu du caractère Celte-Gaulois : la domination des Germains y a aussi laissé quelques souvenirs, quelques traces.

» Les cafés à Verdun sont nombreux comme dans toutes les villes de France même les plus petites : le café est un gros accessoire ; les habitués s'y réunissent dès le matin et y causent d'affaires.

» Du côté du sud, Verdun a un aspect plus enchanteur encore que du côté du nord. La Meuse s'y partage en deux bras étincelants qui entourent un riant fond de prairie. Sur chaque côté sont différents établissements et lieux de plaisirs ; et dans le fond se trouvent les masses imposantes de la citadelle, du palais épiscopal et de la cathédrale. De la grande et belle esplanade de la Roche, entre la citadelle et le palais épiscopal, l'œil erre au loin dans la gracieuse et fertile vallée de la Meuse.

» N'importe sur quel point on porte ses regards, on ne voit qu'abondance et prospérité. A côté de cela on retrouve aussi certaines traces qui prouvent la haute antiquité de cette ville habitée à présent par environ 13,000 hommes.

» En effet, déjà sous la domination romaine le Verdun d'aujourd'hui avait gloire et nom. Mais pour nous, Allemands, il ne s'y rattache qu'un souvenir de nos années de classes. A Verdun, comme on le sait, les trois fils de Louis-le-Débonnaire conclurent un traité par lequel ils se partagèrent le royaume que leur père leur avait légué en commun. Louis-le-Germanique prit l'Allemagne proprement dite jusqu'au Rhin. Lothaire eut pour sa part, avec l'Italie, la Gaule orientale, c'est-à-dire tout le pays borné à l'est par le Rhin et les Alpes, à l'ouest par l'Escaut, la Moyenne et la Haute-Meuse, la Saône et le Rhône ; Lyon lui appartint. Charles eut tout le reste de la Gaule (1).

» De ce traité de Verdun il résulta que la France germanique se transforma peu à peu en France Romano-Celtique, et par cette transformation cette France (des bords du Rhin) oubliant son origine allemande, a fait naître la haine de races qui, dans le cours des temps, est devenue de plus en plus profonde entre les Allemands et les Français ; haine que

---

(1) Le traité de Verdun fut conclu en août 843.
Par suite de ce traité, Lothaire, qui avait le titre d'Empereur, régna sur toute la rive gauche du Rhin, dont la vieille Austrasie était le centre. La Lorraine, *Lotharingie*, tire son nom de ce Lothaire. Au moyen-âge nos pays relevaient de l'Empire.

du côté de ces derniers, dans le moment actuel, dégénère en démence (1).

» .... En 983, l'Empereur Othon III donne aux Evêques de Verdun le titre de prince de l'Empire. Le 58ᵉ évêque, Jacques-de-Troyes, est nommé pape... Henry II, roi de France, détache Verdun de l'Allemagne en 1552. Dix-sept ans plus tard ses ravisseurs donnent à cette ville une citadelle. L'illustre général-ingénieur de Louis XIV, Vauban, donne à Verdun la ceinture de ses remparts et de ses bastions.

» Comme beaucoup d'autres villes, Verdun paraît avoir joui au moyen-âge d'une plus grande prospérité et d'une plus grande étendue que de nos jours....

» Pendant la Révolution de 93, une vieille femme s'exposa au danger d'être guillotinée pour enlever et cacher la statue miraculeuse de la Vierge, patronne de l'Eglise, qui était dans la cathédrale. Ce ne fut que sous Napoléon Iᵉʳ que la sainte image du Dôme lui fut rendue en solennité.

» Après un bombardement qui ne dura que quinze heures, les Prussiens entrèrent à Verdun en 1792.... A vrai dire la place ne pouvait pas tenir plus longtemps...... Lors de l'entrée des Prussiens dans Verdun se passa un épisode qui ajoute aux pages odieuses de la première Révolution française.

» Verdun était autrefois et est encore aujourd'hui une douce ville, c'est-à-dire que ses habitants, dans leur sage génie, s'appliquent à la fabrication d'excellentes liqueurs et confiseries. Afin de bien disposer en faveur de la Ville le roi de Prusse, Frédéric-Guillaume III que l'on tenait pour un gourmet, on crut devoir lui députer un nombre choisi des plus belles Dames de Verdun appartenant au parti royaliste et lui offrir quelques-unes de ces douceurs.... On dit que le corps des officiers prussiens invita les nobles donatrices à un bal brillant organisé pour elles. Mais cette histoire peut-être considérée comme peu exacte, et le vrai c'est qu'un petit nombre de Dames et de Messieurs, après la reddition de la Place, se sont rendus au camp prussien pour le visiter...............

(1) Je crois que l'intelligent Auteur de cet article apprécie parfaitement, dans les cinq lignes que je viens de citer, les dispositions de l'ancienne France-Germanique, c'est-à-dire des pays rive gauche du Rhin, vis-à-vis de l'Allemagne, c'est-à-dire vis-à-vis des pays rive droite du Rhin.

Le Journal allemand que nous citons donne ici quelques détails, qu'il est inutile de reproduire, sur les *Vierges de Verdun* et sur les Prisonniers anglais qui séjournèrent dans notre Ville de 1803 à 1814 : puis il termine ainsi :

» **Les Bourbons et Louis-Napoléon** acheminèrent leur attention vers les travaux de fortifications de la place de Verdun. *Cela n'a pas été sans résultat comme le prouvent les efforts, jusqu'à présent infructueux, que nos troupes ont faits pour s'emparer de ce petit nid devant lequel elles campent depuis plusieurs semaines sans pouvoir l'amener à capituler.* »

N° 13 (page 219).

Paroles du commandant Commeaux sur la tombe du lieutenant d'Audignac.

» Mes chers camarades,

» Une touchante et douloureuse cérémonie nous rassemble : nous
» venons rendre les derniers devoirs à notre bien-aimé camarade d'Au-
» dignac.

» Quoique depuis peu de temps parmi nous, il était déjà entouré de
» notre estime et de notre affection.

» A peine échappé au désastre de Sedan, il était attaché à la 5ᵉ bat-
» terie de l'artillerie de la mobile ; et à l'attaque du 26 septembre, il s'y
» faisait déjà remarquer par sa bravoure et son intelligence.

» Pendant les mémorables journées des 13, 14 et 15 octobre, il
» commandait le feu d'une partie de la batterie ; et c'est sur la brèche,
» en examinant la portée et la direction de ses coups, qu'il a été décapité
» par un boulet.

» Pour perpétuer sa mémoire, le Général commandant supérieur a
» accordé qu'il fut inhumé dans le lieu où il avait trouvé une mort si
» glorieuse ; puis il a décidé que l'ouvrage conserverait, dans les archives
» du génie, le n° 65, mais qu'il s'appellerait à l'avenir *Bastion d'Au-
» dignac.*

» Adieu, brave camarade, nos souvenirs et nos pleurs t'accompa-
» gneront. »

(N° 14 (page 219).

ORDRE.

Le Général commandant supérieur en vertu des pouvoirs que lui confère l'état de siége et pour récompenser la belle conduite de la garde nationale et de l'armée et particulièrement de l'artillerie pendant le bombardement des 13, 14 et 15 octobre, nomme provisoirement, savoir :

Au grade de sous-lieutenant :

57e de ligne, MM. *Collin*, sergent-major au corps ; — *Rivas*, adjudant au corps.

80e de ligne, *Mangin*, sergent au corps.

Chasseurs à pied, *Maimbourg*, sergent-major au 19e bataillon.

Tirailleurs algériens, *Brunet*, sergent-major au 1er régiment.

4e d'artillerie, *Hognon*, maréchal-des-logis-chef au 8e.

1er du train d'artillerie, *Mayonner*, maréchal-des-logis-chef au corps ; — Génie, M. *Angéli*, sergent-major au 2e régiment. A la 1re classe de son grade, M. *Lemasson*, gardien de batterie de 2e classe. Au grade de garde de 2e classe du génie, M. *Hulo*, sergent au 2e régiment. A la première classe de son grade, M. *Chartier*, médecin-major de 2e classe.

DANS L'ORDRE DE LA LÉGION D'HONNEUR.

Au grade d'officier :

MM. *Godfroy*, capitaine au corps d'état-major ; — *Bergère*, capitaine en 1er au 4e d'artillerie ; — *Matha*, capitaine à la 2e batterie d'artillerie de la mobile ; *Lagarde*, médecin de 1re classe de la marine, médecin en chef de l'ambulance de l'Evêché.

Au grade de chevalier :

MM. *Pothé*, capitaine de gendarmerie ; — *Colomb*, capitaine au 80e ; — *Chadenet (Félix)* et *Benoit-Fandeur*, lieutenants d'artillerie de la garde nationale sédentaire ; — *Baudens*, lieutenant en 1er au 4e d'artillerie ; — *Lamarrigue*, maréchal-des-logis au 8e ; — *Lorgeré*, capitaine en 2e au 9e ; — *Vimard*, maréchal-des-logis à la 3e batterie d'artillerie mobile ; — *Clévert*, lieutenant au 1er régiment du train d'artillerie ; — *Rangé*, sergent au 1er du génie ; — *Schœffel*, médecin-major de 2e classe au 38e.

Médailles militaires :

Infanterie de la garde nationale sédentaire, MM. *Gillon*, sergent-major ; — *Lech*, *Joffin* et *Philippe*, gardes.

Gendarmerie, MM. *Heininger*, brigadier ; — *Metternich*, *Foissier*, et *Lognon*, gendarmes.

57e de ligne, MM. *Broc*, sergent-major blessé ; — *Filliatre*, sergent blessé ; — *Hugonin*, soldat blessé et amputé.

80e de ligne, MM. *Nicolas*, sergent ; — *Gilbert*, caporal ; — *Eck*, soldat.

2e zouaves, MM. *Lefebvre* et *Larzillière*, sergents.

2e tirailleurs algériens, MM. *Magnin* et *Sicart*, sergents-majors ; — *Mahomet-ben-Safia*, sergent.

Infanterie de la garde mobile, MM. *Thirion* et *Breton*, sergents.

Artillerie de la garde nationale sédentaire, MM. *Villant* (Louis-Philippe), maréchal-des-logis.

2e d'artillerie, M. *Dubois*, maréchal-des-logis.

4e d'artillerie, M. *Roger*, maréchal-des-logis.

6e d'artillerie, M. *Clémenson*, 1er servant.

7e d'artillerie, M. *Ory*, adjudant.

8e d'artillerie, M. *Jarno*, maréchal-des-logis.

20e d'artillerie, M. *Balaguère*, adjudant.

Régiment d'artillerie de marine, MM. *Detournemine*, brigadier ; — *Cordier*, maréchal-des-logis.

Artillerie de la garde mobile, MM. *Vautrin*, *Letureq* et *Privat*, maréchaux-des-logis ; — *Viard*, 2e canonnier.

1er régiment du train d'artillerie, MM. *Chamarande*, adjudant, — *Robin*, maréchal-des-logis-chef ; — *Paradis*, maréchal-des-logis ; — *Blanchet*, *Garrigues*, *Fournier*, *Barillec*, cavaliers.

2e régiment du train d'artillerie, *Terrasson*, maréchal-des-logis ; — *Lemercier*, brigadier-fourrier.

Génie, *Brémond*, sergent ; — *Horric*, caporal ; — *Waldersberger*, sapeur.

5e régiment de chasseurs, *Collin*, maréchal-des-logis-chef ; — *Souron*, maréchal-des-logis ; — *Voarick*, cavalier.

Médailles d'honneur accordées aux sapeurs-pompiers :

MM. *Laidbœur*, lieutenant ; — *Lanu*, sergent ; — *Maré* et *Masse*, sapeurs, — *Pierrard*, sapeur porte-hache.

CITATIONS SPÉCIALES.

Infanterie de la garde nationale sédentaire, MM. *Loison*, lieutenant; — *Saintignon*, sergent-major.

Infanterie de la mobile, M. *de Ligniville*, chef du 2ᵉ bataillon.

Artillerie, MM. *Dubuisson*, lieutenant au 10ᵉ; *Janvier*, sous-lieutenant au 4ᵉ.

1ᵉʳ régiment du train d'artillerie, M. *Boulade*, capitaine-commandant.

Génie, MM. *Bussière*, capitaine; *Renauld*, garde principal; — *Mazilier*, lieutenant auxiliaire.

Doivent encore être cités :

Infanterie de la garde nationale sédentaire, MM. le lieutenant *Eyckermans*; — les sous-lieutenants *Barret* et *Jeantin*; — l'adjudant *Legeay*; — le sergent-fourrier *Boquillon*; — le caporal *Cattant*; — les gardes *Husson*, *Bernard*, *Conreux*, *Mauvais*, *Pein*, *Lamarre*, *Royer*, *Vrillacq* et *Daraud*.

Sapeurs-pompiers, le lieutenant *Latrompette*; — le sous-lieutenant *Cicile*; le sergent-fourrier *Robert-Robin*; — les sergents *Lagrue* et *Roche*; le caporal *Martin*.

57ᵉ de ligne, le sous-lieutenant *Phélix*; — les sergents *Beck* et *Cernesson*; — le soldat *Gibot*; — les sergents-majors subsistants, *Picquot* et *Lestage*, blessés mortellement.

18ᵉ de ligne, le soldat *Beaujeu*.

27ᵉ de ligne, les sergents *Caury* et *Boille*; — le caporal *Legrand*.

50ᵉ de ligne, le soldat *Fercoq*.

54ᵉ de ligne, le soldat *Lugand*.

80ᵉ de ligne, le sergent-major *Laporte*; — les soldats *Bruno*, *Blanchot* et *Salvan*.

3ᵉ de l'infanterie de marine, le soldat *Neuillac*.

1ᵉʳ zouaves, le soldat *Fabre*.

3ᵉ zouaves, le sous-lieutenant *Delabroix*; les sergents *Lepage* et *Lapalu*; — le soldat *Forster*.

1ᵉʳ bataillon de chasseurs, le caporal *Adrot*.

13ᵉ bataillon de chasseurs, le caporal-fourrier *Rincheval*.

1ᵉʳ régiment de tirailleurs, le sergent *Guérin*.

2ᵉ régiment de tirailleurs, le sergent *Salvetti*.

Infanterie de la garde nationale mobile, les capitaines *Portenseigne*,

Pierson, *Félix Collin*, *Manson* et *Larzillière*; — le capitaine-adjudant-major *Chaufour*; — le sous-lieutenant *Balthazard*; — le médecin aide-major, *Magnant*; — le sergent-major *Louis*; — les sergents *Boutillot*, *Dekers* et *Aubars*; — les gardes *Goguet*, *Baudot* et *Barthélemy*.

Gendarmerie, les gendarmes *Guerinos*, *Menges*, *Parmentier*, *Lucot* et *Miguet*.

Artillerie de la garde nationale mobile sédentaire, le lieutenant en 1er *Antoine*; — les maréchaux-des-logis *Marchal* et *Gueld*; — le brigadier *Pierrot*; — les artilleurs *Fandeur* (Jules), *Hiblot*, *Loiseau*, *Dony*, *Thézard*, *Verdier*, *Pierron*, *Braquet* (blessé), *Guy*, *Gérardin*, *Bazinet*, *Baudot*, *Démoget* (Louis), *Hilaire*.

Artillerie : 2e régiment, *Etscheberry*, brigadier; — 4e régiment, *Quantin*, brigadier, et *Deram*, artificier; — 8e rég., *Valogne*, adjudant; *Caillez* et *Eberhard*, servants; *Gell*, artificier; — 10e rég., *Fidry*, adjudant; *Majesté*, maréchal-des-logis-fourrier; 11e rég., *Pélus*, maréchal-des-logis-chef; — 20e rég., *Masson*, maréchal-des-logis.

Artillerie de marine, *Raffin*, canonnier; — *Collet*, gardien de batterie.

Artillerie de la garde nationale mobile, les lieutenants *Chadenet*, *Magisson*, *Neucourt*, *Lagrue*; — les adjudants *Vinaty* et *Fromieux*; — les maréchaux-des-logis *Charinet* et *Garaudel*; — le brigadier-fourrier *Bloqué*; — le brigadier *Husson*; — les artificiers *Richier* et *Collin*; — les canonniers *Gille*, *Labbé*, *Vieillard* et *Hacquart*.

1er régiment du train d'artillerie, 11e compagnie *bis*, le maréchal-des-logis-fourrier *Meilland*; — les brigadiers *Christophe*, *Paris*, *Sanquin*, *Cusin*, *Valmy*; — le trompette *Hanse*; — les cavaliers *Champiré*, *André*, *Domergues*, *Moineau*, *Missonnier*, *Delame*, *Ribeaucourt*, *Raymond*. — 15e compagnie *bis*, les brigadiers *Coquille* et *Lelièvre*; — les cavaliers *Leloc*, *Ledanglozé* et *Lerue*; — 16e compagnie *bis*, les cavaliers *Augeraud* et *Stanzel*.

2e régiment du train d'artillerie, le maréchal-des-logis *Aubertin*; — le trompette *Chassotte*.

5e régiment de chasseurs, les maréchaux-des-logis *Fellotte* et *Josselin*; — le brigadier *Gauthier*; — les cavaliers *Clapisson*, *Leroy* et *de Malherbe*; — l'enfant de troupe *Rolle*.

Génie, les sergents *Beau* et *Maillot*; les sapeurs *Curtet*, *Munier* et *Lemoine;* — les mineurs *Prévot* et *Leroux;* — l'artificier auxiliaire *Roger.*

Ambulances, les élèves en médecine, *Robin* et *Wachi.*

Services civils, *Détaint*, directeur du télégraphe, homme dévoué, resté à son poste, malgré la destruction partielle de sa maison par le feu de l'ennemi.

Leray, employé au télégraphe de la citadelle, a été enseveli dans son poste, et, malgré ses blessures et la perte de sa femme, tuée à ses côtés, a continué son service.

Renaud-Paquin s'est distingué dans l'incendie de Saint-Maur; — *Marie Leblanc* a distribué des secours aux artilleurs sur les remparts, pendant le bombardement; — *Rieger*, employé du génie; — *Gille*, gendarme en retraite; — *Drobert*, maçon.

Le Général commandant supérieur remercie MM. les chefs de corps et de service du concours qu'ils lui ont prêté pendant les journées des 13, 14 et 15, ainsi que :

MM. *Villet, Pein, Pierre, Barbier, Dony, Barbier* (Emile), *Denizet, Dommartin, Beaudot, Guy, Bouilly, Pasquin* et les maréchaux-des-logis *Mortuveux* et *Meunier*, guetteurs à la tour de l'Observatoire, pour leur dévouement et les services qu'ils ont rendus depuis l'investissement de la place.

Verdun, 17 octobre 1870.
Le Général commandant supérieur,
Bon Guérin de Waldersbach.

N° 15 (*page* 238).

ORDRE.

Le Général commandant supérieur accorde les récompenses suivantes aux militaires dont les noms suivent, qui se sont distingués par leur bravoure dans la sortie de la nuit du 19 au 20 octobre pour enclouer les canons de l'ennemi.

Nomination au grade de sous-lieutenant :

M. *Moutaux*, sergent-major au 2e régiment de tirailleurs, guide d'une escouade d'encloueurs, les a conduits avec sûreté jusque sur les batteries qui lui étaient désignées.

Au grade de chevalier de la Légion-d'Honneur :

M. *Juneau*, capitaine des volontaires, commandant la compagnie de zouaves et chasseurs qui devait soutenir les encloueurs

M. *Gosselin*, maréchal-des-logis au 4ᵉ d'artillerie, déjà médaillé, et proposé au régiment; sous-officier énergique et très-courageux.

M. *Pierre*, propriétaire, courageux et dévoué, a accepté avec empressement de conduire une des escouades d'encloueurs dans les batteries qui lui étaient désignées ; s'est acquitté brillamment de sa mission.

Médailles militaires :

MM. *Juge* (Josué) sergent au 61ᵉ de ligne ; — *Samoël* (Emile), soldat au 8ᵉ bataillon de chasseurs, blessé grièvement ; — *Malpère*, artificier au 4ᵉ, très-brave en toutes circonstances ; *Dupont*, 1ᵉʳ servant au 6ᵉ, a encloué plusieurs pièces ; *Claudon*, maréchal-des-logis au 4ᵉ, très-vigoureux, chef d'une escouade d'encloueurs ; — *Deram*, artificier au 4ᵉ, a encloué plusieurs pièces ; — *Gillet-Grive*, 1ᵉʳ servant au 4ᵉ, a encloué plusieurs pièces ; — *Lannes*, sergent du génie, entré l'un des premier, dans une batterie, a fait un prisonnier ; — *Curtet*, sapeur-mineur, a franchi la batterie en tête avec les artilleurs, et s'est emparé de suite d'un faisceau de fusils.

Citations.

MM. *Commeaux*, chef d'escadron d'artillerie ; — *Boulangé*, lieutenant colonel du génie, remarquables par leur bravoure, leur courage et leur dévouement dans toutes les attaques ; ont organisé les détachements destinés à la sortie.

Citations pour avoir encloué des pièces.

MM. *Gosselin* et *Claudon*, maréchaux-des-logis au 4ᵉ d'artillerie ; — *Chapelier*, brigadier au 7ᵉ ; — *Poulet*, trompette au 4ᵉ ; — *Malpeyre*, *Jicher*, *Gillet-Grive*, *Deram*, *Mangin*, artilleurs au 4ᵉ ; — *Dupont*, 1ᵉʳ servant au 6ᵉ ; — *Caillez*, 2ᵉ servant au 8ᵉ ; — *Valzer*, artilleur au 11ᵉ ; — *Vébeu*, artilleur au 20ᵉ.

Doivent encore être cités :

MM. *Petit*, sous-lieutenant de volontaires, attaché à la compagnie franche ; — *Flory*, sergent au 2ᵉ zouaves ; — *Jacquart*, sergent au 1ᵉʳ zouaves ; — *Sarrante*, sergent au 19ᵉ bataillon de chasseurs ; —

Crétin, sergent au 6ᵉ ; — *Martegoutte*, sergent au 14ᵉ ; — *Rhill*, caporal au 1ᵉʳ zouaves ; — *Pujo*, soldat au 3ᵉ zouaves, blessé ; — *Lafond*, sergent au 1ᵉʳ tirailleurs.

Artillerie : MM. *Descheler, Meunier, Dony, Herbin, Noël, Vaizon.*

Génie : MM. *Hulot*, sergent, déjà récompensé pour sa conduite ; — *Vandelbeyer*, sapeur ; — *Maillols*, sergent ; — *Curtet*, sapeur ; — *Meunier, Tessier* et *Lemoine*, sapeurs,

Supplément a l'ordre du 17 octobre 1870.

Etat-major de la place.

M. *Vallet*, portier-consigne de 1ʳᵉ classe, est nommé chevalier de la Légion-d'Honneur.

M. *Loth*, portier-consigne de 3ᵉ classe, est nommé à la 2ᵉ classe.

Sont cités pour leur dévouement :

MM. *Jégou* et *Gariel*, capitaines ; — *Larzillière*, lieutenant-secrétaire-archiviste.

Sapeurs-pompiers.

Le Général commandant supérieur accorde la médaille militaire à MM. *Masse* et *Pierrard*, sapeurs, et *Lanu*, sergent, auxquels il avait accordé une *médaille d'honneur* par ordre du 17 octobre.

N° 16 *(page 250).*

Paroles de M. F. Chadenet, sur la tombe de F. Lamarre.

Messieurs,

Le deuxième peloton de l'artillerie de la garde nationale sédentaire, ne peut laisser fermer la tombe de Lamarre, sans qu'un de ses amis ne prenne la parole et ne lui adresse un dernier adieu, au nom de ses frères d'armes.

Lamarre était un bon patriote ; dès le début de la guerre, il s'était enrôlé comme volontaire pour défendre sa patrie et notre vaillante cité.

Non-seulement, il a toujours combattu en brave, mais il a aussi largement contribué aux travaux de l'armement de notre bastion et de la place.

Il fut frappé par une balle, dans une glorieuse sortie, qu'il fit avec la compagnie des Carabiniers, dont il faisait également partie ; il a succombé à cette blessure qui d'abord avait paru peu dangereuse.

Déplorons donc la perte de ce courageux soldat, et faisons des vœux pour que sa famille trouve une consolation dans la distinction dont il a été honoré en recevant la croix de la Légion-d'Honneur, et dans les regrets unanimes que ce jeune homme laisse à Verdun.

Adieu, Lamarre, Adieu.

N° 17 (page 266) (1).

Quelques détails sur les ambulances. — Noms des hommes de notre garnison tués ou morts de leurs blessures pendant le siége.

1° AMBULANCES.

Ambulance de l'Evêché. Cette ambulance, aussi appelée, du Grand-Séminaire, reçut 228 malades depuis le 18 août jusqu'au 9 novembre. Parmi ces 228 malades il y eut 159 blessés et 69 fiévreux. Ces fiévreux y venaient de l'hôpital St-Nicolas où il y avait encombrement : jamais cependant on ne transporta à l'Evêché d'hommes atteints de maladies contagieuses.

Parmi les 159 blessés, 138 appartenaient à l'armée française et avaient été frappés sur les remparts, ou sur les divers champs de combat autour de Verdun. 21 étaient Allemands et avaient été blessés et pris en diverses sorties ; disons-le en passant, nous avons fait 569 prisonniers de nationalité allemande. Ils étaient enfermés à la prison civile de la rue de Rue, et les malades étaient soignés à l'hôpital St-Nicolas.

Les blessés français se peuvent répartir comme il suit : 124 caporaux et soldats, 10 sous-officiers et 4 officiers. Les officiers blessés sont MM. Delort et Bougon dont nous avons déjà parlé ; Duvivier, lieutenant de la mobile, blessé le 18 octobre, et Mangenot, de St-Mihiel, lieutenant au 57e, blessé le 28 octobre. Trois autres officiers furent blessés, l'un le 24 août et les deux autres dans les incendies, mais n'entrèrent pas à l'ambulance.

De 138 blessés, 20 moururent de leurs blessures à l'ambulance, soit le jour même de leur entrée soit quelques jours après.

Les blessés qui sortirent les derniers de l'ambulance, au 31 mars 1871, après 154 jours, furent le lieutenant Mangenot, le maréchal-des-logis Maupin, du 1ᵉʳ régiment du train d'artillerie, les soldats Geindrey et Dunier du même régiment, et le tambour Herbaut du 57ᵉ de ligne, tous blessés le 28 octobre.

« Cette ambulance, écrit le docteur Lagarde, avait été admirablement organisée dans les splendides bâtiments de l'Evêché et du Grand-Séminaire. Les attentions si minutieuses, si délicates, je dirais volontiers si fraternelles que le Comité a su apporter dans tous les détails de son œuvre bienfaisante; la profusion avec laquelle il a toujours mis à ma disposition les secours de tous genres dont je pouvais avoir besoin; la grandeur et la magnificence des salles où circulait librement un air sain et pur; l'admirable situation des chambres destinées aux blessés les plus gravement atteints; enfin des collaborateurs intelligents et dévoués, me plaçaient dans des conditions exceptionnellement heureuses pour mener à bonne fin toutes les blessures que j'allais avoir à soigner.

» Aussi ma conscience m'aurait reproché de n'avoir pas recours à la chirurgie conservatrice, cette chirurgie de l'avenir. Je n'ai pratiqué qu'une seule amputation après blessure, et encore ai-je eu lieu de m'en repentir. J'ai vu guérir entre mes mains, après 6 mois de soins il est vrai, des hommes ayant la cuisse brisée par une balle. J'ai conservé sous l'eau, pendant 40 et 50 jours, des mains et des pieds horriblement mutilés et je les ai vus non-seulement guéris, mais retrouvant toutes leurs fonctions. J'ai conservé un bras dont l'os avait été fracturé par une balle à sa partie supérieure et l'artère humérale coupée. » Enfin, sur les 139 blessés qui ont été admis à l'ambulance, *pas un seul* n'a éprouvé les accidents si redoutables qui accompagnent trop souvent les lésions graves de ce genre; je n'ai pas eu à constater *un seul cas* de résorption purulente, d'érysipèle, de gangrène ou de pourriture d'hôpital, etc. Je le répète, ces succès sont dûs aux conditions hygiéniques, au milieu réconfortant où les circonstances avaient placé nos blessés, et un peu aussi sans doute à l'emploi méthodique de l'eau froide, des pansements à l'alcool et du régime tonique auquel je pouvais les soumettre (1). »

Quelques jeunes gens de la Ville s'offrirent spontanément pour soi-

(1) *Notes* de M. le docteur Lagarde.

gner et panser les blessés et les malades à l'Evêché. Parmi eux nous devons signaler avec éloge MM. Auguste Basinet et G. Ranouille, qui du premier jour au dernier, ne quittèrent pas un moment les salles de l'ambulance. On se dévoue au chevet d'un mourant tout aussi bien que sur la plate-forme d'une batterie.

Le général Guérin rendit hommage aux Dames de Verdun, patronesses des ambulances, par une lettre adressée à Mme Catoire de Moulainville, présidente, lettre dans laquelle il les remerciait « pour l'intérêt qu'elles portent à ses hommes et pour toutes les bontés qu'elles ont pour eux. »

On dépensa pour l'ambulance de l'Evêché la somme considérable de 20 à 21 mille francs, dons de la patriotique générosité des habitants de Verdun et des environs.

Petit-Séminaire : St-Nicolas : Maisons particulières. L'ambulance du Petit-Séminaire fut organisée par l'administration militaire, dans les premiers jours d'octobre, et dirigée par un capitaine du 80e, M. Boucheseige ; les médecins militaires étaient MM. Schœffel et Chartier; le pharmacien était M. Em. Heulot, dont l'intelligence et l'activité furent remarquées. Cette ambulance reçut une centaine de malades de toutes sortes parmi lesquels 25 à 30 blessés. Parmi les blessés 8 ou 9 y moururent : nous en ignorons le nombre exact. Elle fut évacuée le 13 novembre et ses malades transportés à l'hôpital St-Nicolas.

L'hôpital St-Nicolas, uniquement destiné aux malades militaires, en reçut pendant la guerre 960, parmi lesquels 930 malades de tous genres ou contusionnés, et 30 blessés par armes de guerre.

Des 930 malades, 83 moururent : des 30 blessés 7 moururent, ce qui porte à 90 le nombre des soldats morts à l'hôpital Saint-Nicolas, du 1er août au 30 décembre.

Les trois maladies épidémiques et contagieuses qui firent, pendant le siége, le plus de ravages dans notre garnison, et même dans la population civile, furent le typhus, la variole et la dyssenterie.

Les médecins et chirurgiens de l'hôpital St-Nicolas, dont le dévoucment mérite aussi des éloges, étaient MM. Madin et Neucourt, Labarre et Péridon : ce dernier eut à la fin le double service chirurgical et médical.

Deux maisons particulières, abandonnées pendant le siége par leurs propriétaires, furent aussi converties en ambulances pour les convalescents.

L'une, rue de l'Hôtel-de-Ville, recevait ceux du Petit-Séminaire ; l'autre, place de la Cathédrale, recevait ceux de l'Evêché.

II° SOLDATS TUÉS OU MORTS DE LEURS BLESSURES.

1. Ernest Rabut, âgé de 23 ans, garde national, tué le 24 août. — 2. F.-A. Henner, garde national, âgé de 47 ans, tué le 24 août. — 3. P.-G. Lintz, garde national, âgé de 25 ans, tué le 24 août. — 4. Henri Baudard, âgé de 16 ans, tué sur le rempart le 24 août. — 5. Alfred Hugot, âgé de 23 ans, garde mobile du canton de Triaucourt, tué le 24 août. — 6. Pierre Lacaminade, âgé de 26 ans, du 80ᵉ de ligne, tué le 24 août. — 7. Jean-Louis Périn, âgé de 52 ans, garde national, blessé le 24 août, mort le 30. — 8. Adolphe Lévy, âgé de 31 ans, garde national, blessé le 24 août, mort le 5 septembre. — 9. Nicolas Harquin, de Fresnes (Meuse), âgé de 62 ans, civil, tué le 9 septembre à Regret où il était cantonnier. — 10. François Pappon, âgé de 29 ans, du 80ᵉ, blessé le 10 septembre, mort le 12. — 11. Auguste-Emile Lavaux, âgé de 25 ans, mobile, natif de Xivray-Marvoisin, blessé le 21 septembre et mort le 24. — 12. J.-B.-Benoît Fréville, âgé de 22 ans, sous-officier du 1ᵉʳ régiment du train d'artillerie, tué le 26 septembre. — 13. Jean-Ernest Dupuy, âgé de 23 ans, de l'artillerie de la mobile, tué le 26 septembre. — 14. César Vauquier, âgé de 23 ans, du 5ᵉ d'artillerie, tué le 26 septembre. — 15. Mathieu Heuré, du 14ᵉ de ligne, incorporé au 57ᵉ, tué le 26 septembre. — 16. Pierre-Auguste Dehaye, capitaine du génie, âgé de 45 ans, tué le 26 septembre. — 17. Louis Colle, du 2ᵉ régiment du train d'artillerie, blessé le 26 septembre, mort le 3 octobre. — 18. Henri Parisot, âgé de 23 ans, mobile, tué le 2 octobre. — 19. Célestin Calmet, du 22ᵉ de ligne, incorporé au 80ᵉ, tué le 2 octobre. — 19. André Epistalier, du 22ᵉ de ligne, incorporé au 80ᵉ, tué le 2 octobre. — 21. N..., du 80ᵉ, tué le 1 octobre, relevé par l'ennemi et enterré à Bras. — 22. N..., du 80ᵉ, tué le 2 octobre, relevé par l'ennemi et enterré à Bras. — 23. Renou, sergent au 80ᵉ, blessé le 2 octobre, mort le 5 et enterré à Bras. — 24. Jean Geneste, du 5ᵉ chasseurs à cheval, âgé de 26 ans, blesssé le 2 octobre et mort le 9. — 25. Jean-Nicolas Paquin, de Belleville, âgé de 65 ans, blessé le 6 octobre en travaillant à sa vigne, mort le 10. — 26. Théophile Neuillac, du 3ᵉ régiment d'infanterie de marine, blessé le 11 octobre, mort le 23. — 27. Ambroise Grandjean, mobile, tué et enterré à Thierville le 11 octobre. — 28. N..., du 80ᵉ, tué et

enterré à Thierville le 11 octobre. — 29. René d'Audignac. — 30. Blanc. — 31. Rousselot. — 32. Regnauld. — 33. Destage ou Lestage, sergent-major. — 34. Picot, sergent-major. — 35. De Guerville. — 36. Dulong. —37. Mazet. — 38. Royer. — 39. Hervier. — 40. Pinchon. — 41. Gervais. — 42. Goguet. — 43. Landry. — 44. Jean. (Voir, pour ceux là, à la page 210 de cette histoire). — 45. Gabriel-Louis Lagrange, du 1er régiment du train d'artillerie, tué le 13 ou le 14 octobre. — 46. Xavier Straëlber, du 1er régiment du train d'artillerie, tué le 13 ou le 14 octobre. — 47. Tourre, du 1er régiment du train d'artillerie, tué le 13 ou le 14 octobre. — 48. N..., de l'artillerie, tué le 13 ou le 14 octobre. —49. N..., du 57e, brûlé le 13 octobre à la citadelle. — 50. N..., du 57e, brûlé le 13 à la citadelle. — 51. N..., de l'artillerie, tué le 13 octobre. — 52. Nicolas Lepan, de l'infanterie de marine, blessé le 13, mort quelques jours après, âgé de 31 ans, né à Demange-aux-Eaux (Meuse). — 53. Delgendre, du 19e bataillon de chasseurs, clairon aux compagnies franches, tué dans la nuit du 19 au 20 octobre. — 54. Bernard, du 8e bataillon de chasseurs, soldat aux compagnies franches, disparu, supposé tué dans la même nuit. —55. Albert Phélix, sous-lieutenant au 57e, tué le 28 octobre. — 56. Ferdinand Lamarre, des Carabiniers verdunois, tué le 28 octobre. — 57. Félix Lécrivain, des Cadets verdunois, tué le 28 octobre. — 58. Finelli, sergent. — 59. Fercoq, sergent. — 60. Jules Cernesson, sergent. — 61. Cumont, caporal. — 62. Berthaumieux, soldat. — 63. Labriet, soldat. — 64. Eurilier, soldat, tous du 57e, tués le 28 octobre. — 65. Charles-Joseph Cagnon, âgé de 33 ans, maréchal-des-logis. — 66. Bourbon, cavalier. — 67. Louis Schénel, cavalier, âgé de 25 ans. — 68. Paul-Auguste Thirel, âgé de 29 ans, tous du 5e chasseurs, tués le 28 octobre. — 69. Rolland, maréchal-des-logis au 1er régiment du train d'artillerie, tué le 28 octobre. — 70. N..., chasseur à pied, soldat aux compagnies franches, tué le 28 octobre et enterré à Thierville. — 71. Gabriel-Emile Charruel, mobile, tué le 28 octobre et enterré à Regret. — 72. Ernest-Eugène Dupont, mobile, tué le 28 octobre, enterré à Regret. —73. D. Adassus, du 57e, blessé le 28 oct., mort le 20 novembre. —74. Prosper Fandeur, du 57e, né à Verdun, blessé le 28 octobre, mort le 30. — 75. Victor-Eugène Delor, maréchal-des-logis au 5e chasseurs, né à Moulins (Allier), blessé le 28 octobre, mort le 6 novembre. — 76. Edmond Labille, du 57e, âgé de 18 ans, né à Paris, blessé le 28 octobre, mort le 7 décembre. — 77.

Jean Dufort, du 57ᵉ, âgé de 26 ans, blessé le 28 octobre, mort le 30. — 78. Fortuné Payerne, du 10 bataillon de chasseurs, soldat aux compagnies franches, blessé le 28 octobre, mort le 31. — 79. Charles-Marie-Paul Bastien, du 5ᵉ chasseurs, blessé le 28 octobre, mort le 20 novembre. — 80. Augustin Méteau, âgé de 26 ans, du 1ᵉʳ régiment du train d'artillerie, blessé le 28 octobre, mort le 6 novembre. — 81. Victor Lainé, âgé de 27 ans, du 57ᵉ, blessé le 28 octobre, mort le 2 novembre. — 82. François Dufour, âgé de 22 ans, du 57ᵉ, blessé le 28 octobre, mort le 18 novembre. — 83. Jean-B. Lagrue, âgé de 30 ans, des sapeurs-pompiers, tué le 8 novembre. — 84. Louis-Gustave Lallemand, âgé de 33 ans, garde national, tué le 8 novembre. — 85. Nicolas Evrard, âgé de 72 ans, tué le 24 août dans la rue. — 86. Joseph Gülgemann, âgé de 43 ans, tué le 24 août au Grand-Séminaire. — 87. Marie Saillet, âgée de 35 ans, tuée le 24 août au Grand-Séminaire. — 88. Marie Mélia, âgée de 37 ans, femme de Mathieu Daniéri, tuée le 14 octobre. — 89. Françoise Martin, âgée de 20 ans, femme de Julien-Eugène Leray, tuée le 14 octobre. — 90. Tirailleur algérien trouvé mort le 28 octobre.

Ainsi nous avons eu 90 personnes tuées ou mortes de leurs blessures pendant le siége de Verdun. Savoir : 3 femmes, 3 bourgeois non armés, et 84 combattants, soldats, gardes nationaux ou mobiles.

Parmi ces 84 combattants tués, se trouvent 70 caporaux ou soldats, 11 sous-officiers et 3 officiers *(et non pas 7 officiers tués et 15 blessés, comme on l'a écrit fort légèrement).*

Ajoutons, à ces 84 tués ou morts de leurs blessures, les 85 hommes morts de maladie à St-Nicolas, les 5 fiévreux morts à l'Evêché, 10 à 12 fiévreux aussi morts au Petit-Séminaire, et nous aurons de 182 à 190 soldats qui sont morts de balles ou de maladies pendant le siége de Verdun.

Ces chiffres, comme ceux relatifs aux blessés, sont pris, autant que possible, sur les registres des ambulances et sur les rapports des médecins.

N° 18 (page 268).
ORDRE du Général récompensant les hommes qui se sont distingués dans la sortie du 28 octobre.

PROMOTIONS.

Au grade de lieutenant, 57ᵉ de ligne, M. *Mangenot*, sous-lieutenant au corps, blessé grièvement.

Au grade de sous-lieutenant : MM. *Thivollet* et *Charbonneau*, sergents-majors au corps.

4ᵉ d'artillerie, M. *Kemff*, Adolphe, mᵃˡ-des-logis-fourrier au corps.

1ᵉʳ du train d'artillerie, M. *Chamarande*, adjudant au corps.

Légion-d'Honneur.

Au grade d'officier :

État-major des places, M. *Gariel*, capitaine adjudant de place.

5ᵉ chasseurs, M. *Remaury*, capitaine en 2ᵉ.

Au grade de chevalier :

Volontaires de la garde sédentaire (infanterie), M. *Loison*, lieutenant commandant, — Carabiniers verdunois, M. *Lamarre*, Ferdinand, blessé mortellement.

57ᵉ de ligne, M. *Maugis*, lieutenant.

Garde mobile (infanterie), MM. *de Ligniville*, chef du 2ᵉ bataillon ; — *Verjus*, capitaine au 1ᵉʳ bataillon.

1ᵉʳ régiment du train d'artillerie, M. *Maupin*, maréchal-des-logis, blessure très-grave.

Génie, M. *Bussière*, capitaine en 2ᵉ.

5ᵉ chasseurs, MM. *de Grollier*, lieutenant en 2ᵉ auxiliaire ; — *Delor*, maréchal-des-logis.

Service de santé, M. *Robin*, médecin-aide-major, commissionné.

Services administratifs, M. *Cuny*, officier d'administration comptable de 2ᵉ classe.

Médailles militaires.

Garde nationale sédentaire et volontaires, MM. *Saintignon*, sergent-major ; — *Labbé*, sergent ; — *Cicile* (Henri), sergent aux volontaires.

Francs-tireurs de Verdun, MM. *Sauveton* et *Harmand*, francs-tireurs.

57ᵉ de ligne, les sergents *Beck* et *Grenier*.

27ᵉ de ligne, le sergent *Schæffer*, blessé.

34ᵉ de ligne les soldats *Lugan* et *Blanchot*, blessés.

Compagnies franches, M. *Vachi*, Paul-Alphonse, des francs-tireurs de Paris.

2ᵉ régiment de tirailleurs algériens, le sergent-fourrier *Salvetti*.

5ᵉ chasseurs, les cavaliers *Bastien*, blessé mortellement, et *Milheuret*.

Infanterie de la garde mobile, le sergent-major *Epple* (1ᵉʳ bataillon ;) — les sergents *Lamour* (1ᵉʳ bataillon) ; — *Decker* (2ᵉ bataillon).

4ᵉ régiment d'artillerie, le brigadier *Dupuy;* — les canonniers *Pichoiré* et *Conrad.*

2ᵉ régiment d'artillerie, le maréchal-ferrant *Thoraval.*

1ᵉʳ régiment du train d'artillerie, le maréchal-des-logis *Barthélemy,* — les cavaliers *Dunier, Geindrey, Voudrat.*

Génie, le sergent-major *Calmus;* — le sergent *Maillols;* — le sapeur *Lemoine.*

CITATIONS.

Garde nationale sédentaire et volontaire, MM. *Quinteau* et *Dairont,* capitaines; — *Egckermans* et *Roussat,* lieutenants; — *Scausse* et *Remy,* sous-lieutenants; — *Thalon,* sergent-major; — *Lablanche,* sergent; — *Duprez* et *Benoit,* caporaux; — *Pezel, Barthélemy, Robert* et *Antoine,* gardes; — *Petitroux,* tambour; — *Henry,* sapeur-pompier, — *Etienne* et *Dresch,* volontaires.

Francs-tireurs de Verdun, MM. *Lecourtier,* sergent-major; — *Lardin,* sergent-fourrier; — *Gérard,* sergent; — *Petitjean* et *Deligne,* caporaux; — *Lacour,* clairon; — *Maréchal, Lescaille* et *Bosceron* francs-tireurs.

57ᵉ de ligne, MM. *Javey,* capitaine; — *Yola* et *Richard,* sergents-majors; — *Daniel,* sergent-fourrier; — *Werté* et *Marguillas,* sergents; — *Gaulier, Lemoine, Raull* et *Steener,* caporaux; — *Walter,* caporal-tambour; — *Herbaut,* tambour; — *Bontruché* (blessé), *Colliaux, Fouquet, Binould, Adassus, Holgommer, Cluzel, Labille, Renfour, Fandeur* (blessé mortellement), *Bellée, Georges, Grosjean, Mariotti,* soldats.

80ᵉ de ligne, MM. *Cadusi,* sergent; — *Stoffelbach,* clairon; — *Blanchot, Duchanois, Bléez, Bosby, Lambert,* soldats.

80ᵉ de ligne, le soldat *Bourras.*

49ᵉ de ligne, le sergent-major *Cayla,* le caporal *Serment.*

79ᵉ de ligne, le caporal-sapeur *Vignerelles.*

85ᵉ de ligne, le soldat *Chiffon.*

Citations à l'ordre de l'armée pour avoir encloué des pièces.

4ᵉ d'artillerie, MM. *Kempff,* maréchal-des-logis-fourrier; — *Dupuy,* brig.; — les canonniers *Berger, Oger, Conrad* et *Maréchal.*

2ᵉ d'artillerie, le maréchal-ferrant *Thoraval.*

14ᵉ d'artillerie, le 2ᵉ conducteur *Bruneau.*

1ᵉʳ du train d'artillerie, le cavalier *Voudrat.*

Suite des citations pour acte de courage.

1er régiment du train d'artillerie, les brigadiers *Javelier* et *Vazelle*; — le 1er cavalier *Blanchet*; — les 2es cavaliers *David, Météore, Wilheim, Hoff, Cidang* et *Heid.*

2e régiment, le brigadier-fourrier *Lemercier*; — le 2e cavalier *Mazallon.*

Génie (citations spéciales), le sous-lieutenant *Angeli*; — le sergent *Heuzé.*

CITATIONS.

Les sergents *Papillon, Florentin* et *Buard*; — les sapeurs *Teissier, Galmiche, Lesage, Nicon, Toulouse, Primat, Duporte, Normandy.*

Compagnies franches.

Zouaves, les sergents *Flory* (du 2e), et *Lepage* (du 3e); — les caporaux *Rhil* et *Lupiac*; — les zouaves *Goupin, Mercadier* et *Brunod.*

Chasseurs à pied, le chasseur *Duffau.*

Tirailleurs algériens, les sergents-majors *Magnin* et *Siquart*; — les sergents *Guérin* et *Mousba ben Mohammed*; — le sergent-fourrier *Richomme*; — les tirailleurs *Bastien* (du 1er); — *Amer ben Mohammed* (du 2e), et *Salem ben Mohammed.*

Garde mobile, MM. *Portenseigne* et *Pierson*, capitaines; — *Lamour* et *Moreau*, lieutenants; — *Contenot* et *Ferdinand Bonne*, sous-lieutenants; — *Ettlinger*, sergent-major; — *Voynier* et *Lange*, sergents; — *Magron, Sauvageot, Tollitte*, caporaux; — *Donot*, caporal-tambour; *Christophe, Guerry, Thiébaut, L'hôte, Connaisson, Saunoy, Labarbe, Debry, Aubert, Magron* et *Arches*, gardes.

5e chasseurs, MM. *Viger*, capitaine-commandant; — *Dufort-Rousseau* et *de Saint-Geniez*, sous-lieutenants; — *Horcholle*, maréchal-des-logis (blessé); — *Chivas* et *Villemain*, brigadiers; — *Blanck, Bigey* (blessé), *Poussier* (blessé), *Bonnet, Brun, Prud'homme, Martinet, de Lagrange* et *Ratomski*, cavaliers; — le brigadier-trompette *Graffond.*

1er de cuirassiers, M. *Guyon*, sous-lieutenant.

2e de cuirassiers, M. *Taret*, trompette.

3e de lanciers, M. *Hacherelle*, maréchal-des-logis.

4e de hussards, M. *Bousquet*, maréchal-des-logis.

5e de chasseurs d'Afrique, M. *Bazeille*, maréchal-des-logis.

4ᵉ de chasseurs d'Afrique, M. *Bechet*, maréchal-des-logis.

État-major des places, M. *Kœnig*, portier-consigne pour les services qu'il a rendus depuis l'investissement.

Le général cite également la compagnie de volontaires nouvellement formée sous le nom de *Carabiniers verdunois*, et dont tous les hommes ont rivalisé de courage et de dévouement dans la sortie du 28 octobre.

Un dernier ORDRE du Général paraissait le 7 novembre, nommant :

Au grade de sous-lieutenant.

2ᵉ régiment de zouaves, *Vachi*, sergent-fourrier au corps.

2ᵉ régiment de tirailleurs algériens, *Siquart*, sergent-major au corps.

1ᵉʳ régiment du génie, M. *Rangé*, sergent au corps.

Sont nommés dans la LÉGION-D'HONNEUR :

Au grade d'officier :

MM *Boulangé*, lieutenant-colonel du génie ; — *Commeaux*, chef d'escadron d'artillerie ; — *de Turckeim*, major du 80ᵉ ; — *Richard-Molard*, chef de bataillon au 80ᵉ ; — *Benoit*, maire de Verdun ; — *Massé*, chef de bataillon de la garde nationale sédentaire, 42 ans de service, 2 campagnes.

Au grade de chevalier :

MM. *Chopinet*, capitaine-adjudant-major au 80ᵉ ; — *Raimbert*, lieutenant au 50ᵉ de ligne ; — *Botville*, sous-lieutenant au 14ᵉ de ligne ; — *Bougon*, sous-lieutenant au 5ᵉ chasseurs ; — *Janvier*, sous-lieutenant d'artillerie ; — *Mazilier*, lieutenant auxiliaire du génie ; — *Ditte*, sous-lieutenant de la garde mobile, — *Renault*, garde principal du génie ; — *Paquis*, de Rarécourt (services exceptionnels).

Médaille militaire :

M. *Boucart*, maréchal-des-logis de gendarmerie.

Dans le courant de l'année 1871, furent nommés chevaliers de la Légion-d'Honneur, MM. L. *Pein*, *Lagrue* fils, *Georges Chadenet*, *Hutin*, agent-voyer d'arrondissement, et *Mauvais*, déjà médaillé.

Reçurent la médaille militaire :

MM. *Landmann*, maréchal-des-logis d'artillerie, *Roche*, sergent de sapeurs-pompiers, et *Laroche*, garde barrière.

N° 19 *(page 269).*

Paroles du major Bryon sur la tombe du lieutenant Phélix.

Messieurs,

Nous voici, de nouveau, réunis autour d'une tombe! Quelles circonstances, quels lieux, quelle mort, sont capables d'élever l'âme, en en chassant notre misérable orgueil humain, de toucher le cœur et de lui arracher des larmes, autant que la circonstance et le lieu où nous sommes, autant que la mort de notre cher camarade Phélix?

Il était arrivé au régiment depuis peu de mois seulement, et, déjà, il avait su réunir toutes les affections de ses camarades, déjà il avait su leur donner l'exemple des plus belles vertus militaires. Permettez-moi de vous rappeler un fait récent qui le prouvera mieux que mes paroles. — Etant au village de Regret, avec son capitaine et une dizaine d'hommes seulement, sous les feux d'un ennemi nombreux, il dit à son capitaine : allez chercher des renforts à Verdun ; moi, je tiendrai, en attendant, avec les braves gens qui sont restés à nos côtés.

Du reste, qui prouverait mieux sa bravoure et son dévouement que sa mort, qui fut si belle? Il a été percé de deux balles, à un poste tellement avancé, qu'enlever son corps devint un grand péril!

Demandons à l'émotion qui nous brise, si toutes ces vertus sont enfouies, aujourd'hui, dans ce cercueil! Non! l'âme immortelle, libre de ses attaches terrestres, est là, au milieu de nous! Elle dit : ma mère, séchez vos larmes ; la mort n'est pas le néant, mais le réveil ; je reste pour consoler votre douleur? Elle nous dit, à nous, ses frères d'armes : mes amis, je reste pour soutenir vos défaillances ; je ne vous demande point de me venger, car la vengeance n'est pas une vertu ; mais je vous demande de consacrer, comme je l'ai fait, jusqu'à la dernière goutte de votre sang au salut de notre chère patrie !

Nous le promettons, Phélix, et nous disons à votre corps : adieu, à votre âme : au revoir !

N° 21 (1) *(page 317).*

Nous renonçons à citer l'article du Soir, en raison de sa longueur. C'est un éloge, mais il ne dit rien de neuf.

(1) Erreur de chiffre : il faudrait 20.

N° 22 (*page 322*).

VERDUN. — *On écrit au Daily-Telegraph au sujet de la capitulation de Verdun :*

« Une autre forteresse française a capitulé cette après-midi : lorsque je suis allé avec le comte Eulembourg au quartier général de Manteuffel, situé à Etain, j'en ai reçu la nouvelle officielle. Le commandant en chef de Verdun est le général Guérin de Waldersbach ; le commandant en second, — dont la France n'oubliera jamais le nom, si ses historiens rapportent les incidents de la campagne actuelle — est le général Marmier.... »

» Les troupes allemandes reconnurent la bravoure du général Marmier et de sa garnison ; elles se découvrirent devant eux avec respect, car personne ne peut mieux apprécier la valeur d'un ennemi déterminé que les officiers et les soldats de l'armée d'invasion. Les officiers appartenant à la garnison de Verdun refusèrent de donner leur parole et furent en conséquence faits prisonniers de guerre ; les soldats eurent le même sort, mais les troupes sortiront avec les honneurs de la guerre, drapeaux déployés, et musique en tête.... »

» Il résulte que de toutes les capitulations conclues jusqu'ici, celle de Verdun est de beaucoup la plus avantageuse pour les Français. »

(*Journal de Genève* du 25 novembre 1870).

N° 22 (1) (*page 323*).

Adresse du Conseil municipal au général Guérin.

« Le Conseil municipal de Verdun, interprète des sentiments de la population civile, vient vous remercier........

» Vous avez été ému de nos souffrances, et vous avez voulu nous en épargner de plus affreuses encore. Vous avez réfléchi qu'aujourd'hui dans les siéges, c'est la population civile qui est surtout victime de la guerre. La ville de Verdun, dominée de tous côtés par une ceinture de hauteurs, derrière laquelle l'ennemi la foudroie tout en restant à l'abri, est plus que toute autre menacée de la ruine. Vous n'avez pas voulu la condamner à un quatrième bombardement dans lequel elle aurait péri

(1) Il y a erreur de chiffre : il faudrait n° 23.

tout entière, sans autre résultat que de retarder de quelques heures seulement l'amer sacrifice que vous venez d'accomplir. Vous lui avez épargné les horreurs d'un pillage ou pire encore. Votre nom sera pieusement conservé dans le souvenir de nos enfants comme celui du sauveur de leurs pères.

» .... Au courage du soldat vous avez joint l'abnégation et la bonté de cœur qui font le grand citoyen. »

N° 23 *(page 327)*.

Le *Courrier de Verdun* dans son n° du 10 novembre et l'*Espérance de Nancy* dans son n° du 13, rapportent le compte-rendu de cette funèbre cérémonie. Nous espérions pouvoir transcrire ce compte-rendu, mais il est trop long.

(N° 24 *(page 329)*.

Délibération du Tribunal, le 20 décembre 1870.

« Présents Messieurs : Poirel, président ; Géminel et Henrys, juges ; Damin, juge suppléant, et Lardenois, commissaire du gouvernement. MM. de Landre, juge suppléant, absent, et Garnier, substitut, empêché.

....

« Attendu qu'il est stipulé par l'article 7 de la capitulation de Verdun que : Toutes les administrations publiques, *Tribunaux civils et de commerce fonctionneront librement.*

« Attendu que ce mot *librement* doit s'interpréter en ce sens que le Tribunal aura, non-seulement le droit accordé d'ailleurs à tous d'appliquer les lois de son pays, mais encore le droit exceptionnel de rendre la justice au nom du gouvernement actuel, car autrement ce mot n'aurait plus aucune valeur, ni surtout ne serait point une faveur.

» Attendu que les magistrats tenus d'appliquer et de faire exécuter les lois doivent, par leur exemple, prouver le respect qui leur est dû, et qu'eux-mêmes leur portent.

» Attendu que le texte de la capitulation de Verdun est la loi qui régit l'autorité prussienne et l'autorité française en cette ville, et que dès lors le Tribunal a, dans la limite de ses attributions, le devoir de la maintenir.

« Attendu d'ailleurs qu'après le désastre de Sedan, un Comité de défense nationale s'est institué à Paris et y a proclamé la République et que ce gouvernement est le seul qui administre la France.

« Attendu qu'il n'est pas admissible que des magistrats français et devant rester français aux termes même de la capitulation de Verdun, se séparent du gouvernement de leur patrie.

« Attendu qu'en accueillant la demande de M. le Préfet de la Meuse ils aliéneraient une partie de leur liberté, et failliraient à leur indépendance et à leur dignité.

« Par ces motifs, le Tribunal croit devoir continuer à rendre la justice *au nom du Peuple Français*, tout en déclarant être décidé à cesser immédiatement ses fonctions, si l'autorité prussienne persiste à exiger l'emploi d'une des formules qu'elle propose. »

« Les membres présents ont signé avec le greffier en chef du Tribunal » (1).

Cette énergique délibération était envoyée immédiatement au Préfet allemand de la Meuse et par lui transmise au Commissaire civil en Lorraine, qui, le 5 janvier 1871, faisait répondre par ledit Préfet la lettre suivante au Président de Verdun :

« M. le commissaire civil en Lorraine me charge de vous informer qu'il ne peut admettre que la justice soit rendue *au nom du Peuple Français*, seule formule de laquelle le Tribunal de Verdun a déclaré vouloir se servir.

« Quant à l'article 7 de la Capitulation de Verdun, M. le Commissaire civil ne saurait admettre l'interprétation que vous avez cru pouvoir lui donner.

« Si cet article assure à la ville de Verdun que le libre cours de la justice ne sera pas entravé, il n'accorde nullement au Tribunal le droit de se servir d'une formule de son choix.

« Vu votre refus et celui de tous les officiers de justice du Tribunal de Verdun de fonctionner aux seules conditions admises par M. le Commissaire civil, je me vois, à mon vif regret, dans l'obligation de vous inviter, vous et MM. vos collègues, à suspendre immédiatement vos fonctions et à vous abstenir de tout acte de juridiction. »

Le 10 janvier suivant, le Tribunal était réuni par son Président en

(1) M. E. Grillot.

assemblée générale au Palais de Justice où se rendaient également tous les membres du bareau, avocats et avoués. Lecture était donnée de la lettre du Préfet allemand de la Meuse.

Après cette lecture le Président du Tribunal ajoutait ces paroles : « Messieurs, vous connaissez l'injonction qui nous est faite : elle pourrait, au besoin, être appuyée sur la force des baïonnettes. Aussi le Tribunal croit devoir refuser de tenir ses audiences. Il déclare donc le cours de la justice suspendu dans l'arrondissement.

» Dieu veuille que cette interruption ne soit pas de longue durée. »

RECTIFICATIONS.

A la page 8, en marche, lire : « 5ᵉ chasseurs, » au lieu de « 3ᵉ chasseurs. » Erreur typographique.

A la page 9, il y a une erreur dans l'indication du n° des batteries de la mobile de la Meuse. La 1ʳᵉ batterie et non la 3ᵉ, était à Montmédy ; par conséquent la 2ᵉ et la 3ᵉ étaient à Verdun. Les jeunes gens du canton de Charny formaient la 2ᵉ, et ceux du canton de Verdun la 3ᵉ.

A la page 21, lire : « boute-selle » au lieu de « bout de selle ». Erreur typographique.

A la page 22, lire : « Regret, faubourg à 4 kilomètres, » au lieu de « 6 kilomètres. »

Même page. Au lieu de « fut rejoint vers Baleycourt après une course de 2 kilomètres, » lire : « fut rejoint vers le *territoire de Souhesmes sur la route de Bar-le-Duc, lieudit Côte-Bleue, après une course de 6 kilomètres.* »

Ce fut une dépêche télégraphique envoyée à la gare de Verdun par M. Fossier, chef de station à Baleycourt, qui signala la présence des uhlans.

A la page 35, il y a erreur dans la date du départ de M. C. de Benoist, capitaine de la mobile, porteur d'une dépêche à l'Empereur. Il est parti le 27 août et non pas le 21.

A la page 48. C'est par erreur que j'ai dit qu'une femme nommée Marie Saillet avait été tuée dans la rue, pendant le bombardement du 24 août. Marie Saillet était la femme de service qui fut tuée ce jour là dans les cuisines du grand séminaire.

A la page 64, lire « leur enlevèrent leurs sabres » au lieu de « leurs enlevèrent leurs sabres. » Erreur typographique.

A la page 80, lire « l'énergie que ces hommes » au lieu de « l'énergie que ses hommes. » Erreur typographique. Et *ligne 13*, au lieu de *fourni* lire *fournir*.

A la page 83, lire « au Collège furent logés trois cents hommes du 80ᵉ » au lieu de « trois cents hommes du 57ᵉ. »

J'ai dit à la *page 90*, d'après l'affirmation du Passeur de Belleraye, que le poste prussien se trouvait *sur la rive droite de la Meuse*. Il paraît, d'après les dépositions juridiques faites dans un procès qui se dénoue à cette heure devant le tribunal de Verdun, que ce poste se trouvait sur la *rive gauche*.

A la page 174 je dis qu'il y avait *six mortiers à Glorieux* : il n'y en avait *que quatre*, seulement l'ennemi changea deux de ses mortiers de place, pendant l'attaque, de sorte qu'il y avait six trous de batterie.

A la page 196, je dis que « la Halle aux grains fut brûlée le 14 octobre à 9 heures du soir. » Ce fut le 13 au soir qu'elle fut brûlée.

A la page 350, je dis que M. Massé était *capitaine en retraite*, c'est *chef de bataillon* qu'il faut lire.

A la page 263, sont écrites ces paroles du docteur Robin, à propos de la sortie du 28 octobre « Nous avons la suprême » consolation de n'avoir laissé aucun blessé ni aucun mort » aux mains de l'ennemi. »

Le docteur Robin a ignoré la mort du chasseur à pied tué aux Heyvaux et enterré par les Prussiens à Thierville, et celle des deux mobiles tués à la maison Pierron et enterrés aussi par les Prussiens à Regret : il a ignoré aussi la prise par l'ennemi d'un sergent blessé.

Par conséquent le 28 octobre, nous avons eu un de nos blessés fait prisonnier, et nous avons eu 28 hommes tués et non pas seulement 25 comme nous l'avons dit à la page 256.

FIN.

DERNIER MOT.

En écrivant cette Histoire je n'ai eu d'autre préoccupation que celle de dire la vérité. J'ai voulu, non-seulement raconter avec exactitude les faits qui ont marqué le siége de Verdun, mais encore reproduire autant que possible la physionomie morale de notre ville durant ces jours agités d'août, septembre, octobre et novembre 1870.

Il ne m'a pas été possible de tout dire. Plus d'un acte de courage et de dévouement reste sans doute inconnu, et leurs auteurs n'en recueillent d'autre récompense que la satisfaction d'avoir généreusement accompli leur devoir.

G.

TABLE DES MATIÈRES.

I.

Mois de Juillet et d'Août.

Verdun au début de la guerre. — Engagements volontaires. — Les soldats de la réserve à Verdun. — Départ du 57e. — 1re réquisition dans l'arrondissement de Verdun. — 5e chasseurs. — Arrivée de la mobile à Verdun. — Mauvaises nouvelles. — Ceux qui espèrent et ceux qui désespèrent. — Formation de la garde nationale. — Mise *en état de siège* de la ville. — 15 août. — Passage de Napoléon III à Verdun. — Les chasseurs d'Afrique. — Première rencontre des uhlans avec nos gendarmes. — Formation des ambulances. — Nous attendons l'armée de Bazaine. — Vivres à Verdun. — Nos communications interrompues. — Verdun : son armement, ses munitions de guerre, sa garnison. — Bombardement du 24 août. — Nos pertes. — Retraite des Saxons. — On parle de Nous à la Chambre. — Récit des journaux. — Funérailles des victimes du 24 août. — Convois ennemis à nos portes. — *Francs-tireurs*. — Deux officiers prussiens tués à Charny. — Cinq gardes nationaux à Lemmes. — On fait sauter les faubourgs. — On travaille aux remparts. — *De la page 1 à la page 70.*

II.

Mois de Septembre.

Une affaire à Baleycourt. — On nous annonce la capitulation de Sedan. — Prise d'un courrier allemand. — Rois de France prisonniers sur les champs de bataille. — Arrivée à Verdun des échappés de Sedan. — Notre garnison augmentée. — On apprend que la France est en République. — Renvoi des prisonniers allemands. — Pont de Belleraye. —

Première affaire de Villers-les-Moines. — Emprunt de la Ville pour le compte de l'Etat. — On demande que la République soit proclamée. — Combat entre Belleville et Bras. — Des espions dans nos murs. — Récompenses et citations. — Travaux de défense. — Observatoire sur les tours de la Cathédrale. — *De la page 71 à la page 122.*

III.

Mois d'Octobre.

Turcos et zouaves. — Compagnies franches. — Combat du 2 octobre. — Nos pertes et celles de l'ennemi. — Emotion populaire. — Formation d'un tribunal militaire. — Un mot sur les sorties. — L'arbre de Dugny. — Fausses nouvelles. — Nous occupons Regret et Thierville. — Les vendanges. — ORDRE et avis divers. — On réunit contre Verdun les canons de Toul et de Sedan. — Marche des convois ennemis. — Prise de Regret, de Thierville et de Belleville par l'ennemi. — Les Prussiens occupent Glorieux et Jardin-Fontaine. — Préparatifs du bombardement à Bras et à Fromeréville. — Situation et nombre des batteries allemandes autour de Verdun. — Bombardement des 13, 14 et 15 octobre. — Journée du 13. — Journée du 14. — Journée du 15. — Les canons se taisent. — Un parlementaire prussien. — Aspect de la Ville et de la Citadelle. — Nos pertes en hommes. — Perte des Allemands. — L'ennemi estime que la Place tiendra longtemps encore. — Lettre du général Guérin au général de Gayl. — Le *bastion d'Audignac*. — ORDRE du général. — Mesures militaires. — Mesures financières. — *Carabiniers verdunois.* — *Cadets verdunois.* — Surveillance aux portes de la Ville. — Projet d'enlever le général de Gayl. — Nuit du 19 au 20 octobre : 1er enclouage des canons ennemis. — M. Violard, de Charny, fusillé par les Prussiens. — Lumières suspectes. — Matinée du 28 octobre : 2e enclouage des canons ennemis. — Attaque de la côte St-Michel. — Attaque de la maison Pierron. — Attaque de Thierville. — Attaque des

Heyvaux. — Nos morts et nos blessés. — Pertes des Allemands. — ORDRE du jour. — Funérailles de nos morts. — Bruit de notre succès en France. — *De la page 123 à la page 274.*

IV.

Mois de Novembre.

Metz et l'armée du Rhin. — Capitulation de Metz et de l'armée du Rhin. — Préparatifs contre Verdun. — Les nouvelles batteries : aux Heyvaux, à Blamont, à la côte Saint-Michel, à la Renarderie. — Munitions de guerre de l'ennemi : à Bras, à Fromeréville, au Moulin-Brûlé. — Derniers coups de canon de la Place. — La défense de Verdun devenue *impossible* et *inutile*. — Pourparlers avec l'ennemi. — Réponse du Roi de Prusse. — Anxiété du général Guérin. — Le Maire et quelques notables de la Ville chez le Général. — Le Général consent à capituler. — Etat des esprits en ville. — Conventions de la capitulation. — *Avis* du Conseil d'enquête sur la capitulation de Verdun. — Réflexions sur cet *Avis*. — La nouvelle de la capitulation de Verdun en France et en Allemagne. — La garde nationale et la troupe désarmées. — Pillage des magasins aux vivres de la Citadelle. — 9 novembre 1870. — Départ de notre garnison prisonnière de guerre. — L'ennemi entre dans Verdun. — Toutes les administrations suspendues. — La municipalité seule reste debout. — *De la page 275 à la page 329.*

DÉTAILS omis ou qui n'ont pu trouver place dans cette Histoire. — *De la page 331 à la page 347.*

PIÈCES JUSTIFICATIVES. — *De la page 348 à la page 398.*

RECTIFICATIONS. — *Pages 399 et 400.*

DU MÊME AUTEUR :

ÉTUDE

SUR

NICOLAS PSAULME

EVÊQUE ET COMTE DE VERDUN.

Un vol. in-8°. — Prix : 2 fr.

MANUEL DE PIÉTÉ

A L'USAGE DES LYCÉES, COLLÉGES ET AUTRES MAISONS
D'ÉDUCATION DE JEUNES GENS.

Ouvrage approuvé et recommandé par Mgr l'Évêque de Verdun.

Un vol. in-18. — Prix : 1 fr.

Pour paraître en 1873 :

LOUIS XVI

LE MARQUIS DE BOUILLÉ ET VARENNES

(Juin 1791).

Un volume in-8°.